日本人的「縮小」意識

縮み志向の日本人

從生活態度到藝術表現，日本文化為何與眾不同？

李御寧 著
陳心慧 譯

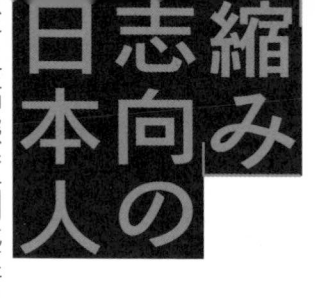

目次 CONTENTS

なにもなにも、ちひさきものはみなうつくし。

（無論何物，凡小小者總是可愛。）

——《枕草子》

第一章

赤裸的日本論

1・「日本論」的祭典

穿著國王新衣的「日本論」

此刻，我並非作為一個兩鬢斑白的大學教授，或視力只有〇・二、戴著近視眼鏡的文藝評論家來談論日本。反而是想回歸小學時代，以一個孩童的眼光來觀看日本，進行思考。先不管那些堆在書齋櫃子裡各種關於日本的書，我只想回到小時候，從揹在小小肩膀上的書包裡拿出白色的筆記本和短鉛筆，也許還得加上一塊又軟又好擦的橡皮擦。

這不單純是一個比喻而已。我對於日文和日本的基本知識幾乎都是在讀小學時獲得，當時太平洋戰爭剛結束，韓國尚未脫離殖民地統治。儘管如此，我何以不擔心自己的日文和相關知識的貧乏，甚至想要回歸少年時代來論述日本呢？我之所以進行如此看似大膽且不可思議的冒險，是因為安徒生童話《國王的新衣》給了我勇氣。大人不敢直視穿著虛幻新衣的國王，即使察覺國王其實沒有穿衣服，也不敢出聲；只有孩子的眼睛可以看見沒有穿衣服的國王，也只有孩子敢大聲說出真相。

至今為止，所有論述日本的書籍都好似法國的時尚雜誌般華麗，也有許多風靡一時的著作。這當中無論是日本人或外國人，包括優秀的學者、藝術家、評論家，甚至還有為了賺取旅費而寫作的無名旅行者，作品可說是不勝枚舉。只在日本待一天的外國人會去秋葉原，逗留一周的人會去富士山，要是待上一個月就打算寫日本論了。

姑且不論戰前，戰後的日本至少出版了一千本以上關於日本論的著作。《菊與刀》[1]、《「撒嬌」的構造》[2]、《縱向社會的人際關係》[3]等，有些書名受到注目，之後還成為流行語；相反地，也有不少著作將「日本株式會社」、「經濟動物（Economic Animal）[4]」等流行語當作書名。在日本，成為暢銷書的日本論彷彿化作了「神轎」，人們會立刻將之高舉吹捧，於是祭典便開始了。

這些流行語於是大量被用於報紙標題或者雜誌封面座談會的主題，抑或是成為廣播節目播報員的術語。以筆者的角度來看，這些在學術殿堂創造出的用語，好似在不知不覺中登上了演歌的表演舞台，受到萬眾矚目。因此若想不透過如此喧囂，而是用自己的眼睛觀察日本文化的真面目，幾乎成了不可能的任務。很多時候，自己也會在不知不覺間被「群眾和流行創造出的虛幻外衣」所蒙蔽。因此，我下了一個小小的決心，希望回歸童心，用純真的眼光觀察並論述赤裸而真實的日本文化。

「撒嬌」並非日本獨有的詞彙

無論是日本人或外國人所寫的日本論，為何往往都會披上「虛幻的外衣」呢？而孩子的眼睛又為何可以識破虛幻呢？為了釐清這一點，我想以日本論祭典的神轎之一《「撒嬌」的構造》舉例說明，畢竟土居健郎[5]先生的這本著作是在探討究竟何謂「日本人論」時不可缺少的名著。比起其內容，我對這本書感興趣的理由在於他探究日本人獨特心理時所運用的思維，以及順著該構想開展理論的邏輯。

土居先生認為「如果日本人的心理有何獨特之處，那麼無疑與日文的獨特性密切相關」，以此明確指出其方法論。而他作為解答所獲得的百寶箱，便是「確信日文具備獨有的詞彙」，也就是「撒嬌」一詞。

然而，「撒嬌（甘え）」真的是專屬於日本人的詞彙嗎？首先必須釐清這個問題，否則百寶箱裡裝的可能只是一縷輕煙。

不過，容我在此戒慎恐懼地說，正如土居先生後來也承認，「撒嬌」這個詞在從日本搭飛機只要吸根菸就可以抵達的鄰國韓國，其實有如路邊的石頭一般隨處可見。韓文將「撒嬌」一詞更加細分成「어리광」和「응석」，且在日常生活當中經常使用。「撒嬌

的孩子」是「응석받이」，「撒嬌」稱作「응석부리다」；「嬌生慣養」是「응석받다」，「撒嬌的樣子」則是「어리광」。這些詞彙除了字面本身的意義，也彰顯了韓國養兒育女的一大特徵，由此可見「撒嬌」一詞與韓國的精神結構甚至比日本有著更深切的關聯。藉由放大痛苦或誇張喊疼等來引起他人的關懷，這在韓文稱作「엄살」，其意義可比日文單純的「撒嬌」要複雜許多。

既然如此，土居教授這般優秀的學者為什麼會犯下如此大的失誤？我不認為他會在沒有客觀論證的情況下就確信自己的想法，進而證明「撒嬌」是日本人獨特的心理。其實，這不僅限於土居教授個人，而是自明治維新以來日本人脫亞思想下的產物。也就是說，土居教授之所以「確信」「撒嬌」是日本獨有的詞彙，乃是根據他與說著一口流利日文的英國婦人的交談。據說這名婦人全程用英語講述，唯有在談及孩子的年幼時期，突然用日文說了「這個孩子以前不太撒嬌」。當她被問到為什麼只有這裡說日文，她表示「因為無法用英語表達」。

以此便認定「撒嬌」是日本獨有的詞彙可謂非常罕見的推論，同時也印證了自明治開化以來，日本人在不知不覺當中將英語視為代表整個西洋甚至於全世界的語言。若非如此，實在不可能立即推斷出「因為英語沒有這個詞彙，所以代表這是日文的特殊性」的結論。這也許正是解開日本和日本人論「虛幻外衣」的關鍵。

至今為止，日本人所描述的日本和日本人論都如同《「撒嬌」的構造》一般，視英語沒有的詞彙為日文的特殊性，且主要都是透過與英美人的單純比較得出這樣的結論。即使有一些著作的視野較廣，卻依舊走不出與白人（歐美人）文化比較的範圍。

作為證據，儘管土居教授很有可能以法國或德國婦女取代英國婦女，卻幾乎不用期待他會拿韓國的婦人來比較。若想知道「撒嬌」究竟是不是日本獨有的詞彙，比起歐美各國，首先調查與日文相似度高的韓文，我想這才合乎常理吧。

海藻與人糞的錯誤日本論

正因為沒有做到這一點，因此日本人在試著闡述日本特有的精神構造時，其實有很多都是普遍存在於韓國或東方的特性。我們不需要舉出太複雜的例子，例如樋口清之[6]先生曾說「世界的文明國當中，只有日本吃海藻」，但過去針對進口限制而吵得沸沸揚揚的韓國海苔，不正是海藻嗎？（如果不把韓國當成文明國的話，自然就另當別論了。）

此外，梅棹忠夫[7]和日本其他五位學者共同撰寫的《日本人之心》（日本人のこころ），當

中高聲主張「將人類的排泄物當作蔬菜的有機肥料，即利用人糞施肥實為令人驚訝的大發現」，並斷定其他民族沒有這種「高超的農業技術」，純然是日本人自己的發明。然而真正令人驚訝的事實在於，就連盲人只要在韓國的某個農村站上十幾分鐘，就能輕易地嗅出這個讓人讚嘆不已的有機肥料根本不是日本民族特有的「高超農業技術」，但日本人卻自信滿滿地認為這是他們特有的產物。

與「撒嬌」的情況相同，這來自日本人的慣性思考，以為只要歐美社會沒有，就是日本獨有的存在。人糞肥料的日本論者的理論根據，僅僅是因為法國教科書上寫著「日本人以人糞施肥的蔬菜為食」。

總而言之，我無意為不值得自豪的「撒嬌」或人糞肥料發明權的歸屬做更多爭論，或是針對某些特定學者的大作加以駁斥。我想表達的是，至今為止無論是歐美或者日本人將「日本論」當作流行的主題所撰寫的一般著作，其實經常都披著與日本沒有太大關係的「虛幻外衣」，終究都僅止於與歐美的比較而已。白人文化所對應的並非日本文化，即使其對象有可能是包含日本在內的黃種人文化，也決不會是以某個特定民族為代表的狹義概念。然而，當直接把日本拿來相比較的時候，就容易將東北亞地區普遍的特性誤解成是日本獨有的，以至於衍生出許多荒唐的理論。

2・叉子與筷子

遺忘了東方的視角

想必日本人也很清楚，一國的歷史文化並不像是用魔杖輕輕一揮就能在一夕之間蓋好的城堡。話雖如此，日本人只顧著西洋，卻鮮少與長年影響日本文化的中國和韓國相對照，進而找出自己的特性。就連從佛教文化的內涵當中尋找日本式思維的中村元先生也幾乎對韓國的佛教隻字未提，儘管正是最鄰近的韓國將佛教傳到日本，還創造出日本人不分晝夜瞻仰的百濟觀音。

近來，部份日本專家學者為了探究日本歷史的源流而開始關注韓國的語言和古代歷史。不過坊間一般關於日本人論的著作依舊一面倒地傾向歐美立場，內容僅提及與歐美的比較。

同樣的情況也發生在歐美人所寫的日本論當中。假設一個完全不了解韓國和中國文化的歐美人看到日本人吃飯的場景，發現日本人用的是筷子而非叉子，吃米飯而非麵包，用的不是盤子而是飯碗，想必會覺得很不可思議吧！接著便深信這些都是日本獨有的文化。

實際上，歐洲最具權威的知識份子之一——羅蘭．巴特[8]所寫的日本論正是如此。很可惜地，他在《符號學帝國》（*L'empire des Signes*）一書當中，竟然將「煮得黏糊卻又蓬鬆的米飯」當成「孕育日本料理價值的唯一要素」（巴黎有許多中華料理餐廳，因此巴特在論述日本料理的時候確實有將其與中國比較，但不幸的是他似乎沒看到中華料理的菜單上寫著Le Naturer〔飯〕）。他舉例「煮過的米飯」的特徵在於「如碎片一般輕盈的固體」，且「用兩根筷子夾起來吃」。

然而，非歐美圈的韓國人在看到日本人吃飯時的樣子會怎麼想呢？無論是吃米飯或使用筷子，對他們來說顯然都不足為奇，反倒是會對日本人用飯勺將飯一匙匙盛進碗裡的動作感到奇怪。由此可見，對韓國人來說日本的獨特之處並不在於吃米飯和使用筷子；換句話說，比起歐美人的眼睛，韓國人能進一步發現日本更細微的特性。

然而，如果說日本人知道西洋人如何吃飯，卻不知道韓國人和中國人也用筷子吃飯，甚至不曉得韓國和中國才是本宗，結果會怎樣呢？也許會和歐美人相同，以為使用筷子吃米飯是日本的獨特之處。這也是為什麼日本人寫的日本論和歐美人寫的日本論看起來沒有太大差異的原因。即使知道以字母組成的英語沒有相當於「撒嬌」的詞彙，但

日本人幾乎不知道以가나다為基礎的韓文存在著「撒嬌」一詞。正如許多日本人雖然認識林肯和康德，卻很少人知道世宗大王[9]和李退溪[10]。

因此，為了發掘真正屬於日本的特色，光透過歐美的視角是不夠的，而是應該藉助無論在語言、風俗、文化都與日本酷似，甚至帶給日本文化極大影響的韓國人的眼光。如此常識，日本人卻往往很難付諸實踐。

日本真的是縱向社會嗎？

路易士．佛洛伊斯[11]在比較日歐文化時，提出了二十四項日本孩童的風俗習慣，但當中稱得上是日本獨有習俗的其實不過四、五項。包括使用筷子在內，先學習讀音再學寫字、「年幼的少女幾乎隨時揹著嬰兒行走」等，基本上與韓國的風俗沒有任何不同。由於佛洛伊斯不知道韓國的習俗，僅憑他的見聞並沒有辦法判斷哪一些才是真正的日本特質。

即使到了噴射機往來頻繁的年代，這樣的情況也沒有多大改變。仍然有人煞有其事地主張日本之所以能夠成為經濟大國是有賴日本人的團結，並認為這種追求一致的共同體精神來自於將嬰兒揹在身上的習慣（只可惜，具有相同習慣的韓國至今並沒有因此成為經濟大國……）

若是看看更進階一點的文化論，佛洛伊斯的觀點由露絲・潘乃德繼承，唯一的不同在於論述更加抽象，讓不是專家的人無法一眼識破。潘乃德在其代表作《菊與刀》中將「義理人情」、「恥」以及育兒方法等堪稱典型的儒教文化以及韓國也具備的特性，都描述成是日本獨有的產物。

日本因為不了解韓國，甚至忘記了韓國文化影響，於是出現像是把筷子當成日本獨有文化的《「撒嬌」的構造》，以及所謂的「縱向社會」論。在談及縱向社會構造時，經常有人會把看似日文特有的敬語當成充分展現縱向序列意識的產物，然而敬語實際上起源於韓國。韓文敬語語法的精細度與複雜度都是日語所無法比擬的。

因此，這就好像爭辯Isaiah Ben-Dasan[12]究竟是日本人還是猶太人一樣毫無意義。無論他是哪一國人，只要這位作者是藉由比較羊肉（遊牧）和米（農耕）來說明日本的特性，那麼雙方的想法都沒有太大的差異。

日本人若想從有別於歐美人的觀點發覺自身的特性，就必須比歐美人具備更多有關韓國和其他東亞國家的知識。如果日本人仔細研究過韓國社會而非歐美，發現過去韓國的農村並不存在如日本「若眾宿[13]」這般的體制，也許就會因此得出日本的人際關係比起縱向，反倒帶有強烈橫向特質的結論。假使對韓文有充分理解，那麼比起「撒嬌」，土居教授或許會更注意日文當中強調獨立、不依賴的「大丈夫」（沒關係的意思）或「裸一貫」（指兩手空空，除了自己的身體之外沒有其他的資本）等詞彙的特殊性。畢竟在韓文中，同樣的漢字「大丈夫」僅如字面所示代表「男人」，而且沒有「裸一貫」的說法。這些都是展現男子獨立氣概的用詞。

「日本人、中國人、韓國人共屬漢字文化圈，且儒、佛、仙（日本稱神道）三教共存。擁有類似的宗教態度，生活模式又同樣以稻米為主，為什麼只有日本可以成為近代化的先驅？為什麼只有日本可以成為亞洲國家的例外，躋身歐美的工業經濟之列？」這些是歐美人的疑問，也是日本人帶有脫亞觀點的自負之詞。若真是如此，對於歐美人或日本人自己亟欲釐清的日本特質，與其著眼於和歐美之間的差異，不如更應該去發掘與同屬東亞文化圈的韓國人或中國人有何不同。

追隨西洋文化的向日葵

明治初期來到日本的德國人貝爾茲[14]，當他看到橫濱碼頭打雷時日本的船員卻依舊不慌不忙地抽著菸，心中大感驚訝，於是評論日本人是沉著泰然的民族。在歐美人眼中，日本人也許看起來具備某種穩健自若的東方特質，然而對於擁有大陸儒教氣質的韓國人來說卻並非如此。根據十八世紀末於正祖時代旅行日本的官吏徐有素所著的《燕行雜錄》，當中寫道：「日本人的性情非常急躁且輕薄，只要符合自己的利益，就會像鶺鴒一般雀躍……沒有作為人應有的度量。」

到了現代也一樣。美國的詩人吉爾伯特（Gilbert）看到茶室庭園的飛石[15]，讚美日本人是世界上最熱愛自然之美、擁有審美意識的民族。與只想著如何以最短的直線距離從大門抵達房屋的歐美人不同，日本人打造了非機能性的小道（飛石），讓人可以從不同的角度鑑賞庭園美景。但對於韓國人來說，日本的飛石卻是與自然之美背道而馳，非常人工且劃一。在追求融入自然生活的韓國人眼裡，建造像飛石這樣人為的道路本身就非常不自然，更別提用飛石限制人類自然行走的步伐和前進的方向，是一件很不自由的事。

對於在直線道路所象徵的人工文化下成長的美國詩人而言，日本的飛石看起來也許是愛好自然的表現，然而韓國詩人從小相信「路是人走出來的」，因此只會覺得這種設計太過人為。

儘管有些武斷，但我認為如果從韓國人的觀點，或透過與韓國文化風俗的比較來論述日本，才更有可能接近日本真正的特質。此外，日本遺忘韓國或是不了解韓國，這並非韓國的不幸，反倒對日本人自身相當不利；畢竟很多時候不夠了解韓國，只會讓理解日本文化的真面目變得更加困難。只知道朝著歐美文化這顆太陽看齊的向日葵文化，是無法看到裸體國王(日本文化)的真實面貌的。

當然也有韓國人對於日本一無所知。憑著三十六年殖民生活學到的樣板詞彙來評論日本，也頂多只夠參加辯論大會而已。而我或許也是其中一人。

然而，根據日本人喜歡的私小說式思維來說，我展開日本論的動機是源自於與日本有關的特殊經歷。八歲的時候，我曾在小學教室裡受到儘管非常相似，卻本能地令人感到不同的日本文化洗禮。當時在掛著日本國旗和乃木將軍[16]肖像的殖民地教室裡學到的是所謂「內鮮一體[17]」的思想，因而在沒有養成自己是韓國人的民族意識下度過了童年。話雖如此，那些被迫當成自身文化的日本文化仍具有許多直到最後都無法與之同化的要素，並始終在我腦海裡揮之不去。

就連在尚未形成民族和文化意識的小學生時期都能清楚感受到日本與自己有所不同，如果我能將這種異質性描寫出來，或許就可以成為安徒生童話裡的孩子，以純真之眼看透日本文化的樣貌。儘管這也許是極為日本式的「確信」……

3・小巨人

與一寸法師的相遇

在殖民地的灰色教室裡終於開始學寫字的孩子，對日本的第一印象會是什麼呢？由於年紀還小，他們看到的多半是森永牛奶糖，或是王樣蠟筆商標的圖案。然而，與其說這是實際對「日本」的印象，倒不如說是對糖果和蠟筆的反應罷了。

小孩子在某方面可說是活在現代文明當中的原始人，擁有神話般的敏銳觸角，以此來解釋周遭的世界與文化。因此，我最先認識的日本人當然不是教室牆上畫像裡的乃木將軍，或是每天早上奉唱國民宣誓的禿頭校長。

我最先覺得不可思議的日本人，是透過民間童話認識的一寸法師、桃太郎、金太郎[18]，以及牛若丸[19]。如果要說這些角色有什麼共通點，那就是他們都是小巨人。

在以針為刀、碗變成船、筷子是划槳的世界裡，微弱的氣息可能化作颱風，水面小小的波動也會形成海嘯。然而，一寸法師並沒有軟弱到成為青蛙的餌食；他身形雖小，反而不容易被巨大的妖怪發現，可以自由地展開攻擊。結果，與桃太郎相同，一寸法師也是個擊敗巨大惡鬼，取回寶物的小小巨人。

這些故事的主角都是韓國民間故事裡找不到的人物。比起學校裡用日文講述的，已經在鄉野間流傳好幾百年的韓國民間傳說大多都是笨蛋和聰明人或惡鬼相爭後勝利的故事，沒有小孩子或小人物打敗比自己高大的大人或大妖怪的橋段。韓國的民間傳說中，以一寸法師這般身型小巧的人物為主角的故事本來就很少見；最具代表性的英雄是腋下長滿鱗片的巨人以及彌勒（山裡巨大的岩石），儘管有愈打便長得愈大的雞蛋鬼神，卻沒有愈打愈小的「大頭小屁股」和尚。

即便是出自同樣類型的民間傳說，日本和韓國的故事也大不相同。《剪舌麻雀》[20]和《興夫傳》[21]正是如此。相較於《興夫傳》的主角折斷燕子的腳再用線綁起來，到了《剪舌麻雀》則是剪掉麻雀的舌頭。日本童話不論在內容的殘忍度或者想像力的細緻程度上，都是韓國傳說故事無可比擬的。

「豆」和「王」的前綴詞

觀察下來，我發現並非只有傳說故事才是如此。韓文當中即使有代表擴大之意的前綴詞，卻沒有表現縮小之意的語法。韓文的「王(왕)」相當於英文「king size」的「king」，接在某個事物的名稱之前，用來代表比一般更大的意思；一般日本觀光客在酒館也會用韓文說的「왕·대포」代表特大杯，「왕·눈」是大眼睛，「왕·벌」則是大黃蜂。

日文則正好相反，比起擴大，一般更常使用代表縮小之意的前綴詞，例如日本人最喜歡的「豆」或「雛」等字。圓球狀的豆子象徵著宇宙的縮影，因此任何事物只要在前面加上「豆」字，便會立刻縮小，變成一寸法師。正如一寸法師又被稱作豆太郎或豆助，豆書、豆車、豆玩偶、豆盤等，都是比原物再縮小一號的東西；即使隨著時代變遷，電燈取代了蠟燭，但「豆」字依舊接在前面，稱作豆蠟燭、豆電燈、豆燈泡。意味著尚未成熟的「雛」字也帶有縮小的語意，如女兒節用來裝飾的雛人偶、雛形(模型)、雛菊等。

我自幼便感受到日本在這方面與自身民族的不同，無論是民間傳說的想像世界、詞彙的世界或事物的世界，都可以看見韓國沒有的一寸法師的身影。如同追逐掉進洞裡的豆子而進入陰間的日本傳說故事「豆話」，只要追著小小的豆子，就可以進入雛人偶或盆栽這般美妙的微型世界，一窺獨特的日本文化。

日本稱手工製作物品為「細工（精工）」。所謂製作，即是細緻縮小的工作。即便如此仍覺得言不及意，所以又在前面加上一個「小」字，稱為「小細工」。這就好比「豆」和「雛」等前綴詞還不夠，將小型的工具書加上重複的前綴詞稱作「雛豆本」是同樣的例子。相反地，樣式難看在日文被稱作「不細工」。縮小的東西不僅僅是尺寸縮小，還要講求比原物更加可愛、力道更強，擁有截然不同的特色。

比起將事物擴大，日本的特性在於縮小，這樣的印象之所以從小時候就烙印在我腦海裡，似乎是因為與韓國的日常生活用品相比，日本看起來都是以三分之一的比例縮小。日本盛飯的碗公與韓國具有同樣用途的「사발」相比是如此，日式坐墊和「보료」相比亦是如此，餐具、酒杯、扇子也幾乎都是以縮小的比例呈現。

自古以來，中國人和韓國人將日本稱作「倭國」，日本人稱作「倭人」，我認為這不見得是因為日本人身材矮小所致。一份有趣的研究（由強生〔Maurice Johnson〕、威廉〔Philip Williams〕、北垣宗治等人共著）指出，斯威夫特所著之《格列佛遊記》（*Gulliver's Travels*）有可能是從英國作家珀切斯（Samuel Purchas）的遊記和德國人坎普費爾（Engelbert Kampfer）的著作《日本誌》（*The History of Japan*）當中獲得靈感。可見對於歐洲人而言，日本也宛如一處小人國。

別歸結於島國風土論

「這是因為日本是島國」，想必有人會輕率地提出那個著名的風土論。然而，日本人開始把自己居住的環境視為島國的認知，也要等到近代地圖出現並與西歐文明接觸之後才逐漸普及。最先以「島國根性(韌性)」來表現日本人特性的人，相傳是明治維新後周遊歐洲後歸國的久米邦武。儘管日本感覺上是狹小且被大海包圍的島國，但這個國家其實並沒有那麼小。比起雖然與大陸相連，卻是世界上屈指的山岳國家導致盆地狹窄的韓國，日本的空間感更為寬闊，擁有可以看到地平線的根釧平原和武藏野平原。

即便假設島國意識自古以來就一直支配著日本，也依然無法簡單以風土論來說明日本文化當中所展現的「縮小意識」。試著思考英國雖然同屬島國，卻與日本有著完全相反的文化，便能看出這當中並沒有必然的關聯性。英國與身為歐陸國家的法國或德國相比，在看待事物的規模或想法上實在稱不上小；英國不僅不「縮小」，反而以「擴大」為志向，是一個支配七大洋的島國。

不是因為外部的原因而不得不縮小，而是日本人的深層意識當中以「縮小」為志向，才會呈現如此面貌。也因此夏目漱石才會說：「願生為堇花般的微小之人。」

長大之後，我發現如一寸法師這般迷你人物的故事不僅限於日本，其實廣泛出現於世界上各個國家，就連中國或韓國也能勉強找出二、三個類似的例子；後來更知道在湯普森（Stith Thompson）的《民間文學母題索引》（*Motif-Index of Folk-Literature*）有許多這類的故事被歸類在**T540-T549**的「神奇的出生」索引之下。儘管如此，這反而讓我幼時印象深刻的一寸法師與日本文化的關係，有了更緊密的連結。

與其比較西洋的迷你人物與日本的不同之處——例如大多與精靈相關，或者故事情節不像一寸法師正因為嬌小所以強大——更重要的是去探究即便同樣都是「迷你人物」，為何一寸法師的故事會比這個國家的其他童話更受到歡迎且人盡皆知？這個問題該詢問的對象並非民俗學家，而是孩子們。既然連異國的八歲小孩都對一寸法師耳熟能詳，正好證明了一寸法師確實是日本思維下的產物。

4・俳句與大豆右衛門

從紙門破洞看出去的世界

被譽為是日本人想像力泉源的《古事記》和《日本書紀》[22]當中也有出現小小的神仙，講述這位穿著鷦鷯羽毛的迷你人物乘坐的不是茶碗，而是用白蘞皮做成的船，被小米莖桿一彈便來到長生不老之國的故事。在韓國經常被拿來與《古事記》和《日本書紀》比較的《三國史記》或《三國遺事》[23]當中，卻找不到這樣的神仙。

不，不僅是小型人物的故事。在我剛開始接觸文學的時候，心中對於日本文學的印象也是那些小小的巨人。創作出世界上最短形式詩句的不是別人，正是日本人。俳句的字數是漢詩當中最短的「絕句」的一半，與韓國的最短詩形「時調[24]」相比則剛好是三分之一的長度。因此，江戶時代的俳句詩人小林一茶才能利用點燃枕邊燈籠火光的小小柴片，寫下複雜的人生和流逝的時光。僅透過十七個音節表現出廣闊的宇宙與四季交迭的俳句，正是展現日本文化「縮小意識」的最佳範本。俳句的特色不只在於簡短，而是將廣大浩瀚、無邊無際的世界縮小，也就是創造所謂的小巨人，展現獨特的美學。當然，不時臥病在床的小林一茶並非直接眺望遼闊的夜空，而是透過紙門上的小小破洞望向天空、看著銀河，寫下俳句「銀河美無邊，紙門洞外天（うつくしや障子の穴の天の川）」。

在小小的一寸法師身上看到巨大力量的日本人，又從纖細和精緻的事物當中，發現最美麗的「美」。日本最早的詩歌集《萬葉集》最常歌詠的花是萩花，據說數量高達一百四十一首；然而這種花在中國或韓國卻鮮少被提及。與中國人經常歌詠的牡丹花不同，萩花與日本人喜愛的秋天七草一樣，都是花形本身嬌小，而且稠密簇擁的群聚性花朵。櫻花自然不在話下，例如過去受女學生喜愛印刷在信箋上的鈴蘭，或是人名以及東京的酒吧、酒館、咖啡廳的店名經常使用的紫藤，都與萩花同樣屬於花朵本身嬌小細緻且群聚的種類。若試著調查表現「美」的日文語源，會發現日本人對「美」的感覺來自於嬌小、細緻之物。「うつくし（美）」一詞在平安時代之前有「可愛、憐愛」之意，《古事記》裡出現的也都是這種用法；至於現在所說的「うつくしい（美）」，過去則是以「くはし（麗し，細緻、美妙）」來表現。稱擁有姣好容貌的女性為「麗女（麗し女）」（《古事記》的久波志賣）便是其中一例。

此外，根據今道有信先生的闡述，「目ぐはし」代表視覺上精緻細膩的風景（《東洋的美學》)。他說:「『くはし』意為富有某些精緻要素的充實之物。『くはし物』指的是手工製成的精巧物品,或者進一步引申為氣質高尚之人,可見確實展現了一種完美充實的存在感。」另一方面,大野晉先生在解釋《萬葉集》十三卷當中收錄的第三三三一首短長歌時曾引用了以下的說明:「樹枝細密地繁生,愈看不見縫隙之時,此般茂密便是山岳的美妙(くはし),即美(うつくしい)的表現。」

如此說來,萩花、紫藤、櫻花等,皆可說是「くはし花(美妙的花)」。對日本人而言,美的事物便是「くはし」的狀態,是嬌小和細緻凝聚而成的結晶。

小說也是如此。比起長篇小說,精巧的短篇小說乃至於日本獨特的掌中小說,更可以看出日本人的特性。雖然風潮未能延續,但大正時代末期小說家岡田三郎、武野藤介等人提倡以兩三頁稿紙就完結的超短篇構想,或如川端康成創作了百篇以上的掌中小說等,這些都是外國文學難以看到的實例。

拉伯雷的巨人和江戶人的夢想

我從法國作家拉伯雷(François Rabelais)的《巨人傳》(*Gargantua et Pantagruel*)的主角高康大

身上看到歐洲人的夢想；日本人的夢想則呈現在江戶時代的小說〈大豆右衛門〉（《魂膽色遊懷男》）裡。拉伯雷筆下的高康大，喝牛奶需要一萬二千九百一十三頭母牛，身上的衣服需要九百丈（約一千公尺）的布，當中隱含著西歐人自文藝復興以來想要成為巨人的夢想。這位試圖向受到神壓抑的矮小人類喚起嶄新自信和能力的近代人，在巨人把聖母院的鐘當成馬鈴四處奔走的想像之中，聽見了雲雀的鳴叫，宣告人類偉大早晨的到來。

「變大，變得更大！」拉伯雷的夢想象徵著巨大主義，而在幾乎同一時期的日本，出現的卻是「變小，變得更小！」的呼聲——那便是江戶時代作家江島屋其磧筆下的大豆右衛門。雖然一邊是哲學性的小說，一邊是江戶時代的大眾文學，但兩者皆充分刻劃出符合民眾夢想的虛構人物。江島屋其磧透過大豆右衛門看見的夢想並不是高康大這般的巨人，而是縮小至如罌粟籽般的「豆男」。

故事的主角，是母親在夢見吞下一匹馬後所生下的小孩，不僅家裡貧困，長相也很醜陋。然而有一天，他在逢坂山遇見的仙女送上一顆仙丹和秘笈，並告訴他吞下仙丹後身體就會變成只有芥子人偶般的大小，可以飛進任何一個男子的懷裡與對方交換靈魂。大豆右衛門雀躍地進城，靠著仙丹享盡各種豔遇，最後還潛入大名的府邸，結果卻被當成蟲子抓了起來。就在差點遭人用手指捏死的時候，他幸運獲救，還受到大名拔擢成為家臣。

大豆右衛門也是如一寸法師一般的小小巨人。小說成功描寫所謂「小而強」的「極小主義」，展現與西方完全相反的信念。從該作品廣受江戶大眾的喜愛就可以知道，這並非僅限於作者江島屋其磧一個人的想法；當時陸續出現許多類似的書籍，「大豆右衛門」還成為流行語，之後轉化成普通名詞「豆男」被收錄在辭典當中，可見大豆右衛門就好比是日本的高康大。

將人類縮成豆子大小的故事，女性也不例外。例如《潤色榮花娘》的故事（以豆子為女主角）便是如此。

不是以巨人而是以小巨人為夢想，這種縮小的想像力成為日本人的創造力之一，構築出許多文化——這樣的假設其實從將大樹縮小的盆栽，到把宇宙縮小的庭園都能適用。到了現代從電晶體開始，小巨人於是也現身在電腦文化當中。

這樣看下來，從小學生書包裡拿出來的日本論，或許可以整理成一篇諷刺各國國民性的幽默短文也說不定。

博君一笑——國民性比較論

假設外星人為了測試地球上各個國家的國民性，把一件地球人從未見過的東西放在路中央，他們則躲在飛碟裡，觀察撿到這些東西的地球人會有什麼反應。此時，如果有人把東西撿起來後立刻放在眼前，從各個角度觀察，那麼他一定是法國人；相反地，如果有人拿到耳邊搖搖看聽聲音，那麼他無疑是德國人。這是因為具有繪畫天份的法國人是用眼睛（視覺）理解事物，而孕育出貝多芬的音樂民族德國人，則是用耳朵（聽覺）認識事物。

如果是鬥牛之國西班牙，想必不會為了解開疑問而將東西拿到眼前或耳邊，而是會立刻撿起來想把它敲壞。

英國人不像西班牙人先做了再說，他們把東西撿起來之後會很有耐心地用上幾天。在實際體驗這個東西有什麼作用之後，再召集家族所有人嚴正投票決定。

在這方面，中國人比英國人更世故，忍耐力更強。在把東西撿起來之前，他們會先注意觀察附近有沒有人；等到確定沒人之後，這位君子才會恭謹地把東西撿起來放入懷裡。東西本身是什麼其實無關緊要，最重要的是先保存起來再說；至於這究竟是什麼東西，反正總有一天會知道的。

至於如果是過去在日本殖民時代過著困苦生活的韓國人，想必撿起來之後會先用舌頭舔舔看。

此外，當然不能忘了分別代表東方和西方的美國人及俄羅斯人，他們的反應也十分令人期待。只可惜期待落空，他們多半不會有任何反應，甚至不會露出一絲困擾。畢竟美國人只管把東西交給電腦，而俄羅斯人只要向黨或KGB（國家安全委員會）報告就行了。問題在於日本人會怎麼做。他們不會把東西放到眼前或拿到耳邊，也不會加以破壞或塞入懷裡。由於充滿好奇心，因此也不會交給電腦或者國家來解決。

沒錯，日本人把東西撿起來後，想必會立刻試著做出一模一樣的東西。並且不是按照原寸，而是電晶體化，也就是精巧地縮小，做成可以放在手掌上的大小。接著便一直凝視著它，最後才恍然大悟地拍著大腿說道：「原來如此！」

1 *The Chrysanthemum and the Sword*，露絲・潘乃德（Ruth Benedict）著，一九四六年；繁體中文版由遠足文化出版，陸徵譯，二〇一八年。

2《「甘え」の構造》，土居健郎著，弘文堂，一九七一年。

3《タテ社会の人間関係》，中根千枝著，講談社，一九六七年；繁體中文版由水牛文化出版，林顯宗譯，一九八四年。

4 指以追求經濟利益為第一考量的人。在昭和四〇年代（一九六五—）曾被用來諷刺日本在國際上的經濟活動凡事追求利己和充滿算計的態度。

5 土居健郎（一九二〇—二〇〇九），為日本精神病學醫師、精神分析學家、東京大學名譽教授。其著作《「撒嬌」的構造》是最具知名度的日本人論之一。

6 樋口清之（一九〇九—一九九七），日本著名考古與歷史學家，知名作品有《梅干與日本刀》等。

7 梅棹忠夫（一九二〇—二〇一〇），日本生態學與民族學家，著有《文明的生態史觀》等。

8 羅蘭・巴特（Roland Barthes，一九一五—一九八〇），法國文學家，亦是二十世紀最重要的思想家之一。

9 即朝鮮世宗（一三九七—一四五〇），朝鮮王朝第四代國王，帶領眾賢創立了朝鮮文字，影響後世深遠。亦是一萬韓圓紙鈔上的人物。

10 李退溪（一五〇二—一五七一），朝鮮時代著名的儒學思想家，亦是一千韓圓紙鈔上的人物。

11 路易士・佛洛伊斯（Luís Fróis，一五三二—一五九七），葡萄牙的天主教傳教士。曾前往日本從事傳教工作，並會見過織田信長。

12 日本評論家山本七平曾以猶太名Isaiah Ben-Dasan出版《日本人與猶太人》一書。

13 日本一種傳統的地方性青年組織，會以村落為單位集結到達一定年齡（通常為十五六歲）的青少年，傳授他們當地的生活方式和民俗紀律。

14 即埃爾溫・貝爾茲（Erwin Bälz，一八四九—一九一三），德國籍醫生兼人類學家。於日本明治時代受聘擔任醫學校講師，對醫學發展貢獻良多。亦曾擔任宮內省御醫。

15 指配置在庭園當中供人行走的踏石。

16 乃木希典(一八四九—一九一二)，大日本帝國陸軍大將。曾留學德國學習軍事，於日俄戰爭時指揮攻克旅順，被奉為「軍神」。後任學習院院長，負責教導皇孫裕仁(即後來的昭和天皇)。明治天皇大喪當天，與妻子一同自盡殉節，被視為武士道精神的代表人物。

17 讓日本和韓國一體化的殖民教育。

18 金太郎，知名日本民間傳說人物。相傳是住在山裡的山姥(老女妖怪)之子，與野生動物為伍，並擁有怪力。以身穿紅色菱形肚兜、手持大斧的孩童形象廣為人知。

19 牛若丸為日本平安末期至鎌倉初期的武將源義經(一一五九—一一八九)的幼名。其生涯富有傳奇與悲劇色彩，是備受日本人愛戴的傳奇英雄之一。

20 即日本知名童話《舌切り雀》。故事描述一位老爺爺對前來造訪的麻雀照顧有加，老奶奶卻看不慣麻雀被餵養，之後還剪掉麻雀的舌頭。事後麻雀為了向前來關心的老爺爺報恩準備了許多禮物，老奶奶雖然也想趁機得到好處，卻只換來蟲子、蜥蜴、青蛙等恐怖的東西。

21 韓國民間故事。故事講述興夫與孬夫是一對兄弟，某天心地善良的興夫救了一隻燕子，燕子為了報恩讓興夫得到大量的金銀財寶，於是財迷心竅的孬夫便故意折斷燕子的腿再加以救治，結果反而落得傾家蕩產的下場。

22 為日本最古老的兩本史書，皆成書於八世紀。內容記載了日本的起源神話以及初期幾十代天皇的歷史傳說，但《古事記》的故事性較為濃厚，《日本書紀》則屬編年體，體裁相對嚴謹，為日本最早的正史。

23《三國史記》成書於一一四五年，為朝鮮半島現存最古老的史書，記述了新羅、高句麗、百濟三國的歷史。《三國遺事》則是十三世紀末由高麗的高僧一然私撰，是繼《三國史記》之後第二早的史書，當中也收錄了不少該時代的民間傳說。

24 時調相傳形成於十四世紀，是韓國最具代表性的詩歌形式，每首由三行組成，和日本以及中國的傳統詩歌比起來在題材與詩律上都相對自由。

第二章

「縮小意識」的六種型態

1・套盒型——嵌入

東海小島的海岸與蟹

東海の小島の磯の白砂に
われ泣きぬれて
蟹とたはむる
（東海小島海岸邊，我淚濕白砂，與蟹嬉戲。）

石川啄木的這首短歌，即便是不熟悉日本文學的韓國人也耳熟能詳，就連反日情結強烈的人也喜歡吟誦。原因或許不單是內容沒有包含帝國主義侵略思想的緣故；被流放至島上孤單一人的悲傷，顯然並非日本人特有的情感。比起日本人，石川啄木的感傷對於當時經歷喪國之痛、身處殖民時代的韓國人而言，想必更能引發內心深處的共鳴。

儘管如此，石川啄木的短歌終究是日本人的詩，宛如玄界灘[1]一般距離遙遠，絕對不可能成為韓國的詩。短短三十一個音的詩當中，其實沒有包含日本特有的詞彙或反映民族差異的特殊歷史或社會背景；硬要說的話，這首短歌的舞台間接展現了島國的地理特性，但實際上小島也不是日本才有的專利。地處半島的韓國同樣坐擁無數座類似的島嶼，因此以小島作為詩歌的舞台並不是一件稀奇的事。

那麼，又為何說這首短歌充滿日本味呢？如前所述，會給人這樣的感覺並非因為使用了特別的單詞，或是字裡行間散發出獨特的情緒，而是源自形成這首短歌的結構，更直截了當地說就是構句的特性。證據在於將石川啄木的這首短歌翻譯成韓文的時候，最大的難關便是原詩不斷地重複的「の(的)」字。

在「東海の小島の磯の白砂に……(直譯為東海的小島的海岸的白砂)」這個句子裡，「の(的)」竟然像三明治一般重複了三次。只靠助詞「の」連接四個名詞的奇怪文法，在韓國的散文或詩當中都不曾出現過。這導致在將這首短歌翻譯成韓文的時候必須改變構句的形式，然而如此一來，詩就不成詩了。

至今為止，一般認為韓文和日文的語法結構幾乎相同，沒有太大的問題。由於以為兩國語言僅有詞彙上的差異，因此至今主要都是以此為基礎來研究語言的特色。也就是說，只要置換單字，日文就會成為韓文，韓文也會變成日文；但同樣是外文，如果把轉換的對象換成英文等印歐語系或中文，就是另外一回事了。話雖如此，正如石川啄木的短歌所呈現的情況，我們必須注意到比起詞彙本身，連接每個詞彙的構句形式有時會展現出不同的特性。

過去在不諳日文的韓國年輕人之間曾流行過一個笑話，直白地表現出日文與韓文在構句形式上的差異。內容大意是說日本的時鐘無論多麼精巧，總是會比韓國的時鐘晚幾分鐘，因為韓國的時鐘是「チクタク、チクタク（滴答、滴答）」地走，日本的時鐘卻是「チクのタクの、チクのタクの（滴的答的、滴的答的）」。

這樣的笑話雖是源自只會說一點點韓文的日本人經常在詞與詞之間，加上韓文不需要的「の」，但也可以看成是大眾直覺地感受到兩種語言的差異並非單純地反映在詞彙上，而是語法結構不同的結果。這種構句當中具體展示的不同，就是助詞「の」的用法。因此即便是不清楚石川啄木這首短歌的韓國小孩，只要在說韓文的時候一直加上「の」，一聽就能知道他是在模仿日文。

實際上亦有許多能夠證明的例子。日文不會說「ほしひかり（星光）」，而是會說「ほしのひかり（星之光）」、「ホタルのひかり（螢火蟲之光）」、「むしのこえ（蟲之聲）」。然而，韓文絕不會說「별（星）의（之）빛（光）」，而是拿掉「의（之）」，直接說「星光（별빛）」。「螢火蟲之光」和

「蟲之聲」也是同理。

重複「の」字的奇妙現象

在「remote control（遙控）」一詞傳到日本的時候，日本人立刻去掉字尾，簡稱為「remo-con」。在這個喜歡縮略語的王國，為什麼明明可以省略的「の」卻像盲腸一般如影隨形，從韓國人的角度來看只覺得不可思議。

應該不只有韓國人對這個史芬克斯之謎感到疑惑。據我所知，無論哪一個民族都會盡量減少使用所有格助詞，避免重複。就算在西歐，即便是中學的初級英語作文時間，也很難看到重複三個「of」的句子；更不用說德文大部份的名詞都會如一節節的列車般直接連在一起成為複合詞。相較之下與日本類似，同樣具有重複「de」（相當於英文of的所有格）字傾向的法文，亦是能避則避。

因此，如石川啄木這般刻意重複「の」字，藉此提升詩句美感的做法，實在讓人難以想像。在此比起長篇大論，不如引述一段用來挖苦對於用字遣詞非常講究的法國文學家福樓拜（Gustave Flaubert）的著名軼事更能一目了然。

法國詩人哥提耶（Pierre Jules Théophile Gautier）曾評論道：「福樓拜做了一件讓他後悔一輩子的事——在一個句子裡重複使用了兩個所有格。」這裡指的是《包法利夫人》（*Madame Bovary*）當中的一句「Une couronne de fleurs d'orange（橘花的桂冠）」，儘管福樓拜想方設法避免重複使用「de」，但終究只是徒勞。英國作家薩默塞特・毛姆（Somerset Maugham）聽到這段故事後說道：「如果是英文的話，就不用費這番工夫了……」例如「Where is the bag of doctor's wife?（醫生太太的皮包在哪裡？）」可以很簡單地避免重複，然而法文並沒有所有格符號（'s）的用法，所以只能寫成相當於「Where is the bag of the wife of the doctor?」的句子。

然而，對於將「山手線」讀作「山の手線」，寫成「紀伊國屋」卻讀作「紀の國屋」，即使省略「い」也要加上「の」[2]的日本人來說，看到毛姆的幸運和福樓拜的不幸，恐怕才會覺得目瞪口呆吧！重複使用所有格「の」兩次甚至三次的石川啄木與福樓拜不同，不僅沒有嘆息懊悔，反而會為了日文的奧妙舉杯慶祝。啄木這首短歌成功的祕密，就隱藏在「の」的重複使用當中。

凝縮成一滴淚的大海

這個秘密究竟是什麼呢？避免複雜、將詞彙精簡，照理來說是喜愛使用縮略語的日本人的特性。創作出世界上最短詩歌形式「俳句」的民族，為什麼會頻繁使用這個其他民族皆極力避免，甚至就算省略也無妨的「の」字？乍看之下會覺得矛盾，事實上並非如此；因為「の」其實扮演了將各種想法與形象縮小的媒介角色。

石川啄木之所以能創作出僅有三十一音的短歌，與他頻繁使用「の」有很大的關係。將詩歌精煉縮小的機能，只有透過大量使用「の」才能實現。

試著分析「東海の小島の磯の白砂に（東海的小島的海岸的白砂）」這句話，便不難有所發現。首先，廣闊無邊的「東海」靠著「の」縮小至「小島」；接著「小島」縮成「海岸」，而「海灘」又縮小成「白砂」，最後甚至聚焦於「螃蟹」的殼。又因為接下來的「われ泣きぬれて（我淚濕白砂）」，原本廣闊的東海，最終凝結成一滴淚。

因此，石川啄木的詩歌並不僅僅是一首短詩，而是凝縮了從東海開展的廣闊景色，並藉由重複使用三次「の」這種日本獨有的文法結構，將渴望縮小世界的意志直接透過言語表達出來。「の」不僅是代表所有格的助詞，更象徵了追求縮小的意識。

由此可見，若要探求這首詩歌的本質，比起字面上的眼淚或與螃蟹嬉玩的心，更應該把重點放在將「東海」收縮至「螃蟹」和一滴淚的意識活動上。正是這種意識上的文法孕育出其他國家難以比擬、充滿日本獨特韻味的詩作。

從石川啄木抒發其他情感的短歌當中也可以發現同樣的情形。可見即使素材改變，「縮小意識」的想像力也依然沒有改變。

春の雪
銀座の裏の三階の煉瓦造に
やはらかに降る
（春之雪，銀座後巷三樓的磚造屋上，輕柔地落下。）

雖然場景換成與東海的大自然完全迥異的東京銀座，使用「の」的文法亦同。銀座漸漸縮小，最終停留在磚造屋的屋頂上，一如先前提到的螃蟹。這是與投石入池所產生的漣漪完全相反方向的運動；藉由「の」的爆發力，讓空間想像力的圓環乘著從外側向中心收束的波浪，轉移至更小的圓環。「の」的不可思議之處在於其爆發力不是向外擴展，而是發揮向內壓迫的力量。

這種寫作方式並非石川啄木的專利。被視為極其不自然的所有格「の」的重複一旦到了日本，便奇蹟似地褪去身上的荊棘，變成絢爛奪目的黃金之冠。作為翻譯佳作而知名的詩集《海潮音》(上田敏譯)，當中最受注目的便是譯自法國詩人魏爾倫(Paul Marie Verlaine)的作品〈落葉〉。在「秋の日のヴィオロンのためいきの身にしみて(直譯：秋之日的小提琴的嘆息溢滿我心)」的句子中，魏爾倫的原詩只有兩個「de」，但日文翻譯卻有雙倍的四個「の」(不過最後一個算是主格)一齊登場，將悅耳的鼻音效果[3]發揮得淋漓盡致。所有格重複帶來的負面印象，在日本人眼裡卻化作美妙的韻律。

若是進一步觀察，會發現「の」的秘密傳統幾乎與日本文化的歷史同樣悠久。就連形式最為古老的《古事記》當中的和歌，也可以看到「の」字的連用。

相傳雄略天皇[4]在長谷的大槻(櫸)樹下舉辦酒宴的時候，有落葉掉進女官捧著的酒杯裡，天皇見狀便立刻拿下女官，準備處死。這時，女官作詩一首，頌揚覆蓋著天空、東國以及村里的大樹身姿。她歌詠道：「其上的樹枝的枝頭的葉子，落下碰觸到中間的樹枝；中間的樹枝的枝頭的葉子，落下碰觸到下面的樹枝；下面的樹枝的枝頭的葉子……則落入酒杯。」以此形容樹葉掉落並互相撫觸的情景。天皇聽到這首歌，於是饒恕了女官。

如果把石川啄木的詩視為水平運動式的收縮，那麼《古事記》的這段故事可以說是垂直運動式的收縮——覆蓋蒼天的大樹從上至中，再從中至下，成為一片樹葉，最後凝縮於小小的酒杯。亦即天變成酒杯，大槻樹則化作一片漂浮的樹葉。

「縮小」意識的文法

正如法國哲學家梅洛．龐蒂（Maurice Merleau-Ponty）的妙喻，人類的精神（感覺、意識）不是像吃角子老虎機一樣投入硬幣才會開始運作的被動機器，而是對於外界事物有著主動的意識傾向，並在與物質相遇時以某種意義或形態展現出來。文化亦是如此；雖然其形態在機能或性質上各有不同，但歸根究柢都可以視為一個意識傾向之下的產物。

因此，與其從個別的語彙當中探尋，連結詞彙的文法構句應該更能體現意識的傾向。如果可以從世界少見、重複使用「の」字的構句當中探究日本特有的「意識文法」，或許就能更加了解日本人將一切縮小思考、縮小表現、縮小創造的文化特徵。

石川啄木並沒有將東海、小島、海岸、白砂分開看待，他所展現的是將世界的空間視為一個整體，進而集中於一點的意識傾向。若把環境和自身的存在分開思考，就絕對無法只靠三十一個音節的短歌加以抒發。如此一來就必須單獨描述東海，小島、海岸、白砂也必須各自在不同的獨立空間內描繪。正是因為掌握了涵蓋所有空間及元素的一貫性，才得以作為單一的形象彼此連結。所以，啄木的詩歌不長，也不可能變長。

對於石川啄木而言，東海實在太過廣闊。他只有在大海包圍自己的時候才能親身感受東海，也因此與東海嬉戲就意味著自己必須化身成能用指尖抓住的小小螃蟹。唯有如此，「流著眼淚嬉戲」的諷刺情境才更能展現其絕望感，讓人心有戚戚焉。

成套的盒子

藉由「の」的連用來縮小空間所創造出的詩意如果表現在實用的器物上，就非日本人愛用的套盒文化莫屬。假設這裡有一個盒子，若是用「の」字連接起來，就會變成「盒的盒的盒的……」，形成盒子裡面還有盒子，而這個盒子裡還能再放入更小盒子的組合。即使有數十個盒子，只要慢慢縮小依序套入，就可以全部收納在一個盒子裡。這正是日本常見的套盒(入れ子箱)。

除此之外，還有依照大小順序放入的套鍋，或是通常以七個為一組的套鉢。只要做成套盒的構造，再多的器物也能收納在有限的空間裡，輕鬆搬運。

從以前開始，「用途廣、易收納」就是日本人節省空間的智慧，會試圖將任何東西縮小成套盒的結構。十尺長的釣竿只要應用套盒的概念，就可以縮短成一尺長；大型的船隻如果設計成能夠分解和組裝並加以摺疊的套盒結構，即使在陸地上也便於攜帶，這便造就了伸縮釣竿和近代的摺疊船。藉由重複「の」字所展現的「縮小意識」，一旦用言語表達就成了優美的短詩，若是用來製作實用的器物，則成為可移動的簡便套盒。

詩人北園克衛有一首極具創意的前衛作品，完美結合了傳統的「の」字短歌與套盒。他在一九五七年創作的〈單調空間〉一詩中接連使用了八個「の」，將五個「白色方形」層層相套。只不過這些數字沒有任何意義，在他的想像當中，「の」會無限重複下去，白色方形也會永無止盡地愈縮愈小。下面就來直接讀讀看這首詩吧！或者應該說，欣賞這個套盒的模樣吧！

白い四角
のなか

の白い四角
のなか
の白い四角
のなか
の白い四角
のなか
の白い四角

（白色方形
的裡面
的白色方形
的裡面
的白色方形
的裡面
的白色方形

的裡面
的白色方形）

2・摺扇型——摺疊、握住、拉近

日本原創的風

摺扇最能單純且直接地展現日本人的「縮小意識」。從漢字的字形本身就能看出，「扇」原本有門扇（扉）之意，世界各地的扇子基本上都是團扇的形狀。其歷史說不定可以追溯到亞當和夏娃時代；人們在需要風的時候，便會拿起樹葉來搧。

就算在《古今注》[5]讀到舜發明了五明扇，或是殷代也有使用雉的羽毛做成雉尾扇的紀錄，都不是什麼值得驚訝的事。即便不相信傳說，只要前往開羅的博物館，就能親眼目睹從西元前十四紀的古埃及法老王圖坦卡門（Tutankhamun）之墓出土的美麗團扇。然而，這些扇子都屬於扁平且形狀固定的團扇（rigid fan）。

團扇的歷史從植物的葉子到鳥的羽毛、紙張等等，基本上僅以材料的改良為主，且早在中國南北朝時代就被視為高尚的藝術品廣為普及。在韓國，根據《三國史記》的記載，早在高麗時代以前就有孔雀扇這般華麗的團扇，用來當作互相餽贈的高價禮品。因此與其他傳入日本的文化相同，我們可以很自然地推測團扇是從中國和韓國傳入日本的。

重點在於當團扇傳入之後，日本人隨即創造出摺疊式的扇子（folding fan），為扇子的歷史掀起一波革命。坦白說，在世界各地普及的文化當中，鮮少有屬於日本原創的文化；過去吸收中國和韓國的文化，近代化以後則是全盤引進西洋文化，這就是日本文化的實情。所以如果一層一層剝開日本文化的表皮，就會像洋蔥一樣，最後什麼都不剩。

然而在這個洋蔥文化當中，唯有摺扇是例外，為日本人的顏面送上一股涼爽的風。相傳摺扇是神功皇后[6]征伐三韓之際從蝙蝠翅膀得到的靈感，先姑且不論這種說法有多麼荒唐無稽，但將團扇摺疊做成摺扇的創意顯然是出自日本人。可以確定的是，這個相當於團扇史上的哥白尼革命[7]既不是來自東洋文化的起源地中國，也並非來自西洋文化噴火口的希臘。

是高麗扇還是日本扇

無論東西方，若是翻開有關摺扇歷史的文獻，可以發現摺扇吹起一股少見的文化逆風。根據《宋史》記載，日本僧侶喜因訪宋之際，獻上了金銀蒔繪扇筥一合，檜扇二十枚以及蝙蝠扇二枚等。民族意識極高的喜因在宋太宗面前驕傲地說，日本皇室的歷史比中國的三皇更悠久；他所進獻的貢品當中包含摺扇，讓人不禁聯想到過去日本航空的國際線也曾把摺扇當作日本的象徵送給外國人乘客。

到了宋朝熙寧時代，江少虞遊相國寺（河南開封縣）時看到在販賣日本摺扇的商人，於是留下了關於這個稀奇扇子的詳細紀錄（《事實類苑》）。與其妄自推測，明代的紀錄當中明白寫著「中國過去沒有摺扇」（《張東海集》），而是東南夷的使者帶來的物品（《兩山墨談》）；至於韓國方面的資料，李朝末期的文學家朴趾源的《熱河日記》也證明中國一開始並沒有摺扇，全部都是類似韓國羽扇的團扇。

無論是建造金字塔的埃及人，或是興建帕德嫩神廟的希臘人，都對摺扇一無所知。也就是說，歐洲一開始沒有摺扇，直到十五世紀葡萄牙商人開啟與中國的貿易大道後，摺扇的風才總算吹進歐洲，於十七世紀之後成為歐洲各國的人氣商品，在社交界掀起一股熱潮。到了十九世紀，據說在法國印象派畫家竇加（Degas）、莫內（Monet）等人經常聚集的巴黎酒館「日本的椅子」裡，侍女皆身穿和服，牆壁上也裝飾著摺扇。可見僅就摺扇來說，無論是中國或歐洲都比日本晚了一步。

然而，對於斷定摺扇是日本原創物品的日本學者而言，韓國的高麗扇卻成為他們心中的疙瘩。許多中國文獻都記載摺扇是在宋、明時代從韓國傳到中國，並以高麗的松扇為起源。對此，日本學者主張這是日本製的摺扇被誤認為高麗製而造成的，即摺扇是從日本傳到高麗，再從高麗傳進中國。這一點似乎尚有討論的空間，但若是參考宋代徐競所寫的《高麗圖經》[8]中有關高麗扇上描繪著身穿日本和服的人物，便多少印證了摺扇是由日本人所發明的說法；更何況如果考量到日本人想把所有東西摺疊起來的思維以及日本文化的「縮小意識」，則又更具說服力了。

無論摺扇是誰最先發明的，可以確定的是喜愛摺扇勝於團扇的民族只有日本人。第一次見到摺疊式扇子的中國宋朝人據說無一不對這樣的東西嗤之以鼻。摺扇經過很長的一段時間才在中國廣為普及，在此之前，至多只有妓女才會使用摺扇。想必在大陸民族的眼裡，摺扇只是沒有半點功用的玩具罷了。悠然自得的中國人想必無法理解日本的「縮小」意識，因此比起男性，反倒是心思細膩的女性，特別是妓女們對摺扇充滿了好奇。

換個角度來說，日本開發出摺扇與日本人特有的「縮小意識」之間既非無關，也絕非偶然。

摺扇的原型

世界上幾乎任何一個國家都曾經有過團扇，卻沒有人想過要把扁平的團扇摺疊縮小。日本人開發出摺扇，似乎代表只有日本人有這樣的發想，也就是具備創造出日本特有文化結構的「縮小意識」。

「日本人如何想出摺扇的創意呢？」針對這個問題，學界提出了許多不同的假設。有學者主張，「當紙糊的團扇從中國傳入，日本便利用一種名為蒲葵的棕櫚科樹葉來製作團扇，且至今依舊是九州一帶的特產。蒲葵樹的葉子如果橫著握就會摺疊起來，於是日本人從中得到靈感，最終以線將削成薄片的木板連綴組合，發明了可以開合、被稱作檜扇的木板摺扇」。此外，也有人認為摺扇的靈感來自古代大臣朝見君主時所執的手板「笏」，因為最初的摺扇「檜扇」不僅使用外形與「笏」非常相似檜木板為材料，且兩者皆是朝廷使用的禮器。另一種說法則指出結合多片木板，鑿孔加以串起的古樂器「拍板」才是摺扇的靈感來源。

然而，重點不在於探究哪一個說法更正確。這些假設與萬有引力法則的發現來自落下的蘋果，或蒸汽機的發明來自沸騰的蒸氣掀動了壺蓋等俗說相同，其實不具有太大的意義。早在牛頓與瓦特之前，有無數人目擊過蘋果從樹上掉下來，或是蒸氣導致壺蓋晃動的現象，卻沒有因此促成萬有引力的發現或蒸氣機的發明；由此可見，牛頓和瓦特對物理學的關心和洞察力，才是最重要的關鍵。

同樣地，比起蒲葵樹、笏還是拍板這些外在的因素，想要把東西縮小的意識才是促成摺扇誕生的母體。蒲葵樹或笏頂多只能算是摺扇的父親，而尋找父親並不是我們關心的重點。如果能試著找出孕育、培育摺扇，類似母親角色的因素，便可以從新的角度發現，摺扇展現的是日本文化的一種原型。

開門見山地說，摺扇是團扇的縮小形式，即透過摺疊使用的材料，變成可以握在手中的形狀。如此一來，扁平的平面就會化為一根棒子（一條線），使得原本只能以分離客體存在的團扇，可以輕易地收進衣物內與身體緊貼。正如惠慶法師[9]所吟詠的和歌「袖裡半隱扇，宛如月未出」，摺扇正是可以收進袖子裡的團扇。如果把團扇喻為月亮，摺扇就是「尚未露臉」的月亮。

重次的俳句「手握日月之修羅扇」則更鮮明地展現了這種情緒。惠慶的「袖裡藏月」到了重次，變成直接「握在手裡的月亮」。這裡所說的月亮當然是指描繪在扇子上的圖案，但重次向我們展現的是摺扇的功能，也就是將廣大的世界和抽象又遙遠的宇宙一口氣拉近，縮小成可以握於掌心。摺疊扇子意味著縮小世界，且並非只是將寬廣的平面原封不動地客體化，而是改良成可以具體而簡便地握在手裡，讓扇子的世界能夠更貼近身體與生活，隨心所欲。因此，從摺扇型的「縮小意識」當中，可以同時解讀出認識論、美學、實用性的三大要素。

飯糰文化——拉近

從過去摺扇不僅僅用於搧風的歷史來看，便不難理解它為何被當作認知世界的道具。摺扇原本作為宮廷的禮儀品而誕生，直到江戶時代，庶民才開始將摺扇當作實用的搧風道具。這樣看來，日本人將團扇縮小並改變形態的想法，與其說是來自追求簡便的實用主義，更是一種對於事物認知方式的展現，也就是在象徵性上具有更大的意義。

摺扇也與宗教儀式密切相關，例如「風千草扇」、「風草扇」、「拍蚊扇」等伊勢御田扇[10]的出現，此外無論是檜扇或紙扇，在日常生活當中也擔任禮品的角色。自古以來就有不少賜扇予功臣的故事，其實際用途也不僅限於搧風，還能作為搭配正式服裝的飾品。與團扇不同，摺扇之所以被視為宗教性的禮物，且至今依舊是展現敬意的饋贈品，都是來自於對摺扇象徵意義的認知。既能折疊又可展開的摺扇所具備的集約功能彷彿是在一開一合之間決定世界的命運，而搧風的行為則好似在向某些事物招手。因此，手持摺扇就如同將所有神秘的抽象性握在手裡，藉由更具體而貼近的形式體驗模糊曖昧的世界。所有宗教儀式皆是如此，會藉由具體的形象來理解超越性的事物，所以石州扇用在茶道，花田扇是葬儀的禮具，而枝扇對於古代的僧侶而言則如同念珠。換句話說，摺扇被用來當作儀式的禮具，意味著摺扇本身便具有象徵意義。

因此，摺扇型的「縮小意識」也包含「招引」、「拉近」、「握」的概念。日本人想像力的運作方向與其說是面對外界或超越自身的神，反而展現了向內招引或往自己拉近的強烈傾向。文學作品中所表現的「風」無論在哪個時代的哪一個國家，一般大多代表「逝去」之意，正如《飄》(*Gone with the Wind*)[11]這部作品的形象便呈現了「風」的典型意義。然而，日本的「風」是從遠方的世界前來造訪、圍繞之物，擁有「招引」與「拉近」的形象。根據某位研究者的調查，在《新古今集》[12]當中有高達四十首以上以「……風吹來」為意象的和歌。

日本不僅有神話描述某位君主舉起扇子想要召回太陽，結果因此惹怒神明走向衰亡的故事，俳句中關於拉近月亮的描寫亦不勝枚舉。如同中國的李白，韓國人也很喜歡歌詠月亮，只不過主要的意象並非召喚或將月亮拉近到自己身邊，而是主動前往月亮的世界。好比韓國的民謠歌詞：「金銀斧頭砍下月亮的桂樹，蓋好三間草屋，與父母生活千年萬年。」相較之下，日本的俳句詩人是將遙遠的月亮拉到身邊，發揮摺扇型的想像力。月亮在僧人良寬吟詠的詩句「盜人遺漏窗邊月」中就好比懷裡的錢包，到了小林一茶的「紅月歸誰有，孩童手中物」則成了孩子們手裡的玩具。

摺扇型的「縮小意識」所呈現的，是日本人傾向將事物拉近、握在手裡，透過具體感受的認知方式。換句話說，也就是「飯糰文化」。正如用手捏製食物一般，日本人只有把東西放在手裡觸摸、捏握才能真正了解。姑且不論飯糰，日本人在吃飯的時候習慣把飯碗捧在手裡，但這在韓國卻是一種乞討的行為。面對神佛時也是一樣，僅止於膜拜沒有真實感，因此日本才會出現直接觸摸佛像祈福的「手觸佛」和「摩挲阿彌陀」(鎌倉)。

即便不論這類的特例，就連內心深處最神秘的祈禱，日本人也得像是可以用手握住一般，寫在繪馬上才能感到踏實。所以，感情也必須用手握住，因而衍生出「手應(手え，手感、反應)」、「手強(手強い，不好對付，不好惹)」、「手痛(手痛い，沉重的、重大的)」等詞彙。

將扇子摺疊是為了能握在手裡，變得更順手而方便。日本人不僅用腦，更用手思考，因此一旦出現太大或太過抽象的東西，以至於無法一手掌握，就會認為自己「不能

勝任（手に余る）」，感到「難以處理（手に負えない）」。

可移動的美術品

摺扇的縮小機能同時也反映了日式美學的原型。摺扇在被當成實用品之前原本屬於藝術品，這一點想必無須贅述，但扇面上描繪的圖案和文字與其他紙上的畫作和壁畫卻有所不同。壁畫與團扇上的圖案比較類似，都在一個固定的平面上，然而即使是同樣的文字或圖案，到了摺扇上便可以摺疊，只要喜歡就可以隨身帶著走。相較於掛在牆上的畫，只有摺扇讓畫作變得可以放入袖中隨身攜帶。如果說掛在牆壁上的畫是電唱機，摺扇的畫則好比隨身聽。所以日本自古以來就有在和服上作畫，穿著外出的罕見風俗。

摺扇相當於可以移動的美術品，由此便可理解為何比起固定的裱框畫，日本人更喜歡能夠立即捲起來的掛軸或捲畫。

除了機能面，既然要在面積狹小的摺扇上作畫，無論畫的是花還是山，都必須更小更細緻，以更加凝縮的形式描繪。當扇子折起來的時候，已經縮小的畫又會變得更小。製作摺扇的工法亦同，若是檜扇的話就必須將厚木板削得有如紙片一般輕薄，足見工法本身就已經包含精緻的縮小美學。

在使用時機上，摺扇與謠曲[13]結合便是謠扇，與舞融為一體則成為舞扇。尤其是能劇所使用的仕舞扇，扇子本身更被認為是促使能劇藝術誕生的源頭。借用法國詩人保羅・克洛岱爾（Paul Claudel）所言，「那是盛開的花朵、手中的火焰、思維的地平線、靈魂的迴響」。此外，歌舞伎也需要扇子。可見有摺扇的地方就有繪畫、舞蹈，以及戲劇。

對日本人而言，縮小本身最完美的形狀就是半圓的摺扇型，也是美的原型。雖然只是偶然，但日本的象徵富士山，同樣也有著類似的輪廓。

摺扇無論如何展開，形狀本身就帶有縮小的限制，極限的形狀（半圓形）是一個集中於扇軸上一點的閉合空間。摺扇的形狀與西洋的透視法正好相反，屬於末端開展的反向透視法，這種型態正是日本人喜愛的「末廣[14]」，想必也是日本繪畫和庭院所展現的獨特反向透視法的原型。

電晶體文化始於平安時代

話雖如此，但也不能忘記摺扇的實用功能。平安時代末期，京都建立了量產摺扇的體制，可見摺扇不僅代表日本人的認知（思想）和美學，更是實用商品的原型。

雖然無法確實證明，但若是認同「現在稱某某商店為某某『屋』，是根據以前摺扇商店的招牌而來」（畑維龍《四方硯》）的說法，那麼扇商可說是日本商業主義的先驅，製造獨創的商品並加以販賣。除了日本國內以外，扇商在製作出紙製摺扇之後，更將市場推廣至中國大陸。這些摺扇貿易商一直延續到室町時代為止，據說由於利益過於龐大，扇子的製造於是交由幕府直接掌管。中國人則從日本進口摺扇再賣往歐洲，開始從事轉手貿易。如此看來，日本商品當中第一個成功席捲世界的榮譽，應該非摺扇莫屬。

為此，甚至有日本學者提出令人訝異的主張，認為英文的「fan」其實源自日本扇子的發音，也就是「sen」。然而就常理而論，歐洲早在日本的摺扇傳入之前就已經有團扇了，怎麼能斷定沒有相對應的名稱呢？英文的「fan」實際上源自拉丁語的「vannus」，指篩選穀類、分開穀粒和灰塵的工具，稱為「箕」。

姑且不論繁瑣的語源推論，但既然到了有人認為英文的「fan」源自日文這種地步，便不難理解摺扇當時確實是撼動世界的日本商品。比起語源的考證，更值得思考的反而是日本的摺扇為何可以成為世界性的商品。

可以確定的是，摺扇比團扇體積小且攜帶方便，而且第一印象令人感到非常稀奇。

藉由縮小，做出更輕巧、更簡便，以至於讓人不禁讚嘆「原來如此！」的新奇商品，或許正是日本商品從以前到現在都不曾改變的特性。

一旦摺扇的縮小意識與實用性（商品）結合，就會發揮簡便的特性。當摺扇變成鐵扇，便可能成為與手槍一樣具有殺傷性的武器。正如「嵌入」的意識創造出套盒文化一般，「摺疊」的意識造就了包括摺扇在內的各種具有日本特性的物品。日本人看到任何東西，立刻就想要加以摺疊，甚至連區隔房間的牆壁都不放過，製作出世界上最有彈性的「紙拉門」。這麼說來，雖然日本燈籠的形狀與中國和韓國的燈籠非常類似，但結構不同——日本的燈籠可以摺疊、自由伸縮，不需要使用的時候無論尺寸再大，只要像摺扇一般摺疊起來，也能變得薄如白紙。

即使歷經時代變遷，日本人想把東西摺疊起來的「縮小意識」依然不見衰退。日本在大正年間從德國進口滑動式的雨傘，到了一九五〇年代便製作出世界最初的摺疊式（folding）雨傘，並與過去的摺扇相同，縮小之後反向輸出，稱霸世界市場。從來沒有人想過把原本就已經摺疊起來的雨傘再摺疊看看，就只有日本人嘗試了好幾次，於八〇年代之後推出世界最短的三段式摺疊雨傘，全長只有十八公分。這麼一來，雨傘終於也和摺扇一樣，可以收進懷裡。

在追求可攜、輕便的小型化的同時，又要在有限的體積下具備更強大的功能，為此就必須縮小——日本人秉持著這樣的想法，於二戰後成功打進世界市場的商品就是電晶體。這麼看來，電晶體文化可以說從平安時代就開始了。

看到從中國傳入的紙製團扇，日本人僅靠著將其縮小便創造出反向輸出的奇蹟，就連實用主義的西洋也颳起日本摺扇的旋風。這股風潮至今依然盛行，只是換成更加輕薄短小的日本製相機和家電用品。日本即使從中國和歐美輸入文化，但把事物縮小、握在手裡的思維卻始終遙遙領先，展現出其他地方所沒有的日本特色。

由於供給過剩，摺扇在中國市場的銷售逐漸下滑，日本商人於是展開威脅式販賣，最終甚至演變成掠奪，這就是惡名昭彰的「倭寇」的由來。我聽聞日本學者如此主張，還說明這是一種貿易摩擦，嘴角不禁浮現一絲苦笑。中國典籍《事實類苑》中的〈倭扇行〉將倭寇比喻為扇子加以撻伐的記載，看來也並非虛假。

如此將摺扇的商品特性和歷史仔細地考察一番之後可以發現，情況絕不是「昔日榮光今何在」啊！

3・新娘人偶型——移除、削減

人偶國度

「微型」是「縮小意識」中最常見的形式，也就是將物品依原樣縮小，或是模仿原來的物品製作出小尺寸的模型。在這個「縮小」形式當中，日本人當然也沒有將寶座拱手讓給其他民族，只要回顧一下微型物的世界紀錄便能一目了然。世界最小的飛機模型，全長一・六公厘，機翼寬一公厘，體積比蒼蠅還小，但不僅配備齊全，還能完美飛行。這架微型飛機於美國哥倫比亞舉辦的世界紙飛機大會（一九七〇年）上獲得冠軍，因此絕不是口說無憑。而這架超迷你飛機的製作者，正是日本人（來自滋賀縣的竹若弘祠先生）。

榮獲世界最小機車桂冠的當然也是日本人。全長十七・五公分，重一・七公斤，利用直徑僅五公分的輪椅輪胎，以電池啟動模型飛機用的引擎運轉。製作出這台迷你機車的東京的長谷川修士先生，據說成功乘著機車跑了十公尺左右。

製作小型模型的時候，必須具備細緻和縝密的基礎，而日本人自古以來就會在米粒上寫字，比賽誰寫的字更多。目前為止，迷你文字奧運金牌的得主吉田伍堂先生竟然在一粒米上寫下六百字，芝麻上寫了一百六十字，黃豆上寫了三千字；接著再從書寫轉至雕刻，在米粒上刻了四十六字，而且刻字的面積只占米粒的十分之一，令人難以置信。因此，在日本可以看到所謂的微型物美術館，收集並展示了兩萬件必須用放大鏡才看得見的微字藝術品，也就不足為奇。

然而，僅就個人紀錄並不足以證明小型模型是屬於日本式的「縮小意識」，畢竟任何一個國家都有可能達成上述的一兩個例子。為了能夠斷言這是日本與其他民族比較下的特色，就必須建立一個基準。這個準則並非特殊的個人或個別的微型物，而是表現在民眾文化當中的普遍現象。沒錯，這個準則正是人偶。

原始宗教通常會將人偶當作驅魔或祈求豐收的巫術道具，因此很難想像有哪一個國家不具備人偶的文化。然而，除了宗教儀式上的效果之外，東亞文化圈當中只有日本的人偶還兼具玩賞和玩具的審美機能，形成真正的人偶文化。以日本的生活文化來說，與中國和韓國明顯展現出差異的特性之一，就是人偶。

即便是相同的宗教儀式，但中國和韓國從古至今都不存在類似於小型模型展示會的人偶節（女兒節）。無論是將佛教傳到日本的韓國或者中國，也看不到所謂「人偶的寺廟」

（如京都的寶鏡寺），更沒有人偶師這種職業名稱，或名為人形町的街道。

在韓國，人偶反而象徵著一種禁忌，在開化之前根本無法想像孩童玩著人偶的畫面。但據說日本自平安時代就已經有人偶遊戲，《源氏物語》當中就曾寫道：「從今年開始，玩一些更像大人的遊戲吧。都已經十歲了，不適合再玩人偶。」這是宮中女官規勸熱衷於人偶遊戲的紫之上[15]所說的一段話。

此外，紫式部的對手清少納言的文章當然也少不了人偶。這是證明日本人喜愛小事物的證言，本書在一開始曾引用的「無論何物，凡小小者總是可愛」，也正是出自接下來《枕草子》的段落。

凡小小者總是可愛

可愛之物，如畫在瓜果上的童顏。小麻雀聽人模仿老鼠的叫聲，便跳著靠近。兩三歲大的幼兒倉促地朝這邊爬過來，途中若是發現微小塵埃一類，便眼明手快地用那小小手指捏住拿給大人看，那模樣可愛極了……人偶的配件、池中撈起的小巧蓮葉、小枝的葵葉，不論何物，凡小小者總是可愛。（《枕草子》一五一）

《枕草子》中的這一節還描寫了雛鳥、水鳥的蛋和琉璃壺等，當中出自人類之手製作的小東西則是「人偶的配件」和「琉璃壺」。

從日文「美しい（美麗）」一詞本身，便能看見人偶文化展現的微型意識。漢字的「美」是結合「羊」和「大」字而成，代表吃得飽的大羊，可見中國認為大而豐滿的東西存在著美。雖然尚待查證，但代表「美」的韓文「아름답다」據說也與充實、膨脹的東西有關。然而，如同《枕草子》一節所示，唯有日文的「美」是源自對小東西的喜愛，或是對可愛事物產生的憐愛，也就是從「可愛」的意思轉變而來（請再次回想起「くはし（美妙）」一詞的原意）。如此一來似乎就可以理解，為什麼只有日本是東北亞的人偶之國。

賞玩人偶的歷史並不悠久，其種類多如繁星，有裸體的御所人偶[16]、穿著衣裳的浮世人偶、二十人或三十人一組的穿衣人偶、木雕的奈良彩色人偶、用紙或錦緞模仿男女姿態做成的紙偶、盆景中裝飾用的芥子人偶等，不勝枚舉。此外，對於使用材料或製作方式的講究，日本的人偶也絕不亞於東洋或西洋的任何一個國家。關於日本人偶的特性，正如人偶名稱經常冠上「雛」或「芥子」一般，比起大型或等身大的人偶，反而更趨向小巧精美，可說是微型物的典型。

各式人偶當中，我認為最能展現日本獨特微型縮小意識的，正是「新娘人偶」（姊樣人

形）。尤其這不僅限於江戶地區，更是遍及日本各地的民間傳統鄉土人偶，非常能夠反映出民間的文化。雖然韓國民間也有用草製作的草人「각시」，但終究沒有發展出一定的格局，僅止於孩子們扮家家酒的道具。

削減手腳

新娘人偶並非單純依原樣縮小的微型人偶，這一點也是一大特色。無論材料是草或紙，即使型態根據地區而有所變化，但新娘人偶之所以是新娘人偶，乃是因為擁有省略手腳的特徵。也就是說，新娘人偶呈現的縮小意識是省略了四肢，追求簡潔化的型態。如果不斷削減人類的特徵，將其單純化，就會如新娘人偶一般只剩下圓圓的頭和直線的身體；就連眼睛、鼻子、嘴巴也全部省略，整個臉部變得平坦。這種美可說是來自形態的原型所昇華而成的單純性。

在芥子人偶身上也可以看到省略人類手和腳的縮小型態。木芥子人偶（こけし）是日本東北溫泉地販賣的特產品，其歷史尚淺，據說由來與新娘人偶無關，而是由「製作木碗和木盆的木匠店」獨創。雖然無法斷言，但「木芥子」這個名稱應該是源自「木削子（こげす）」，也就是削木製作人偶的意思。若真是如此，那麼無論是新娘人偶或木芥子人偶，其發想可說皆是透過削減、去除的方式縮小，也能從中看出日本人希望藉由將事物單純化、簡潔化，進而追求美和實用性的心。

如果從這個層面分析為何日本人偏好達摩不倒翁，顯然就不能只歸結於受到了禪學的影響。達摩不倒翁沒有手腳的原因據說與達摩面壁坐禪九年的傳說有關，然而日本人之所以如此喜愛達摩不倒翁的形狀，將其當作裝飾品，想必正是因為達摩不倒翁與新娘人偶和木芥子人偶擁有共通的血脈。若是回顧一下日本固有的神明，如惠比壽財神和布袋神等七福神，就會發現他們的外型都很接近渾圓的球體。

大膽割捨複雜及無用的東西，可見日本不是只有武士才持有切割的刀。不具手腳的新娘人偶其實隨處可見日本的美學，就連世界國旗當中圖案最單純的日本太陽旗、用最少的線條構成的鳥居等等皆是如此。不，不僅是形態，我們從文學和語言當中，也可以看出削減的簡潔美學。例如從《萬葉集》的長歌演變成三十一音的短歌，甚至是十七音的俳句；在學問方面也正如江戶時代的著名學者富永仲基曾一語道破，比起中國的「文飾」（不斷堆疊文字）和印度的「虛幻」，日本的學問在於「萃取」，也就是「簡言而之」，進而做出摘要。

假名的發想和「非常」文化

日本人創造假名文字的發想，也與新娘人偶有著異曲同工之妙。雖然日本與韓國同樣都是在發明自己國家的文字之前先接觸到漢字，但兩者最大的不同點在於，日本人是以漢字文化圈為基礎創造出自己國家的文字。韓國文字乃是根據抽象的音聲體系建立一套與漢字完全不同的表音文字，簡單來說即是藉由母音和子音的組合，創造出形狀獨特的文字；相較之下，日本的假名卻是以漢字為範本加以簡化而成的。換句話說，如同新娘人偶一般削減漢字的手足所創造出的簡略化文字，正是五十音片假名的「アイウエオ(a-i-u-e-o)」。「阿」減去「可」就變成「ア」；「伊」減去「尹」成為「イ」，這就是日本的文字。平假名亦同，將「安」簡化，就變成「あ」。因此，日本文字就如同暢通循環的空氣般，一點也不複雜。

再一次重申，「縮小意識」並非是「已經創造出的東西」，而是「正要創造」的動態想像力，因此新娘人偶型的縮小意識無論在物質或精神方面，都擁有相同結構的變形，所以語言上當然也可以看到這樣的作用。

如同移除人類的手腳一般，若是仔細觀察日文的用法，會發現許多只保留詞首、其餘全部省略的縮小語彙，這在世界上可說是非常罕見。這正是日本人經常掛在嘴邊的「どうも（dou-mo）[17]」文化。「どうも」單純是個副詞，因此它擔任的角色就好像帽子或手套一樣，必須要有頭或手的實體才能發揮作用。

然而，善於削減捨去的日本人卻會省略主語，只單獨使用這個副詞，這在外國人聽來相當奇怪。比方在說「どうもありがとう（非常感謝）」、「どうも気の毒です（真是遺憾）」、「どうもめでたい（非常恭喜）」，或是「どうもけしからん（真是不像話）」的時候，明明「どうも」代表的意義彼此相去甚遠，但日本人卻是不論什麼場合都能使用。因此，便會出現在婚宴上說「どうも」，葬禮上也說「どうも」的情形。

請各位想像一下，「どうも」相當於英文中的「very」，所以如果依照日本式的用法，等於在說「Thank you very much」的時候，變成只說「very」。假使眼前有美國人互相說著「very」、「very」，或見面時互道「대단히（很、非常）」、「대단히」的韓國人，只會令人覺得十分可笑。

儘管如此，日本人卻看似理所當然地使用這種語法，因為這正是日文所具備的縮小特性。例如「今日は（日安）」、「今晚は（晚安）」等招呼語亦是如此，原本的「今晚はお天気ですね（今日天氣真好）」或「今晚はいい夜ですね（今晚夜色很好）」變得和「どうも」相同，主體遭到省略，只留下帽子上的金色飾繩。

最特殊的例子應屬「只今（tada-ima）[18]」。這個詞相當於英文的「now」，但僅是「只今」本身，其實並沒有出門或是回家的區別。

雖然有人認為這是由於現代人生活繁忙，沒辦法把話說完才造成的現象，但從原本「さようならもうここでおいとまを乞います（那麼，就先告辭了）」的道別語可以簡化成「さようなら（再會）」這一點來看，應該是從過去大名時代以來就有省略語句的習慣。江戶時代的「どうも」文化據說更短，只會說「もう（mou）！もう！」

日本時代考證家稻垣史生在《日本的城》提到，「城裡和平的一天就從侍者奇妙的『もう！』聲中開始。來自本丸表御殿深處的『もう！もう！』聲如回音般不斷迴響，傳遍城內各個角落。但這並非模仿牛啼聲的鬧鐘，而是侍者為了互相通報主人『已經（もう）起床』所發出的獨特省略語」。由此便能看出，這種刪除主體僅留下修飾語的神奇省略語堪稱是日本的傳統。

外來用語的日文化，其實也意味著加以省略。例如「トレーシングペーパー（tracing paper，描圖紙）」到了日本變成「トレペ（torepe）」；「テープレコーダー（tape recorder，錄音機）」、「マザーコンプレックス（mother complex，戀母情結）」到了日本就被簡化成「テレコ（tereko）」和

「マザコン（mazakon）」。至於「イメージチェンジ（image change，改變形象）」等外來用語如果改成日式省略語，則稱作「イメチェン（imechen）」。此外還有像是年長世代較為熟悉的「モガ（moga，潮女）」、「モボ（mobo，潮男）」[19]，學生運動時代流行的「ノンポリ（nonpori，政治冷感）」、「アングラ（angura，地下文化）」，乃至「レスカ（resuka，檸檬蘇打）」[20]等等，類似的例子可謂多不勝數。

集約與背面之美

新娘人偶不僅展現削減的縮小意識，同時也表現出第二種要素——集中於一點的集約性。儘管沒有手腳，但髮型做得非常細膩，也完美地呈現了細節。由此可知，新娘人偶是將重點放在髮型上的人偶。值得留意的是，日本所有的縮小文化幾乎都有一個集中的中心點。一方面加以省略，另一方面又加以強調，這種典型縮約法的兩面性和其關聯性充分展現在新娘人偶的製作上，當中最費事的正是人偶的頭部。

新娘人偶的髮型細分得非常複雜，依此便會誕生出數十種不同的人偶。在流程上必須先分別製作瀏海、兩鬢、髮包，再依序黏上；接著將利用獨特的束髮方式——如島田型、桃瓣型、勝山姑娘型、達摩返轉型等數十種結髮方式梳成的髮髻接在髮鬢的後面。當然，根據髮髻位置的些微差異，人偶整體的氛圍也大不相同。例如島田型的髮髻，擺放的位置高則看起來年輕，位置偏低則風雅別致。

利用絲線和髮繩綁好的頭髮，還會再分別加上髮飾。髮飾就好比微型物的展示窗，可以看到做工精巧的小花簪上，佈滿就算用鑷子也很難加上去的黃、紅、粉色小花。此外還有扇形梳、簪、中卷、丈長等各種髮飾，皆構成了細小夢幻的微型世界。

日本人在用詞上也有相似的傾向。如前所述，日本人善用世界少見、有如去掉手腳的省略語，但說敬語的時候卻又頻繁使用作為敬稱的「お(御)」字。除了指稱事物的名詞，就連表現行動的動詞也會重複加上「お」，讓人不禁聯想到沒有手腳的新娘人偶頭上細膩無比的花簪。日本人一方面將「トイレット(toilet，廁所)」略稱為「トイレ(toire)」，創造出不具有英文血統的畸形兒，另一方面又會特地在前面加上「お」字變成「おトイレ」，如此奇怪的日文可說是隨處可見。

儘管與前述的性質有所不同，新娘人偶還包含了第三種縮小的要素，那就是將表面收縮到背面的含蓄性。新娘人偶之所以不同於世界上其他人偶，甚至作為獨一無二的微型物，主要是因為想要展現的裝飾與重點都與其他人偶相反。

有人說「新娘人偶是為了展現背面才加以裝飾」，就是這個意思。不僅是人偶，日本女性的裝束也具有世界上難得一見的構造，例如和服便是以背面的裝飾為特色。綜觀其他國家的服裝（其實不僅限於服裝）多是以臉部所在的正面為主，像是裝飾品或皮帶等都會著重於正面的設計，但日本人卻是以身後打結的腰帶來裝飾背面。雖然說話不留情面的外國人把這稱作是「揹著枕頭走動的情色表現」，然而無論髮型還是強調後頸線條的衣領，顯然都和綁在背後的腰帶同樣強調背面之美。

新娘人偶也反映出這樣的美學，當其他人偶都是以臉部為重，就只有新娘人偶以背後的姿態作為正面，展現用髮繩綁起來的美麗髮髻和華麗的腰帶結。

就算說這當中隱藏著日本美學的秘密也絕不為過。同樣是佛像，印度、東南亞、中國、韓國有很多都屬於不雕飾背面的浮雕，就只有日本幾乎以全雕為主，浮雕的佛像反而很少見。

此外，像日本這樣的武家社會，除了眼前一百八十度視野之內的敵人，背後也會有潛在的危險。因此優秀的武士必須做到眼觀八方，磨練出即使敵人從後面偷襲，也不會讓對方有機可趁的武藝。

日本人從一般認為永遠緊閉的背後之姿，反而看到了開展的正臉。臉部是說話、動作、清楚傳達意念之所在，然而集中挽起、用髮簪固定的髮型所呈現的背面姿態，卻是帶著沉默、躊躇，彷彿隱藏著什麼暗號一般，朝著黑暗的方向消失而去。因此，「將背面當作正面裝飾」的新娘人偶，展現的是無聲似有聲、靜中有動，以及黑暗中的光明。正如俳句詩人松尾芭蕉歌詠「茫茫不見富士山，妙趣深藏雨霧中」，他是透過雨霧欣賞富士山之美；而藤原定家的和歌「環繞四周，花與紅葉皆無」，則是在秋日空虛枯寂的夕陽中，看到春天的花和秋天的紅葉。

刪減（省略、單純化）、集約（細膩）、以裏現表，也就是以單純的事物表現複雜的事物，這種含蓄的美學時而體現在語言上，孕育出「どうも」文化或松尾芭蕉的俳句；有時又展現在能劇當中，發展出將手靠近面具便代表嚎啕大哭的表演方式；抑或是化作花道的技法，再三精剪花葉，只留下一輪凜冽的花朵。

4・便當盒型——填塞

縮小膳食

法國人在誇耀自身的味覺有多麼地敏銳且富有個性的時候，通常會強調他們有高達數千種以上的乳酪。那麼，能與之匹敵的日本食物是什麼呢？豆腐？也許是吧。像是木綿豆腐、絹豆腐、核桃豆腐、芝麻豆腐、蛋豆腐、海鮮豆腐等，儘管種類繁多，但依然比不上乳酪。此外，這些都算是特殊的食物，不適合當作日常食物的普遍範例。若以醃漬物或火鍋來舉例的話雖然可以找到不少種類，但在此不妨換個不一樣的比較法。

沒錯，就是便當。根據昭和五十三年（一九七八）的調查，日本光是鐵路便當（駅弁）的種類就高達一千八百種。其中煎蛋捲、魚板、魚肉被視為鐵路便當的三大配菜，以這三樣組合為基礎的普通便當多達七百種，其餘一千一百種左右的特殊便當也同樣廣受歡迎。

雖然旅遊書上也會刊載日本列島的鐵路便當地圖，但若是想要進一步探究便當文化的人，可以走一趟日本料理的聖地京都，甚至最好親自品嘗一番。例如以月亮命名的向月便當、圓月便當、半月便當，以人物為主題的利休便當、光悅水指便當，抑或是竹籃便當、茶盒便當、提桶便當、柳盒便當等造型便當系列，知名餐廳販賣的便當種類多到令人眼花撩亂。

說到便當，許多人都會聯想到愛妻便當，也就是上班族那種規規矩矩的白領文化，然而若非從內容而是從形式上來分析，追溯到安土桃山時代（十六世紀末），便能立刻發現便當正是代表縮小文化的食物，將食物壓縮至小小的箱子裡面。就如同武士會攜帶一般的日本刀和縮小版的脇差短刀，日本人的膳食也可分為本膳和縮小的便當。

關於便當的起源和語源有許多不同的說法，有人說是始於織田信長在軍營裡將糧食平均分給士兵，也有人認為是江戶中期在戲劇換幕期間所吃的東西。但無論如何，共通的特性皆在於壓縮食物，因應可供隨身攜帶的需要而誕生。

在此，我們之所以必須仔細觀察便當盒，乃是因為它具有壓縮食物、讓膳食便於攜帶的發想和方法。就連神社都可以縮小成神轎大小行走四方的日本人，會壓縮飯菜的份量、把食物當作扇子或套盒一般攜帶，似乎和猴子爬樹、地鼠挖地一般理所當然。如果相信江戶時期《柳亭記》當中對便當語源的解釋[21]，那麼日本文化就相當於便當主義文化，也就是在便當盒裡填滿食物的縮小文化。從便當盒在日文中又被稱作「行廚」來看，就算不去特別探究語源，也能推斷日本人是以移動廚房的概念創造出便當。

日本食物與韓國食物

然而，之所以能夠形成這樣的便當文化，乃是因為日本食物的形狀屬於方便填塞的「塊狀」。即便同樣以米飯為主食，韓國卻沒有誕生便當文化，主要就是因為食物的形態有所不同。

不妨比較一下與日本醬菜相似的韓國泡菜，以及同樣是用白蘿蔔製成的日式醃蘿蔔和韓式辣蘿蔔。日本的醬菜沒有醃漬的醬汁，呈現沒有湯汁的塊狀；但韓國的泡菜和辣蘿蔔都是浸在醃醬當中。

若再比較日本和韓國的湯（日本稱作「汁」），會發現日本的湯料理顧名思義是以液體為主，麵麩或豆腐等湯料的比例並不多；然而一旦換成韓國的海帶湯或豆芽菜湯，湯料就會變成日本的好幾倍。雖然也有例外，但一般而言，日本的食物可以清楚分成固體和液體，在韓國則是食材與湯汁並存，固體和液體混合在一起。韓國人不喜歡沒有湯汁的食物，比起壁壘分明，更鍾情於模糊的界線。因此在韓國說一個人「連湯汁都沒有」，是最嚴厲的批評。

所以吃飯的時候，比起日本人基本上只用筷子，韓國人則是同時使用筷子和湯匙。使用刀叉吃飯的西歐人讓人聯想到用爪子撕開食物的貓，而用筷子夾起塊狀食物的日本人，則看起來很像麻雀。正如羅蘭・巴特將筷子看作鳥嘴，叉子是肉食動物的爪子，如此看來，一起吃著菜和湯的韓國人，就好像是啪啪地張嘴同時吃進水和食餌的金魚。

以上稍有離題，但可以看出食物與國民意識之間有著奇妙的關聯性。從韓國人的觀點來看，乾爽的日本文化反而是「沒有湯汁的文化」，甚至有可能認為「備而當其用」的機動性便當文化是輕薄、卑下之物(直到現在，韓國依然有吃便當是很丟臉的印象)。

韓國的食物同樣不適合做成櫥窗裡的展示樣品。與聚集大小塊狀的日本食物不同，例如雪濃湯一類的韓國料理並沒有一定的形狀，塊狀食物藏身於熱湯之中，因此很難用塑膠做成樣品。不僅如此，韓國人也很排斥將食物當成領帶或襯衫一般，陳列在路邊的櫥窗當中展示。

一言以蔽之，無論是從食物的形狀或對食物的意識結構來看，韓國都不可能形成便當文化。便當終究是由日本人所創，專屬於日本人的東西。

塞不進去的東西便是「沒有價值的」

那麼，便當展現的縮小意識有什麼特色呢？再次重申，所謂的便當是將原本擺滿飯桌的菜餚，塞進行器（hokai，將食物搬運至戶外的木製容器）或破籠（warigo，內部有隔層的飯盒）等狹小範圍之中，因此這裡的「縮小」與「填塞（詰める）」是同義語。由此我們也可以看出，「填塞」是縮小意識的另一個重要類型。

雖然乍看之下沒什麼了不起，但「填塞」這個司空見慣的詞彙，其實蘊含著孕育各種日本文化的動力；不僅在車站或列車上，或是在日式食堂的菜單上，便當都具有相當重要的地位。便當的味道，其實就是「填滿」的味道。

日本人無論看到任何東西，就會想要像摺扇一般摺疊起來，或是嵌入套盒裡，抑或是像沒有手足的新娘人偶一般加以單純化。同樣地，當日本人看到東西散落四處，就會禁不住想要裝進箱子裡。因此在日本，比起「撒嬌」，「填塞」更富含日本式的含蓄性。「集合（集まる）」也可用「聚集（詰め合う）」來表現（不只是集合，而是更強調狹小之處擠滿許多人的意境）；持續在某個地方等待稱作「待機（詰める）」，等待的場所則稱作「等候室（詰所）」。此外，連續劇或小說最後的高潮橋段，稱之為「大完結（大詰め）」。

與便當文化相同，韓國並沒有與「填塞」相對應的詞彙。勉強來說的話就只有代表填滿空間的「채우다」一詞，卻無法呈現緊密凝聚於一定範圍之內的緊張感。因此，若要按照字面意義以韓文表現「罐頭（缶詰）」，就會變成「罐（통）煮（조림）」。

「填塞」若體現在事物上，就會像便當一樣盡可能地將更多東西壓縮進有限的空間中，以質代量。這種類型的「縮小意識」在過去造就了茶室、庭園、曼陀羅，今日則創造出電晶體、相機、電子錶、VTR等備受注目的日本產品（這部份到後面會另作詳述）。

然而我們不能忽略的是，「填塞」不僅限於物質層面，也會以相同的概念運作於精神層面。日本人在評價一個人的時候如果說「這個男人很可靠（しっかりしている）」，意思就相當於「這個男人精神飽滿實在（気が張り詰めている）」。當填滿食物就成了便當，填滿心則會成為「可靠的男人」。原來帶著便當出勤的市井小民，都可以說是非常可靠的「便當男」。

因此對日本人而言，只是單純地「看」、「思考」、「呼吸」是不行的。若是想要認真嚴肅地面對某件事，就一定要「填塞」才行。如此一來，單純的「看（見る）」會變成「凝視（見詰める）」、「思考（思う）」會變成「深思（思い詰める）」，「呼吸（息を吸う）」則化作「屏氣凝神（息を詰める）」。

日本人的技術和力量似乎來自於「填塞」，所以如果是無法填塞、裝入的事物，在他們眼裡就會變成「沒有價值之物（詰まらないもの，直譯為無法塞入的東西）」。這裡想要表達的並不僅止於字面上「沒有價值」；實際上在過去，無法融入村莊群體的人會以「村八分[22]」的方式受到制裁。儘管民主主義在表面上看似順利推行，但若仔細觀察其內涵，會發現日本人的職員教育依舊好比古代的拜師學藝，維持著灌輸精神和知識的「填鴨」主義。而禪宗的頓悟則是凝聚精神直到極限，宛如被逼迫到無處可逃的老鼠一般，才終將開悟。

正因為尊重每個人的多樣性，民主主義才有可能成立。然而，日本人無法單獨上場，必須融入於集團的圈子之內（雖然這也是日本特有的團結力）才能發揮力量。因此，即便日本的知識份子批判韓國是獨裁主義，但韓國每一個人的思考方式都與日本人不同，根本不可能出現「代表一億人的評論家」或「代表一億人的白癡」這類的用語。令人不可思議的是，這種將一億縮小成一人、填入便當盒之內的集體主義式思考，卻是來自被譽為東亞唯一自由民主模範國家的日本。

日本漢字與讀音的意義

「填塞」並不只限於同性質的東西。無法一起填入或是因為太過膨大而無法填塞的東西，反而更能提高填塞的技術和成就感。「填塞」事物的時候，重點在於不要過於偏重理論或原理原則（過於強調原則會被日本人認為不知變通），畢竟這麼做等於是在為事物做出區隔，變得更加分散。

大家不妨留意一下〈伊呂波歌〉[23]。以前學習日文的時候，最令我感到吃驚的就是這首〈伊呂波歌〉。世界上沒有哪一個國家可以將自己國家的所有文字全部填進一首詩歌當中，而且還沒有重複，真可謂是奇蹟。日本人非常擅長這種填塞的方式，因此狩野永德[24]才能畫出〈洛中洛外圖屏風〉這樣的作品。他將京都整體的生活空間和春夏秋冬四季的時間全部塞進屏風之中，當中點綴的人物不僅有來自各種階級、職業的日本人，甚至還描繪了葡萄牙人等異國之人。隨著佛教傳入日本，龐大抽象而無限的思想更被濃縮成「南無妙法蓮華經」七字，只要加以唸誦，就能夠往生極樂世界。

前面已經提過日本人如何藉由新娘人偶型的縮小方式簡化漢字，只取部份結構創造出日本的假名文字。那麼，在「便當型」以填塞為手法的縮小之下，漢字又會變成什麼樣子呢？不存在於康熙字典上的日式漢字（和字）就是這樣誕生的，例如「俤」、「働」、「凪」等字皆是如此。由於從弟弟身上可以看到哥哥的影子，因此組合「人」和「弟」，便成為蘊含日式細膩感傷主義的「俤（omokage，面貌、身影）」；將曾經引發國際爭議的日式工作主義濃縮而成的「働（hataraki，工作、勞動）」，以及傾注了風之國度祈求風止心願的「凪（nagi，風平浪靜）」，全都是韓國沒有的漢字。

外國人曾諷刺日本是「經濟動物」，因此故意在代表日圓的「円」字加上犬字旁，寫成「狷」。雖然韓國人同樣會為了好玩用拆字遊戲創造一些漢字，但韓國的文化講究正統性、原理原則與嚴肅主義，因此這些漢字無法登錄成為公用文字。相比之下，日本人不過於偏重理論的方便主義則非常利於「填塞」。他們甚至打破一字一音的原則，讓一個漢字可以音讀，也可以訓讀[25]；如果這樣還是不夠，便進一步創造出改變漢字原意且使用日本讀音的「國訓」。舉例來說，「偲」在中國原本是相互指責的意思，但由於文字本身是由「人」和「思」組成，因此在日文則解作「思念、緬懷」之意。

即便不是如此極端的例子，漢字的訓讀在韓國人看來也非常稀奇。假使明明寫著「spring」卻不按照英文去發音，反而讀作「春（haru）」，不是很可笑嗎？這與寫作「春」卻不讀作「shun」（春字的音讀），而是讀作「haru」（春字的訓讀）一樣令人不解。因此，韓國並沒有所謂的漢字訓讀。

利休鼠色

把紅、綠、黃、藍色全部混在一起，就會變成鼠灰色。這是顏色的「便當」，也就是有名的「利休鼠色」。由閑寂美學所創造出的鼠灰色，象徵著一種結合所有矛盾現象和意義的文化，因而也有許多日本的知識份子都主張這是佛教、神道、儒教彼此「手牽手」合唱出的日本融合文化。但這種融合精神並非專屬於日本的產物；例如華嚴思想、新羅元曉[26]的圓融會通其實都符合上述的融合精神。

與其說是「融合」，日本的利休鼠色更具有「組合」的特色。換句話說，這是一種無論是本國還是外來文化都全部加以組合的精神，就好像將日文的「kara（空）」與外語的「orchestra（交響樂團）」組合在一起，就會成為「卡拉OK」一樣。

將收音機與錄音機組合在一起，製造出收錄音機，或是將手錶結合計算機等，這些日本開發出的巧妙商品也都是如此。然而在表現出「填塞與組合才能」的同時，卻也不免給人沒有原則、八面玲瓏的印象。《不可思議之國日本》（不思議の国ニッポン）系列的作者保羅・波涅[27]就曾批評道：

日本人的胃具有同時消化蒙娜麗莎和拉麵的功能。在超級市場買東西、吃著拉麵、看電視上的猜謎節目、嚼口香糖、為都春美（日本著名歌手）瘋狂、練習高爾夫球、評論馬諦斯和畢卡索，買沙特（法國哲學家）的書……羅浮宮美術館裡充斥著前來觀光的日本團客，巴黎一流旅館的客房服務，為了提供客人泡麵用的熱水而忙得不可開交。

文庫本和簡明英文辭典

「填塞」型的縮小意識如果展現在書本上，就會成為袖珍型的書(日文稱作「豆本」)。袖珍書並非日本獨有，但日本不但有袖珍書圖書館(靜岡、青森)，還用袖珍書的形式發行袖珍書目錄(日本古書通信社)，對於袖珍書有著非比尋常的熱愛。雖然沒到小如豆粒那麼極端，日本的文庫本[28]也可說是一種縮小的書。如果說在書房閱讀精裝書形同在餐桌上品嘗佳餚，那麼在電車上或戶外長凳上閱讀文庫本，就好比是在享用便當。昭和年代的日本人肉體上的營養來自於便當，精神上的糧食則來自於文庫本，可見文庫本之興盛。

在韓國，文庫本如今依然不太受歡迎，反觀日本早在半世紀之前就透過效仿德國的雷克拉姆（Reclam Verlag）文庫的做法掀起一陣流行。相較於歐美的口袋書要等到二戰之後才獲得大眾青睞，日本則是在岩波書店出版最初的文庫本之前，就已經發行過名為「赤城叢書（アカギ叢書）」的小型書籍。根據《忍耐風雪——岩波文庫的故事》記載，這種「一本十文錢，與岩波文庫差不多大，再怎麼厚重的書都能壓縮成一冊的形式」，在當時非常暢銷。

正式的文庫本是在昭和二年（一九二七）於日本出版界登場。同年七月十日，東京《朝日新聞》頭版標題旁邊刊登了半頁的岩波文庫廣告，上面寫著標語「古今東西典籍」，和「我希望得到萬人追求的真理……」的宣言。同一天刊登在第二版的主要新聞是日內瓦的海軍裁軍會議，該會議於八月四日以失敗告終。雖然「縮減軍備」失敗了，但岩波的「縮小書籍」（文庫本）卻獲得巨大的成功，陸續在各大報頭版刊登廣告。

書必須具有權威性，而不是像鞋拔一類的物品；因此比起放進口袋攜帶的便利性，有品味地陳列在莊重的書架上更具意義。但這樣的想法在重視「輕便主義」的日本，似乎沒有構成太大的問題。

三省堂的簡明辭典也是相同的例子。書名「簡明」成為小辭典的代名詞，使用輕薄的聖經紙，將數量足以與大辭典匹敵的單詞填塞進這部可以握在手裡的小型辭典裡，可說是日本「縮小文化」下的產物。

在我的印象中，剛開始學習「I am a boy」的中學生幾乎人手一冊簡明辭典。比起查找單字的實用性，更像是藉由將大量的英文單字握在手裡以得到安全感的一種象徵性物品。就好比嬰兒就算沒在吃奶的時候，也要握緊母親的乳房才放心。

在日本，外來語氾濫的程度已經到了就連米飯都會用片假名寫成「ライス（raisu，源自英文的「rice」）」，電視廣告還會糾正消費者的英文發音，或是在電車及每天的報紙上看到各種教授外語的學校廣告，但實際上日本人的英文程度並不好。這個不可思議的現象不禁讓我覺得是簡明文化所致。學習一無所知的外語就好像航行在沒有海圖的大海上，屬於「擴大」的意識，這是日本人不擅長的領域；因此，他們學習外語的方法不是擴大，而是傾向縮小納入手裡，導致大部份的人都以為只要手握簡明辭典就沒事了，時髦一點的人可能聽聽迷你錄音帶就覺得學有所成（一種認為「這樣就足夠了吧」的心理）。

壓縮「古今東西典籍」的袖珍書和收錄數萬單字的袖珍辭典，就算只是拿在手上，便讓人覺得提升了教養。因此，文庫本和簡明辭典可說是培養日本人知識的兩大支柱。

5・能面型——擺架勢

停格動作的海浪

葛飾北齋的系列作品〈富嶽三十六景〉當中所描繪的〈神奈川沖浪裏〉非常壯觀。英國藝術史學家赫伯特・里德（Herbert Edward Read）曾說，看到這個雄偉浪濤的瞬間，所有人都睜大眼睛、屏住氣息，不自覺地發出驚嘆。下面看到他的評語：

> 感情被崩落的大浪吞噬。我們進入翻騰的波動之中，高漲的浪潮和重力的緊張感迎面而來，在波濤碎成白色浪花的時候，我們彷彿向內心深處的異物伸出憤怒之爪。（引用自瀧口修造譯《藝術的意義》（*The Meaning of Art*））

然而，看到這幅畫上的浪潮，為何會湧現這樣的情感呢？光是透過上述評論似乎無法理解。理由想必有非常多種可能性，例如貼近怒濤的大膽構圖、表現出浪潮洶湧的線條，或是遠處富士山所呈現的不動性與眼看就要被浪潮吞噬的小船所呈現的對比等等。但若是讓我用一句話概括，那就是「葛飾北齋描繪了波浪的停格畫面」。

波浪一波接一波，不停翻動著。即使只有一瞬間，如果靜止不動，就算不上是波浪了。波浪並非花朵樹木，更不是如山這般的「物體」，而是「動作」。葛飾北齋將不斷翻騰的動作轉換成瞬間的物體呈現，就好似一台以精密度傲視全球的日本製相機，就內建在江戶人北齋的眼裡。他以千分之一秒的快門捕捉波浪的動作，呈現出波浪的停格或慢動作畫面的效果。實際上，歌舞伎的「見得[29]」演出，展現的也是停格的效果。

在畫面中，洶湧浪濤破碎成白色飛沫，變成一個個凍結的點，佈滿整個畫面空間。原本應該在水平線上持續翻滾的浪濤動態與時間的連續性，都藉由瞬間的靜止被收縮成一個具體的形狀。在波特萊爾(Charles Pierre Baudelaire)等歐美浪漫主義詩人的作品裡，波浪都是代表「擴大意識」的關鍵形象；然而，葛飾北齋的波浪抗拒擴大，將波浪茫然的形狀和動作轉化成縮小的世界。若是更仔細觀察這幅畫，是不是很像在看著綿延群山的峽谷呢？但當中竟然包含了海洋的廣闊和激烈的波動。這就好像比起直接拍攝快速動作的影像，慢動作更能展現速度感和魄力。

至於究竟是誰在什麼情況下想出電影和電視常見的慢動作攝影技巧，英國人曾諷刺地笑說，這是從小氣的蘇格蘭人吃完飯後不願意付錢而拖拖拉拉的動作所獲得的靈感。但認真說起來，停格或慢動作的取景技巧是早在電影或電視出現之前，便已經由葛飾北齋的浮世繪與能劇舞者所發明創造的動態美學。更正確地說，即是「凝縮動態之美學」。

到目前為止所探討的各種縮小類型，主要都是空間性的，而葛飾北齋這種以停格畫面呈現波浪，或是能劇以慢動作表現動態的演出，則可說是行動(時間性)的縮小。

歷經近六百年歲月所打磨與精煉而成的能劇舞台動作，向前踏出一、二步代表決心，向後退一步則代表灰心。當中甚至有為了展現動作的極致，而以靜止不動為基礎的演出手法，僅靠著站立在同一個位置上，展現「動」的演技。有些人形容這與「快速轉動的陀螺看起來就像靜止不動」是同樣的道理。

「架勢」的動作

葛飾北齋的畫作將所有波浪的動作和連續性收縮成一個型態、一個瞬間，這種收縮方式到了日常生活中就是所謂的「架勢(構え)」。是的，就是劍道和柔道所說的「架勢」。

日本的弓道、花道、茶道等，所有冠上「道」字的傳統，都是從「架勢」開始。架勢包含了所有今後即將發生或已經發生的動作，是一種將所有動作「縮小而成的型式」，會在同一個地方開始與結束，並構成瞬間的動作。因此，這與歐美人用來代表每一個動作的「style」或「form」完全不同，畢竟「架勢」並非靜態的表現。即便說葛飾北齋所描繪的驚濤駭浪是「波浪的架勢」也不為過，因為他確實表現了靜中有動的瞬間。

在日本，「稽古[30]」可以說相當於在練就「架勢」。哲學研究者中村元先生認為，日本佛教與其他民族不同的特殊性有部份是來自於即身成佛的思想，正如道元[31]提倡身悟而非心悟的道理：「……完全捨棄心的念慮知見，只管打坐即可親道、得道。若如此，只要正身就能得道。故勸君應專心於打坐。」這段話其實也就意味著以「坐」這個「架勢」作為禪的中心。

弓道也是一樣。正如道元所說，只要確實做好「坐」的「架勢」，自然就能開悟，日本弓道最大的特色在於不介意是否中靶，而更重視能否展現行射應有的「架勢」。一旦「架勢」完美，箭矢自然會命中靶心。

從現代的棒球運動中也可以看到類似的精神。根據《菊花與球棒》(*The Chrysanthemum and the Bat*)的作者懷汀(Robert Whiting)所言，多數美國球員都不在意拿球棒的姿勢或姿態，只要有好的打擊結果即可；但日本人則認為「好的棒球選手是隨時讓自己的動作維持在正確姿勢的人。只要做到這一點，一切自會水到渠成」。懷汀在此提到的姿勢或姿態，正是我們所說的「架勢」。

接下來稍微轉個話題。擁有武家社會傳統的日本文化，說到底還是「刀」的文化，因此日常生活中經常可見與刀相關的詞彙，這在韓國以「筆」為象徵的文士文化來說非常罕見。背叛的日文稱作「裏切」，也就是刀從背後砍過來的意思；此外還有像是「切味(刀的鋒利程度)」、「切身(魚肉片)」、「切目(切痕)」、「切盛(分裝)」，以及「助太刀(幫手)」、「真剣(認真)」等……例子可謂不勝枚舉。隨手翻一下電視節目表，除了可以看到名為「江戸を斬る(殺出江戶城)」、「闇を斬る(殺出黑暗)」的時代劇之外，座談會或評論節目也時不時會以「××を斬る(剖析某某問題)」為主題。我剛來日本的時候，看到報紙上「東大生を斬る」的斗大標題簡直嚇了一跳。當然，這並非是關於代表日本菁英的東大生遭到虐殺的報導，而是一篇調查東大生意識結構的文章。此外，當時正好發生了川俣軍司的隨機殺人事件；這次報紙的頭版標題寫著「斬不斷的憎恨情緒」，亦是一種與刀有關的意象。

回歸正題，既然日本文化是刀的文化，就應該從劍道探求「架勢」的典型。何謂「架勢」？劍道九段的佐藤貞雄師範是這麼說的：「首先我要開門見山地說，還在學劍道的

人，根本不懂什麼是架勢。」（《我的劍道修行》）

佐藤師範認為，架勢不僅是調整姿態而已，唯有配合「全神貫注」和「多方注意」的精神力量，才能完成身體的架勢。如果手持的不是竹刀而是真正的刀劍，站在對手面前的時候身心便會自然繃緊，形成架勢。換句話說，架勢意味著集中精神。

此外，佐藤師範又說了一段故事。過去有一名完全不懂武藝的孝子為了替雙親報仇，便請教著名劍士宮本武藏是否能傳授一手招式。於是宮本武藏正如字面上只教了他唯一的一招，但卻無關擊劍的技術，而是正確的架勢。他要求孝子在大喊敵人的名字之後蒙上雙眼，一旦感受到敵人的殺氣，只要擺好架勢刺擊即可。結果，敵人看到對手架勢十足無機可趁，便慌亂地勉強揮下大刀；眼看孝子就要被砍成兩半，然而最後倒臥血泊之中的不是孝子，而是敵人。

透過這個故事我們可以知道，架勢是劍術所有動作和精神的凝縮。因此，佐藤師範斷言只要觀察架勢，就能夠判斷一個人的劍道程度和品格。

架勢不僅限於各種技藝，就連日常生活中無論是個人或團體，都存在著「架勢」。因應未來可能發生的一切所展現的計畫性、精神的集中、態度等皆是如此，日本人稱之為心中的架勢（心構え）。戰敗後的日本人正因為有這樣的「架勢」，因此才能從飽受摧殘的廢墟中崛起，躋身經濟大國。

能面具的中性表情

請各位回想一下，「架勢」就是將各種動作、時間凝縮成一個型態或一個瞬間。那麼，如果將感情的架勢凝縮成一個表情，會是什麼樣的臉呢？想必大家會有如此疑問，而答案就藏在「能面具」當中。

世界上無論哪一個民族都有面具。如果比較日本與外國的面具有何不同，勢必可以找出日本人的特徵和文化性質。面具相當於一個民族心靈深處的面貌，無論是黃種人還是白種人，比起從外表肌膚的顏色來判斷，不如觀察面具還更有意義。

與其他縮小文化相同，日本面具的特色在於將一切完整凝縮於狹小的面具之上。過去伎樂（帶著面具表演的舞樂形式）的面具刻的是誇張的表情，到了能面具則逐漸變成喜怒哀樂都通用的中性表情。其他國家的面具或許會透過某種機關來改變表情，或是依照角色不同，將喜怒哀樂分別做成表情固定的面具。然而日本的能面具（特別是主角所戴的若男、若女面）卻如同劍道的架勢一般，具有凝縮喜怒哀樂的「中性表情」，可以應對所有的情緒。

只要觀察能面具的嘴部便一目了然；嘴巴緊閉的能面具只有兩種，其他都呈現微微張開的狀態，也就是介於張大和緊閉之間。正如日本人會說「能面具一般的臉」，這種中性表情雖然乍看面無表情，卻也因此具備很多發揮的空間。也就是說，這其實是架勢的表情。即便是同樣的能面具，微微朝下稱作「曇ル(陰)」，代表哀傷；微微朝上則稱作「照ル(陽)」，代表了開朗喜樂，可以依據不同角度做出各種表情變化。

凝縮成一個表情的能面具宛如名士持劍的「架勢」，靜止之中只要一個轉變，就可以展現數十、數百種動作，當中隱藏了各種可能性——這正是日本人的面目。

能面型的縮小方式並不僅限於能劇的舞台之上。僅需稍微改變角度就能展現不同表情的「若女」能面，在大街小巷、飯店大廳，甚至國際會議場上，隨處可見。掛著滿面的笑容、如搗年糕一般哈腰鞠躬問候的臉上，寫的是誠實、仔細、親切、細膩；然而當一連串的問候結束之後，隨著臉部的轉向，看到的變化何止是能劇的「陰」和「陽」。由於變臉的瞬間實在過於冷靜，以至於讓人很難相信這是前一秒還在熱情招呼的人(其實不過是回到原本的「架勢」表情，只是這對外國人來說很難理解)。

這一點就連《菊與刀》的作者露絲·潘乃德也大吃一驚。她以為以神風特攻隊的形象聞名世界的日本人，即使戰敗也不會心悅臣服，毫無怨言就讓美軍登陸。然而，他們卻在一夕之間完全改變，換上歡迎的親切臉孔迎接勝利者，這種瞬變性與神風特攻隊同樣令世界為之震驚。不曉得能面具凝縮意義的歐美人，會無法理解也是理所當然的。

葛飾北齋所繪的波浪並非靜止，被稱為「動態雕刻」的能劇雖然看起來像是慢動作演出，卻一點也不遲鈍。同理，劍道的架勢也不只是站著而已；能面具的表情儘管固定卻並非凍結，而是具有瞬間變化的可能性。

正如波浪在一瞬間崩碎、能劇安靜移動的腳步擦出火花、不動的劍隨時可能化作閃電，能面具靠著些微的動作就能呈現極致的喜怒哀樂。當這種架勢轉移到視線的時候，就像不動的能面表情，成為目不轉睛的凝視。

凝聚的視線

よくみれば薺花さく垣根かな

（凝神細看時，籬下綻薺花。）

從松尾芭蕉這句「凝神細看時」，可以發現執筆的詩人也像配劍的武士一樣擺有「架勢」。鈴木大拙[32]為了探究東洋與西洋的思考模式，於是將這首俳句與英國詩人丁尼生（Alfred Tennyson）的詩〈牆縫裡的花〉（*Flower in the Crannied Wall*）互做比較。姑且先不論僅以兩篇短詩比較東西文化的方法本身就已經體現出日本式的「縮小思維」，但松尾芭蕉的俳句與其說是具東方特色的產物，不如說它帶有日本特質來得更加正確。

相當於日本的俳句和松尾芭蕉，如果鈴木大拙早就知道韓國有「時調」作為傳統詩形的代表，同時也知道時調的代表性詩人尹善道的存在，或許就不會用芭蕉的俳句來當作東方詩體的代表了。正如丁尼生的詩與松尾芭蕉的俳句如此地不同，松尾芭蕉與尹善道的詩同樣訴說著截然不同的世界。

FLOWER in the crannied wall,
I pluck you out of the crannies,
I hold you here, root and all, in my hand,
Little flower—but if I could understand
What you are, root and all, and all in all,
I should know what God and man is.

（牆縫裡的花啊，
我從裂縫中將你採出，
連根帶花捧在手心。
小花啊！倘若我能真正理解你，
從根到花的所有一切，
那我也必能理解上帝和人類。）

鈴木大拙選來與松尾芭蕉對比的這首丁尼生的作品，的確充滿了西歐式的思維。「松尾芭蕉沒有把花摘下來，只是目不轉睛地凝視」，然而「丁尼生殘忍地將花從生長的地方摘下，將花朵從賴以生長的土地連根拔起」。相較於丁尼生的行動派，松尾芭蕉屬於靜觀且融入其中。芭蕉將自身的感受訴諸於「かな」的感嘆形，丁尼生則是以假設性的「倘若」訴諸於知性，希望探究上帝與人類的秘密。以上是鈴木大拙比較兩首詩時所提出的觀點。然而，如果再看到尹善道的詩，不知道鈴木大拙會如何比較？

海灣霧盡散，陽光映照山。
潮起又潮落，日夜幾迴轉。
江村百花放，遠眺錯落美。[33]

這首詩看花的視線既與丁尼生不同，也與松尾芭蕉迴異。尹善道不會像丁尼生一樣把花連根拔起，如解剖學者般觀察，這一點與東方的詩人松尾芭蕉相同；然而，他也不像松尾芭蕉是從「凝神細看」的立場看花，甚至下意識地拒絕這種方式，選擇「遠眺錯落美」的表現方式。芭蕉想要貼近花朵，展現了凝視的意識，而一旦「想要仔細觀看」這種意識上的視線變得更加強烈，就會像丁尼生一樣將花連根拔起。這正是所謂「花道」的美學，也是為何俳句詩人孤舟會歌詠「入手堇花猶現美」。

相較之下，尹善道放棄了想要從近處看花的念頭。在尹善道眼裡，丁尼生和松尾芭蕉沒什麼不同，兩人都展現了接近花朵的意志。然而，尹善道卻採取了盡量遠離花的相反動作；他深知想要看仔細反而會看不清的道理，因此選擇不從近距離凝視，而是朦朧地從遠處眺望。此時的花朵展現了最美的姿態，只有盡可能排除人自身的觀點，才能欣賞到自然最真實的面貌。這樣的視角才可說是真正體現了與西方完全相左，屬於東方人的靜觀態度。

松尾芭蕉同樣是東方的詩人，因此一開始也是從遠處眺望。他先是徜徉在鄉野整體的「春之景色」，這是在「凝神細看」前的心理狀態；但他並不滿足於只是看著眼前春天風景的自然狀態，於是在趨前「細看」的瞬間寫下了這首俳句。因為他不僅是東方的詩人，更是日本的詩人。

「凝神細看」也就是「目不轉睛地凝視」。這是擺好「架勢」觀看對象的視線。也許鈴木大拙在無意識間感受到這樣的特性，於是將「凝神細看」解釋為「目不轉睛地凝視」。無論是擬態語或擬聲語都比日文還要豐富的韓文，卻沒有一個單詞能準確對應日文的「架勢（構え）」或者「目不轉睛」。「물끄러미」是較接近的詞彙，如同尹善道詩中所說的「朦朧」卻又專注地眺望，意味著一種帶有矛盾的複雜視線。「물끄러미地看」並不具備任何架勢，而是看著對方最自然真實的姿態。

原來如此！所以韓國的學生在讀到松尾芭蕉這首俳句時才會表情怪異地竊笑：「又不是小偷，為什麼要去細看牆腳啊！」

總而言之，松尾芭蕉的俳句是從日本人特有的「架勢」視線觀看花朵，並藉由「目不轉睛地凝視」來達成。無論多麼熱愛自然，在以目不轉睛的架勢投注的視線之下，就連花也成了劍客眼前的敵人。難道在花的面前不應該卸下武裝嗎？貓咪只有在追趕老鼠的時候需要擺出架勢，正如母親懷抱中的孩童也沒有必要擺出架勢。所以尹善道比起目不轉睛，反而選擇了朦朧地眺望。

「工作再工作，生活依舊未見起色，我凝視雙手。」在這首詩中，石川啄木的眼神並不如虛無主義者那般茫然。只要目不轉睛地凝視，距離日本人最愛的合成詞彙「加油主義（ガンバリズム）[34]」就不遠了。

據說日本人會對即將出發去蜜月旅行的新娘大喊：「頑張って（加油）！」各位是否知道日文「加油」的語源？有一種說法認為加油就是用力睜開眼，張大雙眼凝視。如果是這樣的話，對於凝視花或雙手的詩人，就算喊出「松尾芭蕉加油！石川啄木加油！」似乎也很合理。只不過這麼一來詩人好像變成了運動會上跑步接力賽的選手，總覺得不太對勁。顯然在詩的世界裡，實在不太適合像對待新娘一般大喊加油。

解除架勢，朦朧自在地眺望花朵與人生的視線，似乎怎樣都無法被日本人接受。

6・徽章型——凝結

聽與看

人類的五感之中，最具代表性的便是視覺和聽覺。人類的文化是藉由看和聽創造，然而如果比較這兩種感覺，會發現視覺的縮小意識濃厚，聽覺則具有顯著的擴大意識。「看」可以壓縮，因此日文中有「見詰める（凝視）」的說法，卻沒有「聞き詰める（凝聽）」。聲音乘著音波擴散，隨著時間消失在遠方。想要人為收縮擴散的音波是一件非常困難的事，但視覺可以有空間上的劃分，透過觀看者本人的意志做出選擇，有著縮小的可能性。

如前所述，擁有日本人特質的小林一茶，他並未直接一覽廣大無邊的夜空，反而透過紙拉門上的破洞窺望。由於孔洞收縮了夜空與銀河，他才能做出那首著名的俳句「銀河美無邊，紙門洞外天」。反觀聲音雖然可以掩耳不聞，卻無法收縮；就算透過紙拉門上的小洞聆聽瀑布的聲音，也不會因此變成草葉上的蟲鳴。

是的，縮小意識強烈的日本人，他們的文化不是用耳朵聽，而是用眼睛看。正如坎普弗爾[35]曾對日本的繪畫讚不絕口，卻對日本音樂不予置評；西博德[36]認同日本藝術當中以繪畫最受推崇，另一方面卻認為日本音樂作為藝術沒什麼長進。

雖然無法一一詳述，但在此我想特別提及日本文學其實有很多「看見」聲音的聯覺（synaesthetic）表現。例如芭蕉的「鴨聲漸白暮滄海（海くれてかものこえほのかに白し）」以及「牛棚殘暑蚊聲暗（牛部屋に蚊の声くらき残暑かな）」皆是如此。俳句詩人經常利用光的色彩表現聲音，至於日本電視猜謎節目最常出現的俳句「蛙躍古池揚水聲（古池や蛙飛びこむ水の音）」雖然並非聯覺，但同樣是用視覺表現聲音的手法。

即使是潺潺微弱的流水聲，也具有擴張性。因此如果把「水聲」翻譯成英文的「sound of the water」，給人的感覺會是水或河川流淌的聲音（running stream or brook），而無法將青蛙「噗通」跳下水的微弱聲響表現出來。所以英國作家布萊斯（Reginald Horace Blyth）在翻譯這首俳句的時候，刻意拿掉水聲，改成「plop!」這個奇怪的擬聲語（The old pond/ A frog jumps in/Plop!）。

看來他不甚了解日本。「水聲」在日本也同樣具有擴張性。只不過松尾芭蕉將水聲以「古池」、「蛙」、「躍入」三個視覺形象包裝，即便不使用「噗通」這個擬聲語，也可以完美地收縮這個聲音。「古池」是將時間轉化成視覺空間的背景（setting），「蛙」是主角（character），而「躍入」則是動作（act, plot）——松尾芭蕉將創作小說或戲曲的三大要素全部包含在十七個音節之內，使得既是俳句主題也是意境的「水聲」，有了超出聽覺之上的呈現。

近代的俳句亦是如此。水原秋櫻子[37]的「瀑落琉璃沼化琉璃（瑠璃沼に滝落ちたり瑠璃となる）」不用聲音表現瀑布，而是透過白色水流落入沼中時呈現琉璃色的視覺變化來做描寫。這位俳句詩人並非用耳朵聆聽瀑布，而是用眼睛凝視。

比起探討將聲音轉化成顏色，也就是不以耳聞而用眼看的手法本身，日本人其實原本就傾向將語言或抽象的東西藉由形體加以視覺化，例如將《源氏物語》繪成畫卷，或是不滿足於歌詠視覺形象已經相當豐富的俳句而創作出俳畫[38]等等。將文學以繪畫形式表現，就是一種將抽象事物轉化為具體形象的做法。正因為擁有這樣的意識，使得佛教的經文或教義等抽象的理論在日本並不發達，成為注重伽藍、佛像，或是方丈庭等實際形體的佛教。

如此說來，就連倫理也不例外。光是從日本人創造的日式漢字「躾（shitsuke，教養、紀律）」，便不難看出日本認為禮儀是表現身體之美的視覺性問題。如果進一步觀察，會發現日本文化展現了強烈的縮小意識，試圖將廣義的世界、茫然的歷史和集團的世界凝結成一個視覺上的形體，形成在東方日本獨有的徽章文化。

族譜與家紋

在韓國，即使是王家也沒有紋章。李氏王朝雖有梨花作為象徵，但那也是從舊韓[39]晚期（想必是受到日本的影響）才開始的。儘管中國皇帝以龍當作徽紋，卻沒有出現類似紋章的設計。相較之下，在日本無論是從歷史、種類，或者圖案來看，紋章的重要性與歐洲相比可說是毫不遜色。

根據最初探究家紋起源的山鹿素行[40]在《武家事紀》裡的主張，家紋是以聖德太子[41]為起源，並於右大將（源賴朝[42]）的時期開始盛行以圖樣作為代表各家族的徽章。此外，新井白石[43]也曾在《紳書》當中追溯家紋的起源和歷史，認為家紋原本是從院政時代至鎌倉時代的朝廷為了識別華蓋和車輛所做的標記演變而來。

不論起源年代為何，或者究竟是為了區分敵我，還是分辨武器所有者的戰場產物，抑或是類似於今日車牌號碼的用途，真正重要的問題在於該如何解釋除了貴族武將以外，就連商人、農民甚至藝伎都會使用家紋，以至於在江戶時代蔚為一股風潮，全盛期的數量種類高達一萬兩千多種。到了今天，日本地方製酒工會還推出婚喪喜慶用的「家紋酒」（一九八一年十月），上面印著六百六十四種家紋，據說涵蓋了日本全國百分之九十五的種類。可見即使到了現代，說日本是世界第一的家紋大國也不為過。

話雖如此，卻很少有人從文明的角度評論家紋。只有文化評論家渡部昇一先生最近曾在周刊上的〈古語俗解〉中稍有提及：

> **先進國家之所以是先進國家，其共通點在於近代化的前一個階段，曾有高度發展的封建制度……封建制度是尊崇家系的制度，因此家紋發達。西歐與日本沒有相互影響，但家紋都很發達；雖然尚未看到有著書指出如今被稱作先進國家的各國皆是家紋發達的國家，但這是不爭的事實。**

然而，渡邊先生的說法顯然是一種「颳風桶商賺[44]」的奇怪論調。姑且不論先進國家與家紋的關係，雖然他主張家紋誕生於尊崇家系的文化，但作為傳統儒教國家的韓國明明比日本更尊崇家系，卻沒有出現家紋。相較於日本僅祭祀自己有記憶的祖先，韓國甚至會祭祀數代之前的遠祖；但韓國發展出的不是家徽，而是確實記錄數十代之前祖先姓名的「族譜」。這不過是尊崇家系的方式不同罷了。因為沒有家紋就斷定沒有尊崇家系的文化，甚至缺乏成為先進國家的條件，這種說法令人難以苟同。

作為尊崇家系的方式，日本創造出了「家紋」，韓國則發展出「族譜」，應該從兩者的差異探討雙方的文化才更有意義。族譜是將家系的歷史以系統性的觀念呈現，就好像現在的戶籍一樣，造冊並存放於書架上。這是以觀念性文字予以尊重的方式，也是文士文化的特徵。

與之相比，紋章是將家系的歷史和集團以具體的「物」呈現，沒有系統，是僅有一個形象的象徵物。紋章不像族譜是存放於書架上的文字，而是宛如一面展示給眾人觀看的旗幟。

因此若是論及先進國家與家紋的關聯，與其說是尊重家系的精神，不如說是尊崇著凝聚了抽象與集團性事物的象徵物。

在族譜文化的社會裡，人們相遇的時候只要詢問對方的籍貫（代表祖先的出生地，也就是家系的開始）、名字的字輩（象徵家系世代的用字），就可以推測這個人的家族與血統。然而在家紋文化下，姓名並不具有明確的系統性。日本人有時可以輕易地改變姓氏，若是出嫁也會改為夫姓，但家紋卻很少跟著改變。

家紋與族譜最大的不同在於只要看一眼就會產生感覺性的反應。比方說看到大閤的桐紋，就會想到豐臣家的榮光與衰滅；看到葵紋的三葉葵家徽，就會浮現德川家三百年的權威與多達十五代的將軍；看到十六葉八重表菊的紋章，則會聯想到日本皇室的神聖或是昔日軍國主義時期的日本。

裝飾在衣服、門扉、建築物、酒杯，甚至提燈上的家紋，會深深烙印在人們的腦海裡。這樣的象徵物具有條件反射性，正如時代劇裡的人們只要看到印籠上水戶黃門[45]的葵紋，便會立刻俯首稱臣。所以家紋不僅是某個家系的象徵，更是在對外宣示家族的存在。

如此看來，紋章反而取代了家族成為主體。試想基督教的十字架或佛教的卍字，儘管宗教的教義、歷史或集團的意象過於龐大且模糊，難以全盤掌握，但如果化作一個紋章的形式來表現，人們很容易便能以此為凝聚的中心。正因為有十字架這個具體的形象，才讓殉教者甘願為其犧牲。

至於一般最為常見的則是旗幟。近代國家皆以旗幟作為象徵進行統籌，藉此團結國民，向外國展示權威。

自古以來，日本的每個家族都是利用這種方式來打造出即使血緣不同，卻仍然對自己所屬的「家」抱持宗教性的忠誠和歸屬感的集團主義。正如家紋在屬於命運共同體的武家社會裡代表了名譽，寺廟和神社也都持有寺紋與神紋，社會上的其他階級也同樣會使用類似家紋的紋章作為各自的象徵。

半纏與暖簾

代表家族名譽和團結的「家紋」到了身為勞動者的職人世界，則是「半纏（hanten，和服短外套）」。據說半纏源自葡萄牙語，意思是像斗篷一般的罩衫；這不僅是單純的工作服，更是公開自己所屬組織的標誌。如果說家紋展現的是家系歷史與自豪的血緣意識，那麼半纏便象徵了工匠技術與職人風骨。由於染印在衣服背部象徵著「組」的標誌等於是在向萬人宣示自己所屬的組織，也就意味著個人的行動將會連帶影響組織全體。

所以一旦穿上半纏，個人就不僅代表個人，更受到團體的約束，而半纏的榮耀也相當於自身的榮耀。職人高超的技術、悠久的歷史、嚴格的責任等，都被刻劃在半纏的紋章之上。

同樣的象徵到了商家就成了「暖簾（noren，掛在門口的短門簾）」。如同半纏既是工作服也是職人的紋章，暖簾除了掛在店前遮光擋風之外，也是商家的象徵標誌。商人「賭上自己的暖簾」努力工作，贏得信用；即使店家失火，也一定要保住如軍旗一般重要的暖簾，只因暖簾的意義不僅僅是一塊歷經風霜的舊布而已。

反過來說，當我們看到染印在衣服上的家紋，立刻可以知道這個人的家系，也就是其名譽和權威的歷史；看到身穿半纏的職人，就可以了解他的技術和責任；看到商店的暖簾，也能立刻判斷商店的信譽。無論是家紋或半纏，都是以一個視覺上的記號將某個集團抽象的名譽、信用、責任加以「縮小」，而這正可謂是推動日本歷史和社會的特性。個人藉由「紋章」建構同質化的集團，社會整體則會為了守護紋章的名譽維持集團的秩序。

時至今日，紋章不僅作為三菱或三井等知名企業的標誌、成為各家員工別在衣領上的徽章，更化身這些集團製作出來的每個商品上所被賦予的索尼或國際牌等商標。武士為家紋而戰，職人身穿半纏工作，商人賭上暖簾維護信譽——這樣的傳統即便到了現代，儘管說來有些不好意思，但有如家紋的徽章以及相當於半纏或暖簾的企業商標所代表的名譽依然激勵著員工，甚至成為束縛他們一生為此奉獻的枷鎖。無法脫離這種紋章型的人生，正是日本人的特性；沒有「紋章」的武士就像一匹孤獨的狼，只能度過艱難的歲月。

紋章文化造就了日本人的集團主義。與沒有紋章的文化不同，日本人無法離開集團生活，一旦落單就會感到極度不安，反而進入紋章型的集團才會感到平靜。因此，就算出門旅行也總是集結在旅行社的小旗子下，集體「轉右！往前！」而當紋章從國家的旗幟延伸成為某個人物，指的便是天皇。眾所周知，日本的天皇制度不僅是自古以來的政治核心，更可以說是團結日本國民的最高象徵。

名片與飯

喬治・蘭巴特（George Lambert）在他的著作《紅毛日本談義》當中寫道，由於日文「名片」（meishi）與「飯」（meshi）發音相近，導致他本來要去印名片卻變成吃了一頓炒飯的趣聞。這個故事雖然像是編造的，卻也讓我有所體悟；對於日本人而言，名片就是飯。飯可以滋養生命，而名片可以經營社會生活，因此名片和飯確實都是一日不可缺少。

身為韓國人的我剛來到日本的時候，曾經有過「想挖個地洞鑽進去」的失敗經驗，這個經驗正好與名片相關。當然我沒像蘭巴特先生那麼離譜，做出到「飯」館要求印一百張「名片」這種事，但在某個初次見面的鄭重場合，我因為沒有準備名片而出了洋相。後來雖然我趕緊製作名片，但直到完成前的一個禮拜，每次與人見面就好像是一場惡夢。

在日本，即使是第一次面對面，在沒有看到名片之前都不算真正見過對方的臉。製作名片的商家以「名片就是你的顏面」為宣傳標語，真是一點也沒錯。各位不妨試著回想初次見面的日本人是如何打招呼的；在荒涼的美國西部，牛仔遇到陌生人時首先會把手放在佩於腰間的槍上，但親切的日本人則是把手滑進西裝口袋，然後取出名片（如果動作太慢，第一印象馬上就會扣分），接著有禮貌地低下頭，把名片交給對方。收到名片的人，則必須仔細凝視一番（如果看的時間太短，也會給人負面印象）。

比起本人的長相，相當於個人縮影的名片似乎更重要。或者說比起臉，應該看的其實是名片的「肩膀」，也就是寫在名字旁邊的頭銜（日文稱作「肩書」），這時日本人展露的表情對外國人而言相當難理解。初次見面是否成功，取決於收下名片、看到職銜時的表情，露出好像有什麼大發現一般略為驚訝的神色，並輕輕點頭（必須根據職銜高低調整點頭的幅度）；再來則要像收到某種重要物品一樣小心翼翼地將名片收進口袋。在收到名片的瞬間連看都不看一眼，還神經大條地立刻當成皺巴巴的手帕塞進口袋的人，在日本可得有吃苦的準備。

面對面也不足以了解對方，要看到名片才算數，這就是紋章之國日本的習慣。因此，這種不相信人卻相信名片的風俗，讓名片詐欺事件與印製名片的商店一樣興盛。

名片其實並非日本獨有，據說日本人現在使用的名片形式始於一世紀前的萬延元年（一八六〇年）由幕府派往美國的使節新見正興，可見與其他文化相比，名片的歷史尚淺。中國自古以來就有名片，西洋則相傳起源於路易十四世時代，到了路易十五世的時候社交界才開始流行現在這種銅版印刷的名片；然而問題不在於名片的有無，而是應該從名片如何被活用、受到重視的角度來做探討。這樣看來，作為名片起源國的「法國是最不常使用名片的國家，最常使用的國家則是日本」（經營技術研究會編《現代商人禮儀》）。

正因為名片在日本如此盛行，所以會為了讓對方留下印象用盡各種手段，甚至出現在名片背後印上地鐵路線圖的做法。韓國人也常製作名片，但通常只有服務業才會需要。這也是為何我在初來乍到的時候會犯下如此失誤的原因。

日本人對名片的喜愛來自紋章的傳統，將個人的臉以集團的職銜表示，展現了將抽象擴張的世界收縮成一個具體形象的縮小意識。彷彿透過一張名片就可以了解這個人的全部，他所屬的集團和地位，或是地址和電話等，一個人的人生全部都被縮小在一張只有手掌大的名片裡。因此在日本，人與人見面的時候比起對方的臉，反而會先看名片。

從「名詞」到「動詞」的文化論

截至目前，我們以具體的事物為中心探討了六種不同類型的「縮小意識」。

至今為止探究日本特質的日本論，皆傾向透過一些心理性的詞彙（「撒嬌」、「感傷」、「侘」、「寂」等）、倫理性用語（「義理」、「恥」、「武士道」、「和」、「誠」等）或是文化社會性用語（「縱向社會」、「農耕社會」、「武家社會」等）來歸納出結論。上述這些日本論並沒有從文化的多樣性討論文化，僅試圖用幾個單字總結日本文化的整體，這種想法本身就等同於默認並證明了日本的「縮小意識」。潘乃德所著的經典日本論《菊與刀》，其標題所代表的正是日本論的關鍵——透過將日本文化縮小成兩個單字，就好像捏在手裡的握壽司一般，藉此對於究竟「什麼是日本」的提問，頓時出現了然於心的輕鬆和能夠確認的安心感。或許正是因為如此，日本才會出版數量龐大的「日本人論」，這種現象在其他國家實屬少見。

不過，若真有必要用一個詞彙總結（畢竟我也是根據這個必要性而繼續寫下去），比起名詞，更應該使用動詞。用名詞總結一個文化過於靜態，就如同將飛舞的蝴蝶做成標本一般；

如果想要原原本本地捕捉不斷變動、有如浪潮一般的文化形態，找出一個固有的構造，就應該求諸於動詞而非名詞。換句話說，是從主語思考改成述語思考，以此探討文化。所謂的述語思考是將過去固定主語（名詞）僅改變述語的靜態思維，反過來變成固定述語（動詞），並依此改變主語或目的語的方式。

透過這個角度可以發現，用來表示上述六種縮小意識構造的詞彙都是以動詞為中心。「縮小」本身就是一種力學，細分出來的次級概念自然也是表示某種力學構造的動詞。試著整理並列舉，也就是「嵌入」、「摺疊」、「拉近」、「握住」、「削減」、「移除」、「填塞」、「擺架勢」、「凝視」等。

這些詞彙並非用來代表已成形的文化，而是類似於創造文化的引擎，即人類力學式的想像力，是用來體現箇中思考構造的重要關鍵字。

如此的「縮小」只有在作為「擴大」的相對概念時才具有意義。也就是說，「縮小」與「擴大」的對立不僅限於自然與文化，更是記述所有生成變形法則時最有效的運動概念。例如歌德（Goethe）在《植物變形記》（*The Metamorphosis of Plants*）中以「縮小」與「擴大」的兩極構造觀察自然，許多文藝史家也援引縮小一詞作為古典主義和浪漫主義的比較原理。到了近代，包括哲學家巴舍拉（Gaston Bachelard）在內，評論家喬治·普萊（Georges Poulet）也以此當作探究力學式想像力的關鍵字。

我將此概念應用在比較文化論上，但這不代表「縮小意識」是日本人才有的意識現象。日本的文化究竟具有何種傾向，且在與他國文化相比時究竟是根據「縮小」或「擴大」運動形成，這些都是用來表現差異性的觀察指標。

乍看之下非常單純，然而「縮小意識」和「擴大意識」的相對性其實可以是許多對立體系的象徵，例如秩序與混亂、封閉與開放、具象與抽象、形式與實質、緊張與鬆弛、拘束與自由等，因此可以照亮文化的各個領域；再者，縮小與擴大原本就是依據動詞創造出的概念，具有力學意義但不包含意識形態的價值，所以能夠對文化做出相對中立的記述。

「縮小」或「擴大」等述語由於可以自由改變其主體（主語）和對象（目的語），所以能夠藉此建立各種文化的典型。即便乍看之下屬於不同領域或毫無關聯的事物，也可以從中找出連接點。

如果以人與動物為主語思考，兩者之間確實會有很大的差異，但如果以「跑」這個述語為中心，那麼人會跑，馬也會跑，汽車也會跑，在「跑」這個力學現象上皆是相同的。同理，無論是俳句詩人或職人，儘管看起來像是在創造不同的文化，但若從「縮小」的角度來看，被壓縮成十七個音的俳句與使用數個石頭建造的石庭其實擁有共通性。正如改變主體，即便改變對象(目的語)也是一樣；當縮小的對象是花一般的自然就會形成花道，如果是某種人工的事物，就成了電晶體。

只要依照這樣的方法論，便可以從同樣的視角觀察古代的傳統文化與現代的物質文化，也能夠將可視的物質文化與不可視的精神文化放在同一個脈絡中分析。以這樣的方式來剖析日本文化這棵大樹，又會展現什麼樣的木紋呢？

接下來，就讓我們一起觀察這六種「縮小意識」如何影響日本的傳統文化和現代文化，又創造了什麼樣的文化形態。與此同時，也一併探討這與「擴大意識」的文化有何不同。

1 日本九州西北部海域。

2 紀伊原本讀作「きい(ki-i)」，但日文中的「紀伊國屋」讀作「きのくにや(kinokuniya)」，省略了「きい」的「い」，加上「の」變成「きの」(ki-no)。

3 「の」的發音(no)帶有鼻音。

4 日本第二十一代天皇。

5 中國晉代崔豹所撰，共三卷。內容主要針對古代和當時各類事物進行解說詮釋。文中所提及之段落出自卷上．〈輿服一〉。

6 相傳為日本歷史上第十四代天皇仲哀天皇的皇后。在仲哀天皇死後，即便懷有身孕仍親自遠征朝鮮半島，並長期攝理朝政，是日本史上首位女性君主。

7 哥白尼(Nicolaus Copernicus，一四七三—一五四三)，文藝復興時期的天文學家。曾提倡以太陽為宇宙中心的日心說，為人類的宇宙觀帶來巨大變革，奠定近代天文學的基礎。

8 全名《宣和奉使高麗圖經》，是中國宋朝人徐兢所撰的朝鮮半島高麗朝史書。書中記載了高麗朝的歷史、政制、社會等方面的情況，是研究當時朝鮮半島史的重要典藉。

9 惠慶(生卒年不明)是日本平安時代中期的僧人、歌人，亦稱惠慶法師，為三十六歌仙之一。

10 指伊勢神宮在插秧祭祀儀式中使用的扇子。

11 《飄》出版於一九三六年，作者為瑪格麗特．米契爾(Margaret Mitchell)，為電影《亂世佳人》的原著小說。

12 全名《新古今和歌集》，為日本鎌倉時代初期根據敕命編纂的和歌集，共二十卷，收錄約一千九百多首和歌。

13 指日本傳統表演藝術「能劇」使用的唱本。

14 「末廣(日文讀作sue-hiro)」，指愈往末端愈為開展的狀態，因此也有更加繁榮的吉祥之意。

15 紫之上，為日本平安時代作家紫式部所著的古典小說《源氏物語》中的人物。

16 御所人偶是一種觀賞用人偶，外型多為裸身(或穿著肚兜)的孩童。原本是宮中用來回贈給諸大名的禮物，於江戶末期在大眾間廣泛普及。

17 「どうも」有「實在是」、「非常」之意。

18 日文中的「只今（ただいま）」本身僅有「當下、此刻」之意，作為問候語則代表「我回來了」。

19 「モガ」是モダンガール（modern girl）的縮寫，「モボ」則是モダンボーイ（modern boy）的縮寫，為日本一九二〇年代的流行語，用來形容當時受西方文化影響、打扮新潮的年輕男女。

20 ノンポリ為ノンポリティカル（nonpolitical）的縮寫，意指對政治毫無關心的人，最先是用來指稱一九六〇至七〇年代日本學生運動興起時並未參與的學生。アングラ是アンダーグラウンド（underground）的縮寫，在當時用來指稱非主流、具有獨創性及前衛風格的藝術形式及其作品，以電影和演劇居多。レスカ則是レモンスカッシュ（lemon squash）的縮寫，曾是昭和時代的流行語，現在的年輕世代已經很少使用。

21 《柳亭記》當中提到，日文的便當（弁当，bentou）源自「弁へてそのように当てる（備而當其用）」之意，取其中兩字省略「飯」，就稱之為「便當」。

22 村八分是指日本傳統農村對於破壞成規或秩序者所進行的非官方制裁。受制裁的對象會被排除在群體之外（性質相當於今日的霸凌），除了埋葬以及滅火之外（因這兩件事情如果置之不理會造成他人困擾），剩下的八件事情（成人禮、結婚、生產、照顧病人、房屋改建、水災援助、祭拜法事、旅行）完全不會獲得村內任何交流及協助。

23 〈伊呂波歌〉（いろは歌）是以七五調的格律寫成，全文以四十七個不重複的假名組成。在後世被當成用來學習假名的習字範本，或是以歌中出現的順序來為假名排序，稱為伊呂波順（いろは順）。

24 狩野永德（一五四三—一五九〇），安土桃山時代的畫家，曾受命於織田信長繪製〈洛中洛外圖〉。

25 日文漢字的音讀保留了漢文發音，訓讀則是只借用漢字的形和義，以日文的方式發音。

26 元曉（六一七—六八六），為朝鮮新羅時代的高僧。

27 保羅・波涅（Paul Bonet），名義上是旅居日本的法國人，實際上是日本的小說家兼評論家藤島泰輔（一九三三—一九九七）的筆名。

28 文庫本是日本一種小開本、平裝、價格略低於單行本的裝幀形式，通常尺寸為10.5*14.8公分。

29 見得（mie）指的是歌舞伎表演到一定高潮時，演員會擺出一個獨特的靜止姿勢，加深自己或場面給觀眾的印象。

30 稽古（keiko）指的是學習或掌握某種技藝，且通常具有古老傳統（例如茶道、相撲等）。除了技術上的鍛鍊，也看重精神面的修行。

31 即道元禪師，日本鎌倉時代的僧人，為日本曹洞宗始祖。
32 鈴木大拙（一八七〇—一九六六），日本知名禪宗研究者與思想家。積極向西方介紹大乘佛教尤其是禪宗，使歐美思想界第一次真正認識到東方思想的精髓，對世界思想影響頗深，被稱為「世界第一禪者」和「東方的聖人」。
33 本段翻譯引用自沈文訓譯《日本人的縮小意識》，漫遊者文化，二〇〇八年初版。
34 這是結合了日文的「がんばる（加油）」與英文代表「主義」的字尾ism所創造出來的合成語。
35 坎普弗爾（Engelbert kämpfer，一六五一—一七一六），德國博物學家、醫生兼探險家。曾旅居日本兩年，後來出版《日本誌》（*The History of Japan*），記錄了江戶時代在日本的見聞。
36 西博德（Philipp Franz von Siebold，一七九六—一八六六），德國內科醫生、植物學家。曾於江戶時代後期前往日本教授西方醫學。
37 水原秋櫻子（一八九二—一九八一），本名水原豐，日本知名俳句詩人以及醫學博士。曾提倡「新興俳句運動」。
38 日本畫的一種，通常會以一句俳句為主題，透過繪畫表現詩中意境，是帶有簡約風格的水墨或淡彩畫。
39 指十九世紀末被日本殖民之前的韓國。
40 山鹿素行（一六二二—一六八五），江戶前期的儒學者。推崇直接鑽研《論語》、《孟子》的古學，曾因批判朱子學遭到幕府流放。
41 聖德太子（五七四—六二二），日本飛鳥時代的皇子。曾作為推古天皇的攝政在內政及外交上做出諸多貢獻。相傳制定了日本最早的成文法《十七條憲法》，亦曾派出遣隋使致力於引進中國文化。
42 源賴朝（一一四七—一一九九），日本平安時代末期的武將。後來成為鎌倉幕府首任征夷大將軍，也是日本幕府制度的建立者。「右大將」為官職名。
43 新井白石（一六五七—一七二五），江戶中期的儒學者、政治家。
44 此乃日本的俗諺，原文是「風が吹けば桶屋が儲かる」，指事情發生後引發的一連串變化最後帶來意料之外的結果。
45 即德川光圀（一六二八—一七〇一），江戶時代大名，德川家康之孫。在時代劇中，水戶黃門表明身份時的經典橋段便是拿出繪有葵紋的印籠（以前用來裝藥物等物品的隨身小容器）。

第三章

表現於自然的「縮小」文化

1・「繩子」與「車輪」

庭園文化的誕生

日本人自古以來就夢想將巨大的自然拉進自己的家裡。《萬葉集》所收錄的一首東歌「想要用繩子拉近多胡山，但怎麼都拉不近。那美麗的女子為何不過來呢？她正得意於自身的美貌吧！」便是其中一例。日本人將這個如詩般的想像力體現在現實生活當中，形成日本特有的庭園文化。

相較之下，比起將自然拉近到自己身邊，韓國人傾向主動走向自然。東歌的作者將美麗的山比喻為戀人，這份心情與朝鮮高麗時期的詩聖李奎報[1]別無二致。只不過李奎報幻想出來的不是「繩子」，而是「車輪」。他在名為〈四輪亭記〉的文章當中想像了一個裝有四方六尺車輪的亭子，可以自由環繞自家附近的山麓。藉由設計出可移動的涼亭，讓僕人拉著前進，他便能一邊眺望熱愛的自然景觀，一邊彈琴。

從李奎報的這種幻想當中，想必很難誕生日本式的「庭園文化」。包括韓國的文人墨客以及禪僧在內都與李奎報相同，不把自然引進家中，比起加以拉近或封閉，反而傾向將自己的居所搬進自然；因此他們需要的不是「繩子」，而是「車輪」，當然也就不會需要「庭園」。他們的理想是在聳立的高山、流淌的河流等大自然的原貌之下找到自我。於是，李奎報的「車輪亭」在現實中變成四面開放的「亭子」。韓國的文士對「樓」和「亭」情有獨鍾，無論去到哪一個村落，只要當地有美麗的山川，就一定建有樓亭。

下面再看到韓國抒情詩人金素月[2]的詩歌：

母親啊！姊姊啊！我們就住在河邊吧！
前有閃閃發光的白砂，
後有沙沙作響的葦草，
母親啊！姊姊啊！我們就住在河邊吧！

閃閃發光的白砂和沙沙作響的葦草，甚至讓人願意改變自己的住處。「住在河邊」的願望意味著捨棄現在的家，在河邊建立一個新家，為此需要改變的不是自然，而是自己的居所。因此即便建造了庭園，比起將自然搬進家中的形式，反而會朝著在自然中打造家園的方向努力（如同在深山裡建草庵一樣）。

從評論家吉村貞司在看過韓國的秘苑之後寫下的感言，亦能有所了解：

我在首爾參觀了秘苑。在低矮的丘陵之間，新綠的雜木茂盛得恰如其分。我走在這個名園之中，竟忘了自己身在庭園之內；丘陵實在太過自然，樹木也展現了原始的風貌……這對我來說是稱之為庭園之前的景象，畢竟山本身的景觀即便再怎麼壯麗，也不會成為庭園。這就是日本人的感覺。（《沉默的日本之美》）

無論是對秘苑或者韓國的庭園，都沒有比這段評論更好的讚美了。比起給人庭園的印象，反而營造出身在自然當中的錯覺，這正是韓國人理想中的造園技術。在日本的庭園技術進入韓國之前，韓國人其實不會把樹木修剪整齊。因此若是舉一個極端的例子，經常有日本觀光客慕名前來參觀秘苑的時候問道：「話說那個有名的庭園究竟在哪裡啊？」

然而，幻想用繩子拉近群山的日本人，不僅能夠扛起以重達二噸的土堆富士山建成的神轎四處遶境（富士吉田的火祭），也能將高八公尺、周長二十三公尺的九十幾個巨岩從瀨戶內海的犬島上敲下，搬到岡山的後樂園堆砌成大立石。再怎麼廣大的庭園，都不過是由人類之手塑造出的自然。

呈現山水的原貌

韓國與日本禪宗之所以截然不同，也許和兩者看待自然的態度有關。韓國的禪僧必須遠離世俗才能展開修行，如同朝鮮時代後期的草衣（禪僧）時而繞行海南和智異山，時而在山中一角搭建一枝庵這類的小庵隱居，在與自然面對面的同時，領悟與自然融為一體的禪學境界。

然而，日本的禪僧居住在世俗巷弄中，選擇將自然引入自身住處的緣廊旁——這便是禪寺的方丈庭園。他們與韓國或中國的禪師不同，不透過面對真正的自然來思考宇宙，而是將用砂和石凝縮的庭園視作自然，在緣廊邊眺望由白砂造成的海、石塊堆成的山，藉此思索永恆無限的宇宙。

如果這些僧人都像日本的禪僧鴨長明[3]一樣，打造出用兩輛台車就能簡單搬運並可以拆解的方丈庵，一如李奎報想像中的移動式涼亭，將日野地區的自然原貌當作庭園欣賞，也許就不會建造出龍安寺或大德寺大仙院等石庭了。

親自走向自然、感受自然的韓國「亭子文化」，與將自然拉到自己身邊，透過重建的自然觀察宇宙的日本「庭園文化」，正是「車輪」與「繩子」的不同。日本人與歌詠「江山無法搬運，就遠眺四周吧」的朝鮮時調詩人不同，也與中國「力拔山河」的誇張力量相異，而是透過將自然凝縮的獨特想像力和技術，利用繩子將山與海拉到了狹小的庭園之中。

想要將巨大的自然移入有限的庭園之中，除了縮小之外別無他法。因此，日本的庭園文化與「縮小文化」有著直接關聯。既然如此，日本的庭園樣式和其變遷，自然也必須藉由「縮小方式」的差異來做理解。首先不妨就從與中國和韓國最為接近，同時也與草庵文化相距不遠的造園技術開始探討，而這裡指的正是日本著名的借景庭園。

借景的理論

正如陶淵明的詩歌「採菊東籬下，悠然見南山」，以大自然作為庭園的背景，透過與自然融為一體的庭園眺望庭園外的景色，這種手法稱作「借景」。然而這並不是日本獨創的產物，中國和英國式的風景庭園其實都可以看到借景的手法。日本的借景相傳確立於室町時代，只不過並非僅止於「借山、借水、借煙雲。有花時借花、有雪時借雪」的環境利用，而是讓借來的景成為庭園的主角，屬於一種更積極的造園技術。最知名的借景庭園是京都郊外的圓通寺，其後方的比叡山不單純只是庭園的背景而已，而庭園本身也不像東京鐵塔只是為了觀賞景色的瞭望台。高大的比叡山彷彿是為了圓通寺的庭園而存在，而庭園則好似繩子一般將比叡山拉近，形成有機一體的連結。

一般而言，借景的庭園會根據借景的對象決定其美學與結構。如果庭園內種植的樹木過高，就會遮住借景的山；相反地如果樹木太低，山與庭園之間的風景外露，彼此的連結性就會中斷。借景最關鍵的重點在於不能遮住，也不能看得太清楚；既然如此，勢必不能放任庭園內的樹木自然生長。人類的意識至此開始干涉自然，動手調整樹木的高低和位置。為了讓山與庭直接相連為一個整體，必須搭建屏障、堆砌石頭、修剪灌木，使庭園的形狀與借景融為一體，維持緊密的關係。

吉村貞司曾說，圓通寺的借景特色在於比實際看起來更狹小的凝縮技術。石、木、苔的巧妙配合抑制了庭園的擴張，「發揮讓庭園的空間濃度更加細密的功能」，致使「經過凝縮的空間扮演鏡頭的角色，讓比叡山看起來更美麗、尊貴、宏偉」。

若是打開日本美的原型——摺扇，其骨架向手中握著的一點收攏，且愈是靠近中心點間距就愈窄，也更加密集，整體呈現扇尾擴張，中心收縮的形態。這裡的比叡山就好比是扇尾，將比叡山拉近的無數繩子則宛如扇骨。至於像木樁一般發揮凝縮力量的扇軸，就是圓通寺的庭園。

不僅是圓通寺，任何形式的借景庭園都擁有如扇軸一般的凝縮力量，必須刻意讓寬廣的庭園看起來狹窄，大樹看起來矮小。根據這種摺扇型的縮小，和削減山與庭之間景色的新娘人偶型縮小手法，才能創造出將庭外高山拉近庭內的借景庭園，讓關東的富士山、筑波山，關西的奈良盆地、淀川、琵琶湖，以及京都的比叡山、愛宕山、男山等，都化作「庭園」。結果，借景庭園就好像是石川啄木筆下那隻縮小了東海的螃蟹，都是將自然嵌入的套盒。

2・縮景——畫卷般的庭園

被稱作「島」的庭園

所謂「縮景」是把自然納為己有的方法，也是更加積極直接的造園手段。「縮景」是從「借用自然」轉為「模仿自然」，將對象本身縮小的方式。這種手法不僅限於江戶時代的大名庭園，如果追溯起源，可說幾乎等同於日本庭園本身的歷史。

在飛鳥、奈良時代，庭園被稱作「島（シマ）」。《萬葉集》中收錄的和歌「與伊共建島（庭園），樹高茂綠蔭繞」，就是用「島」代表庭園；當時在自己的府邸建造大規模庭園的蘇我馬子[4]被稱作「島大臣」也是這個緣故（最近[5]在奈良盆地南方過去曾作為古代首都的飛鳥之地，橿原考古學研究所對古名為「島」的地區進行挖掘時發現古代庭園的遺跡，推測有可能就是蘇我氏宅邸的庭園）。從「島」這個稱呼可以推測，當時的庭園樣式就是縮小並仿造海和小島的景色。

為什麼會將海納入陸地的庭園裡？關於這一點，庭園研究者提出了許多有趣的推論。飛鳥、奈良時代的人們不論是出使中國，或是從關西地方前往西國（九州）赴任的時候，都一定會經過瀨戶內海。在歷經漫長航海的旅程歸來之後由於想把回憶中的遼闊海景重現於故鄉大和，所以才建造了「島」，也就是庭園。

這就好像是明治開化時期福澤諭吉自美國回國前，在夏威夷的照相館請相館的小姐與他合照，並把相片帶回日本當作紀念。因此，「島（庭園）」可說是一本歷歷在目的船旅紀念相冊。

另外還有說法認為日本人是從海洋而來，所以在陸地時也經常懷念海邊的生活；也有人主張這是在重現古代人相信海洋彼端有著理想國度的世界觀。儘管可能的原因很多，但無論正確答案為何，飛鳥、奈良時代確實曾以海洋縮景造園。其造園的樣式是挖水池、造中島，在水邊鋪上白砂和小石子做成沙洲，且一定會種植黑松。

除了一般的海景，縮景造園也會仿照並縮小特定的自然風景，例如早在九至十世紀就有仿照距離七百公里之遙的奧州（今日本東北一帶）鹽釜灣風景打造而成的河原院庭園，以及凝縮了攝津（今大阪、兵庫一帶）住吉海濱風景建成的平成親庭園。

迴遊式庭園是名勝的寫生畫

到了江戶時代，雖然各大名（諸侯）建造了不少大陸風格的大規模庭園，但當中迴遊式庭園[6]卻未能保留寬廣平易的自然景觀，根本上與狹小茶庭（即露地〔roji〕，附屬於茶室的庭園）同為「縮小自然」的設計。這些迴遊式庭園正是以縮景作為造園的基礎。著名造園研究家岡崎文彬曾說，迴遊式庭園的景觀構成是來自「往返江戶履行公務的大名將在江戶與領國之間看到的街道風景縮小，透過迴遊庭園的園路加以重現的構想。東京的戶山莊和熊本的水前寺庭園便是最好的例子」。無論庭園再大，卻都與縮小成萬分之一的地圖無異。自江戶時代開始盛行的築山造園技術本身便是以人工的方式將山縮小，並且以具體的山為模仿對象，比方說水前寺成趣園仿造的正是富士山。

因此，即便在鑑賞迴遊式庭園的方法上，例如眺望「住吉之松」時，「不僅應欣賞松樹枝的美妙，腦海裡還要浮現曾被歌詠、如畫一般的著名住吉海灣風光」（伊藤鄭爾等人合著《日本的庭園》）。

相較於借景是將眼睛看到的自然融入庭園之中，縮景則是將遙遠的自然用「繩子」拉近，無論對象是富士山、木曾谷、龍田川或和歌浦，都有如繪畫一般將特定的名勝風景描繪在畫卷上。當中最遠的甚至有遠渡黃海而來的中國西湖長堤與廬山，被呈現在小石川後樂園的庭園裡。

如果把造庭師想做是大和繪[7]的巨匠，縮景庭園就相當於在一定範圍內描繪的寫生畫，使得桂離宮的迴遊式庭園也與被繪成畫卷的《源氏物語》相同，堪稱是用樹木和石頭繪製而成的風景畫。漫步在長七百公尺的園內道路，就好像走了幾百里路；從松琴亭眺望的庭園是大海的景色，從賞花亭望去的庭園是深山幽谷，從笑意軒南側肘掛窗看到的風景則是田圃原野。換句話說，桂離宮的庭園將海、山、原野三種不同的空間縮小，呈現於面積一萬坪的單一空間內。

縮景庭園的黑松既是松樹本身，同時也呈現了寬廣又複雜的大自然意象。也因此庭園裡的松樹與自然的松樹完全不同，樹枝彎曲下垂的松樹其實同時象徵了浩瀚的海洋、浪潮以及海風強勁的岸邊白砂，是覆蓋整個海邊數千棵松樹林的縮影。松樹成為大自然的記號，可以是幻化成松樹的海、凝結成黑松葉或樹枝的風，也可以是凝聚於一棵樹幹的松林。

疊石的修辭法

進一步探究縮景的收縮方式會發現，比起廣闊的迴遊式庭園，狹小的庭園更具有日本特色。無論是借景的庭園或迴遊式庭園，原本應該都是來自大陸的產物。根據《日本書紀》的記載，推古天皇就曾請百濟的工匠建造形狀類似須彌山的庭園。

等到發展成熟的縮小樣式出現之後，大陸式的庭園才轉變為日本式的庭園。正如平安朝的庭園並非以大規模的泉水為中心建造，反倒是利用建築物之間的狹小空間，建造出稱為「前栽」的坪庭式庭園。

縮小自然的時候，比起樹木與水，更重要的是賦予了樹木和水某種形狀、動態以及空間的石頭。有了疊石，才讓一切化為可能。樹木會生長，水會氾濫或乾涸，就好像是人體的肉和皮膚一樣，而石頭則是人體的骨頭；有了石頭作為骨架，才能開啟將自然縮小至庭園空間內的道路。

無論是早從平安時代起就被稱為日本庭園文化教科書的《前栽秘抄》，或是推測由藤原賴通之子橘俊綱[8]所著的《作庭記》，都認為「疊石」是打造庭園的核心。

庭園可說是以石頭描寫而成的自然詩篇。藉由如何堆疊、排列石頭的修辭法將自然簡化，就好比詩作起頭的第一句。

「仔細思量各地名勝，選取有趣的景色納為己有，仿照其外形，以柔美的方式建造」，短短幾句話便充分表現出江戶時代的縮景美學。堆疊石頭相當於轉寫名勝地的自然景觀，將寬闊的景色縮小納為己有；因此《作庭記》的核心概念便是「將石頭堆成各種模樣，大海的模樣、大河的模樣、山河的模樣、沼地的模樣、蘆葦的模樣」，並對各類型的疊石進行詳細說明。

堆疊石頭意味著將廣闊的自然、大海、山河等全部縮小，而樹木和水源在這種縮小構造中反而只是其次，使得日本庭園的特色必然歸結於石頭的組合與運用。

據說足利義政[9]曾經以在搬移庭木的過程中損傷樹枝為由殺了五個年輕人。只不過比起這個故事，利用每搬一個石頭就給一袋米的方法而完成的仙洞御所[10]軼聞，似乎更符合日本人的作風。

至於究竟是否有可能用石頭表現大海，不妨讓我們聽聽平安時代的說法。《作庭記》提到「大海的模樣首先應塑造出浪花洶湧的岩岸」，也就是說為了表現一望無際的大海，造庭師首先必須像石川啄木的詩作一樣，將大海收縮成小島的海岸。只要能營造出海浪拍打岸邊的形象，要讓觀看的人聯想起大海自然並非難事。既然A原因會帶來B結果，不如就改從反方向看待這個必然現象，用B結果呈現A原因，這種提喻法正是日本庭園所具備的修辭學。

歷經長久歲月侵蝕的海岸，其形狀同時也是代表波浪動態與擴張的記號，而且只能利用擁有特定形狀的石頭呈現。首先根據岩岸的模樣，堆疊石頭做出獨特的造型，也就是透過相隔一個石頭擺放形狀銳利的尖石、展現堅韌石床的床形石等，以重現海灘受到波浪激烈拍打的樣子；接著再鋪上代表岬角和白沙灘的小石子。等到波濤洶湧的海岸舞台成形之後，方能種植黑松，用以表現海風的意境。

即使沒有水或樹木，僅憑讓人聯想到岩岸的疊石，就能看到海浪的波動，聽到海風的聲音。如果說石頭是庭園的動詞與名詞，那麼樹木和水就不過是附帶的形容詞或副詞——這就是庭園的文法。

至於大河也是相同，賦予水流動態的並不是水本身。河水的流向之所以能像龍蛇一般蜿蜒，是因為有石頭或其他障礙物在當中發揮阻擋或引導的作用。因此如果以疊石的技巧呈現，即使只有少量的水，甚至沒有水，單靠堆疊石頭和連續性的排列也能自由地表現出水勢的強弱，這便是《作庭記》強調的精神。當兩岸的石頭多，河面就會變窄，水流變強；相反地如果石頭少，則河面變寬，水流就會轉弱。水勢趨緩則必會堆積泥砂，所以在該處用砂做出白洲等……只要利用這種方式，無論是沼地、山谷或水池，都能夠將自然空間的所有一切縮小，搬進狹小的坪庭之內。

這正是「以背面作為正面裝飾」的新娘人偶型縮小手法。一旦擷取這種石庭文法的精髓，就會誕生出與以庭木為中心的概念完全相反的庭園樣式，即僅以石頭和砂打造而成，日本獨有的「枯山水」石庭。

由此可見，日本的庭園是逐漸向內收縮，藉由套盒或折扇型的拉近手法，孕育出各式各樣的庭園文化。

3・枯山水——美的俘虜

石與砂的沉默

當這種以石頭為主體模寫自然的方法達到極致，就能將大自然縮進更小的空間，創造出日本枯山水式的庭園文化。枯山水對「自然」的縮小不只是將具體的事物簡約化，更藉由「削減」、「省略」、「去除」、「剝離」、「凝結（結晶化）」的各種收縮方式，呈現最接近自然核心的面貌。逐一削減、捨棄多餘和裝飾性的東西，就如同剝洋蔥般一層層剝去覆蓋的所有外皮，這種收縮的美學可以說是從完全相反的方向逼近擁有擴張特性的自然，同時也意味著去除所有會受到時間影響而變動的自然物。

首先捨棄的，是無法承受時間重量的小草；接下來割捨隨季節變化的花和樹木。除了會成長的生物，甚至於無機物，或是擁有擴張特性、代表時間流動的水的柔軟性也要加以排除。最終就連飽受時間侵蝕的土地，高低山谷間的斷層也被填平，回歸水平面。

在這般自然的結晶化過程當中，最後剩下的只有堅硬的石頭和白砂。就好像在敘述的世界裡用名詞收縮的俳句最終句，自然的所有動態，都被包含在石頭與砂之內。

這是人類無法進入的空間，任何擴張都不被允許。無論是獸足或鳥翼，都不能在這個自然之內留下任何蹤跡。在這裡，甚至連聲音都被消除。與歌詠「寂靜蟬聲入岩石」的俳句詩人所見相同，我們能夠看到的只有任何聲音都立刻滲入石頭與砂之間的沉默。即使有樹木進到這個空間裡，也會是將本應伸展的枝條加以修剪的灌木。一旦進入這個濃密的空間，樹木彷彿變成化石，就好似凝縮成一粒砂的水……

三萬里程縮於方寸

不久之前還存在的自然生命以及擦身而過的時間，究竟都到哪裡去了？想必是徘迴於緊閉的厚石之內，或是在疊石之間的縫隙打轉。沒有樹的蒼鬱山林，沒有水的傾瀉瀑布，以及在掃帚掃過白砂留下的細小曲線中凍結的海浪——無限的自然世界在此受到壓縮、凝結，以再也不會成長或消滅的姿態空間化，並在這個瞬間作為枯山水的石庭展現在我們眼前。

京都大德寺大仙院的石庭據說僅有三十坪大，然而由各種石頭刻劃而成的自然，卻比修學院或桂離宮的庭園更廣大無垠。不僅有瀑布也有大河，水流匯集流向大海的浩瀚宇宙空間，都縮小在各式形狀的疊石之中。

曾於美濃國（今岐阜縣南部）鵜沼建造庭園的僧人鐵船宗熙，下面他所說的這段話一點也不為過：

> **五嶽高聳宛如蟻塚，四海遼闊彷彿蛙穴。看似微不足道卻展現無窮之力。無邊境無遠近，三萬里凝縮於方寸。（《假山水譜》）**

高聳的群山縮小成蟻塚，遼闊的大海凝縮成蛙穴，這正是石庭的構造。另一方面，作家志賀直哉[11]眼中的龍安寺石庭，似乎也具備大自然的凝縮文法。

> **沒有一草一木的庭園是多麼奇妙的思維，但我們卻絲毫不感到奇怪……為了在僅五十餘坪的土地呈現如此廣袤的自然，這對相阿彌[12]而言想必是唯一的辦法。（〈龍安寺的庭園〉）**

被納入庭園的枯山水式自然，早已與外界的自然相異。經過捨棄、極端簡化，被拉近至緣廊旁的石庭，已經成為和大自然有所區別的獨特自然景觀。儘管有程度上的差異，但無論是借景或縮景的造園技術，大名宅邸的巨大庭園還是禪寺的方丈庭，這些經過拉近與縮小的自然都與枯山水同樣稱不上是真正的自然。就好像義大利作曲家韋瓦第（Vivaldi）以不太快的快板（allegro non molto）所演奏出的「暴風雨」，永遠不會是真正暴風雨的聲音。

化作庭中鳥的自然

各位不妨一起來思考「庭」這個字。關於字本身的起源雖然眾說紛紜，但共通的意思都是有別於原本的自然空間，以人類生活為中心，從事某些活動的另一個空間。有一說認為「庭（にわ）」的日文是從「愉悅欣賞的場所（見てにっこりする場）」簡化而來的。儘管欠缺科學根據，但就感覺上來說，我認為確實非常符合其意義。「庭」是看過之後能夠會心一笑的場所；與之有所區別的其他場所，想必會是令人不安且無法感到愉快的茫然空間。

若想要正確理解「庭」這個字所包含的概念，首先希望大家一起來看看「庭鳥（niwa，雞)」這個有趣的詞彙。就算不勞煩語言學家多做說明，「庭鳥」顯然指的是庭中之鳥，也就是與人類生活在相同空間的家禽。這麼說來，與庭鳥相對的庭外之鳥，就是不受人類直接控制，自由飛翔於大自然的鳥。這兩種鳥類，一種是張開羽翼飛向天空而非人類的野鳥，另一種則是被關在特定範圍內，不是為了繁衍種族，而是為了生產人類的食物才下蛋。庭外的自然與庭內的自然之間的關係亦是如此；庭鳥(雞)是為人類而生的鳥，也就是「人為的鳥」，而庭園內的自然，也是「人為的自然」。

同理，狼進入庭園內就成了犬，山豬被關進庭園內就成了家豬，足見納入庭園意味著馴服、控制以及加以改變。進入庭園中的樹木則成為庭木，已經不再是自然的樹木。有位庭園研究者曾說，庭木與其他的樹木不同，就好像為了不失去自身之美、表現得舉止合宜而接受過家庭教育的樹。庭園對於自然而言可說是最可怕的陷阱，但對於人類來說，卻是會不自覺露出微笑的愉悅場所。

因此，就算對日本庭園文化看待自然的態度感受到根本性的差異，也是理所當然的。

日本人容不下雜質的自然觀

中國人和韓國人面對自然的態度通常就是「順其自然」，捕捉自然原本的面貌（尤其老莊哲學的自然觀），但日本人相較之下並不傾向讓自然保持原貌。雜亂、失序、充滿不確定性的自然對於日本人來說非常不舒服，因此才會想把自然收進庭園，列入自己的控制之下。換言之就是為了人而存在的自然，即「人為的自然」。

西歐人與日本人不同，不會想把自然占為己有，而是像中國人和韓國人一樣自己走向自然；只不過在為了達成自身目的而控制自然這一點，卻與日本人如出一轍。姑且不論受到東洋庭園影響所形成的英國自然風景式庭園，凡爾賽宮裡幾何學式的庭園正是將自然非合理的秩序改變成合乎人類條理的產物；畢竟西歐的合理主義者就連夜空中不規則排列的繁星都能令他們感到發狂。

日本人對自然的支配比起重新改造，反而是將其直接縮小。石庭裡的石頭並非經過鋸子裁切加工的石頭，即便是修剪過的灌木，也與凡爾賽宮裡具有幾何線條的庭木有所差別。因此，相對於西歐的自然是「人工的自然」，日本的自然則是「人為的自然」。

日本人根據瀑布做出枯瀑，歐洲人則從瀑布的靈感想出逆向流動的噴泉，再透過噴泉的水創造出不存在於自然的人工樹木——沒錯，噴泉本身就彷彿以水做成的樹，往上噴的水柱好比樹幹，流落的水是樹枝，水花則是樹葉。根據這樣的構想，最終甚至發明了水力發電廠。

雖然目的和方式有所不同，但日本人試圖支配自然，將自然占為己有的想法本身與歐洲人無異。由於控制自然的渴望是如此強烈，因此當日本接觸運用自然的西洋技術文明時，並沒有感受到特別的衝擊，而是很快就接受了。法國人類學家李維史陀（Claude Lévi-Strauss）曾一針見血地指出，日本人所謂的自然，未必就是沒有經過加工的自然原貌（《構造、神話、勞動》）。要是看在韓國人眼裡，只會覺得日本人不懂真正的自然為何物；看著經過洗鍊、井然有序的自然風景，比起享受自然，映入眼簾的反而是到處進行處理加工的那雙人類的手。

日本人一向被公認為最乾淨的民族。由於濕氣是法國的兩倍，先不論他們有多愛泡澡，日本人就好像武士隨手持刀一般，總是一刻也離不開掃帚。打掃、擦拭、清洗、打磨，日本的生活就是與垃圾的大戰。

日本人的特質在於無法與多餘之物共生，難以忍受不必要或無用的東西，一旦看到就會立刻加以排除割捨。於是，無法容忍雜質的自然就成了真空的世界。

然而，只要是真正的自然多少都會有些無用或者不潔的成份，所以韓國人對於垃圾的反應就沒有那麼神經質。年輕的媳婦如果過度清除灰塵和髒汙，把家裡打掃得一塵不染，婆婆反而會覺得不自然，甚至叨唸著：「你啊，掃得這麼乾淨，把福氣也給掃光了。太愛乾淨會生不出孩子。世界上沒有不沾染塵埃的東西，不需要這麼仔細，有時也要學會睜一隻眼閉一隻眼才行。」只有接納不必要的垃圾，才能將自然視為是自然，實現與自然共生的生活。

日本的庭園正是所謂沒有雜質的自然，當中刻劃了與韓國人截然不同，屬於日本人獨特的自然觀。韓國沒有庭園文化，當然也就沒有修剪樹木的想法。如前所述，韓國既沒有「填塞(詰める)」一詞，也沒有密集種植樹木的習慣。因此，密集混植六十種樹木，又用鐮刀修剪整齊的修學院離宮上御茶屋堰堤，簡直具備了堪比凡爾賽宮的人為之美。

4・盆栽——精巧的室內樂趣

培根的植木與家光的樹

當西歐哲學家法蘭西斯・培根（Francis Bacon）將殖民政策比喻為植木，大聲疾呼「跨越海洋，在新大陸的廣闊地平線上種樹吧！」並提倡「Plantation（植木，代表殖民）」的時候，禁止葡萄牙人等白人航行到日本，也嚴禁國人航行海外的第三代將軍德川家光，則是在小巧的花盆裡植木。他在城中吹上（皇居內苑）的花圃裡搭建棚架，擺放許多盆栽，賞玩這些小巧精緻的枝椏，露出滿面的微笑。其中一棵高一百公分的五葉松盆栽至今還留在皇居，據說將軍還曾特別賞賜三至五人的俸祿，命人悉心照顧。德川家光喜好盆栽的程度，從家臣大久保彥左衛門故意砸碎家光心愛的盆栽之一並以此勸諫的軼事便能窺知一二。

當然，盆栽不是日本固有的產物。江戶時代把栽種盆樹的盆栽師稱作「駱駝師」，這裡的駱駝指的是駝背的人，據說源自中國唐代文人柳宗元曾在文章中描寫到一位擅長栽培樹木的駝背郭姓男子。此外朝鮮時代的仁齋姜希顏[13]也在應仁、文明之亂時，就已經留下詳細記載老松和老梅盆栽技術的《菁川養花小錄》。

即便如此，卻沒有感嘆「盆栽啊，連你也是嗎[14]」的必要。不論是企圖在未知大陸「植木」的歐洲人、建造萬里長城的中國人或是喜歡蘭花原本姿態的韓國人，顯然都對盆栽興趣缺缺。先別說西歐，就連中國和韓國也不像日本有負責整理盆栽的專家，由此便足以推測在這些地方盆栽受歡迎的程度不如日本，亦不普遍。與日本不同，韓國沒有被稱作「盆栽町」的地名，也沒有會員高達數百萬人的盆栽協會，更不會把盆栽當成出口的品項。

盆栽和盆石[15]終究還是屬於建造出石庭和坪庭的民族，如同在箱子裡依序放入更小箱子的套盒文化的產物。如此一來，石庭縮得更小成為盆石，修剪過的坪庭灌木也變得更小成為盆栽，自然因此得以悄悄地從庭園移到室內。庭園的自然於是變成可以放在屋內架上的室內樂趣，不論是在迴遊式庭園中所體驗的自然、在石庭緣廊邊眺望的山水，如今都變成身體可以直接碰觸的自然，更加貼近。

從視覺的自然到可觸碰的自然

藉由削減與簡化，將廣闊的宇宙變成枯山水，帶到緣廊旁的庭園。如果將此進一步縮小，移入屋內的架子上，就會成為箱庭（庭園式盆景）、盆石、盆栽。將自然拉近到自己的身邊，也就是將「視覺的自然」轉變為「可觸碰的自然」。小說家秦恒平曾說：「我不認為坪庭是用來眺望的庭園。難道不是嗎？有如壺一般玲瓏有緻且蘊含神秘魅力的女體並非用雙眼眺望之物，而是不自覺地閉上眼睛，感受從肌膚傳來的熱度。」（《翳之庭》）

用肌膚接觸的自然、最貼近自身的自然，甚至還造就了可以放在掌上把玩的日式豆盆栽文化。日本人無法滿足於僅從緣廊欣賞自然，於是將自然拉近到自己的枕邊。

盆石裡的砂石並非單純的砂和石，而是代表山與海，由此也可以看出當中直接縮小庭園的美學。所以在室町時代，盆石又被稱作盆山，根據盆石的型態命名為「遠山」、「島形」、「土坡」等，宛如庭園的縮景，運用石頭的配置和砂的舖設在盤內模仿出自然景觀。

透過僧人虎關師鍊[16]的〈盆石賦〉，便能充分看出盆石和盆栽形同置於屋內的庭園。當時他年老體弱，無力打理庭園，於是「收牆角拳石，拂去塵土」，將石頭放入「底鋪白砂的青花瓷盆」裡，接著注水入盆置於身邊，當作鑑賞庭園的代替品。

樹木的生長與風景描寫

因此，盆栽不僅是一片小天地，或是格列佛小人國遊記裡的樹，而是凝縮了廣闊的空間和數百年的時間。正如同波濤洶湧的海岸是大海的記號，只有手指大的盆栽裡所種植的樹木也象徵了孕育它成長的一切風土。例如有一種樹形稱為「掃帚立」，指的是從樹幹的中間開始，像倒立的掃帚一般呈扇形展開；這種樹形常見於櫸樹，會讓人聯想到武藏野的雜木林。再看到具有「模樣木[17]」樹形的黑松，從其飽經風雪、枝條朝著各種方向曲折的姿態，我們凝望的並非只是一棵縮小的樹，而是浮現在腦海裡刻劃黑松身影的大海與海風。若是樹枝下垂的「懸崖」樹形，則好似眼前出現了險峻的斷崖或山谷。

換句話說根據盆栽的樹種和樹形，可以看出其生長的環境究竟是海岸還是深山幽谷，抑或是險峻的斷崖；只要看到盆栽的姿態，伴隨而來的風景便會浮現眼前。正如以樹枝當作樹幹的「筏吹」樹形體現了飽受風雪摧殘的山景，而從一個樹根延伸多個樹幹的樹形，就好比平坦盆地裡的小小森林。透過這般風景描寫，將數十棵樹種植在同一個盆缽裡的「合植」，代表的是森林的景色；讓樹根抱住大石，或植於石上、放入水盤的「石付」，則表現了山中的瀑布和海島。

這不正是橘俊綱的《作庭記》的精神？當中提到藉由堆疊石頭凝縮各種風景的修辭學技法，而盆栽則是藉由塑造樹形達到相同的效果。

盆栽對於風景的描寫不僅限於空間。杉木或代表高山斷崖的下垂真柏，只要利用這些樹種的小枯枝（枯到形同白骨的程度），甚至能夠描繪出數百年的時間。讓樹幹表皮顯得乾枯龜裂，連木質部都削去以造就空洞的盆栽美學亦是如此。

相較於橘俊綱認為立石最重要的技巧就是「把石頭立得堅固」，盆栽重視的三大美感要素則是「立幹」、「配枝」以及「展根」。石頭穩固站立以及樹根在土壤裡確實伸展所呈現的都是宛如瀑布傾瀉般的重力之美，可以說與西洋朝向天空與重力抗衡的噴泉美學完全相反。

掌中的風和土

然而，當自然愈縮愈小，人類對於自然的支配和人為性介入也就愈來愈大。不管怎麼說，盆栽就像是對自然施行纏足的虐待，即便再美也形同幫女性奴隸纏足，逼迫她成為舞姿曼妙的舞者。「塑造」盆栽必須使用各種工具，除了摘芽、拔枝、剪葉所需的剪刀之外，為了強調自然感（多麼諷刺的講究啊），讓自然看起來更自然，還需要使用金屬線。若要壓抑自然生長的欲求，將原本自然的形狀固定成某一種造型，人為的介入勢在必行。

同樣是自然界，如果這樣的行為加諸在動物身上，想必許多人都會因為殘忍而感到憤怒。畢竟如果用金屬線捆綁甚至以剪刀切除，肯定留下血跡斑斑的傷口。

縮小的美學，其最大的敵人就是生長的擴大。也因此並非所有的樹木都適合用來製作盆栽。生長速度快的樹木會失去資格，就連葉子大於樹幹、樹枝生長過密的樹木也是。盆栽的優等生是自然界的劣等生，愈是易於矮小化、樹葉退化得細小的植物，就好像非常迷你的蘋果被稱作「姬蘋果」一樣，只有具備「姬性」（縮小性）的植物才會受到歡迎。

以松描繪松，以杉雕刻杉，如此不可思議的盆栽文化其實不僅限於植物，這一點容我稍後再詳加說明。在此希望各位記得的重點在於，盆石和盆栽並非單純將庭園縮小，而是讓自然變得可動。

先前已經闡述過，被縮小的東西與單純的迷你事物（微型世界）截然不同。被縮小的東西具有動力以及可變動性；若想要縮小，事物本身首先必須是大且具有擴張性的。因此，就算同樣是盆栽依舊可以縮小，從皇居內必須以起重機搬運的大型盆栽（樹高九十公分以上）到中型盆栽（樹高五十公分左右），再到單手盆栽、小品盆栽（樹高二十五公分左右）、豆盆栽。然而，並非豆盆栽長大就會變成小品盆栽，小品盆栽長大就會變中型、大型盆栽，而是一開始就根據不同的縮小方式形成個別的尺寸。

豆盆栽又被稱作掌上盆栽，如字面上的意義，已經讓自然進入人類的掌心。豆盆栽再大也不過三寸（約九公分），雖然不到「一寸的蟲也有五分靈魂」這麼小，終究是把巨大的樹縮成只有蟲子一般大。只不過這樣的樹仍然會開花結果，所以既不是蟲也不是草。據說比這更小的盆栽甚至只有五分大（約一．五公分），需要用上放大鏡才能照顧。

5・插花——宇宙的花瓣

一朵牽牛花

在談論日本人與花以及花道的時候，經常會引用一則與千利休[18]有關的故事。在此我想透過回味這則故事開始，探索插花(即生花，ikebana)美學的一隅。

有一天，豐臣秀吉被庭園裡盛開的牽牛花吸引，命利休舉辦茶會。然而，當豐臣秀吉來到茶會現場的時候，盛開的牽牛花都已經被摘下，一朵不剩。當為此感到震驚且憤怒的秀吉進入茶室時，卻發現凹間[19]裡插著一朵清新的牽牛花。

如同讓山野裡的花朵維持原樣綻放並不會誕生出庭園文化，只是眺望庭園裡盛開的牽牛花也不會形成插花文化。無論是在異鄉為了祭祀當地的土地神而獻上具有宗教意義的「花立」，還是演變出立花、抛入花、生花等不同名稱的佛教供花，抑或是分成池坊、小原、草月等超過三千個不同流派形成理論複雜的花道，都具備唯一一個共通的法則，即「縮小自然的花，移到房間裡」。

因此，插花的美學首先從「剪」開始。近代花道家早川尚洞在《尚洞華心抄》當中指出「連根的草木無法用來插花。首先必須從『剪』開始。剪樹、剪草、剪枝、剪葉、剪花」，簡潔地定義了插花的精髓。雖然櫻町中納言[20]看著美麗的櫻花，向神明祈求願意縮短自己的性命延長櫻花綻放時間的願望並沒有成真，但豐臣秀吉希望再度看到去年此時所見吉野之櫻的夢想，卻藉由曾呂利新左衛門剪下盛開的櫻花枝，將吉野山凝縮於六尺大缽之中而得以實現。

即使默默順應花謝，仍具有縮小盛開宇宙之美、將剎那置於身邊的欲望，可見插花與造庭和盆栽相同，都展現出日本特有的執念。

勿看花之美，切看插花之法

詩人威廉・布萊克（William Blake）從一朵花看見天堂的想像力，到了日本則變成了現實中擺放在凹間裡的花。透過利休的故事我們不難看出相較於「縮小文化」，豐臣秀吉在各方面都是喜歡「擴大文化」的人。然而他不可能不知道，插在大缽裡的櫻花比起他實際下令種在醍醐的六百棵櫻花樹，更能表現出樹大繁密的花海。如同橘俊綱在堆疊石頭的時候曾說應該堆出「大海的模樣、大河的模樣、山河的模樣、沼地的模樣、蘆葦的模樣」，室町時代的花道秘笈《仙傳抄》則強調在插花的時候，「要展現水邊、河、海口的風情。水邊立水邊之物，田野立田野之物，高山立高山之物，皆須各如其景」。

如果說用石頭縮小自然的是庭園，那麼以花重現自然的就是花道。不，並非如此——插花的大師們認為花道比庭園更能完美收縮宇宙。《池坊專應口傳[21]》極力主張「庭前築山，垣內引泉，皆不得不動用人力。然以小水尺樹表現數程江山之勝概，頃刻之間即可帶來變化萬千之佳興」，這就是仙家之妙術(以現代的話來說，就是插花的技法)。

「勿看石，要看疊石」——如同這個對於欣賞日本庭園的第一個忠告，「勿看花之美，切看插花之法」也具有相同的意義。這正是日本花道與集中花朵做成花束的西歐花藝，以及中國和韓國的瓶花之間最大的差異。

只是把花剪下來放進屋內凝視，也不會聯想到大自然的宇宙。西方人不過是把花剪下來而已，所以為了表現出寬闊的空間和豐饒的自然，只能聚集許多花朵直到看不見任何縫隙，這便是西洋的花束。東方的中國人和韓國人則一如常見的寒梅圖，在花量上與西方有著天壤之別，是透過一枝花看見無限宇宙的秩序；只不過他們對於不以水墨呈現，而是直接拿起盛開的花朵以人為方式創造出意境的做法感到不以為然。顯然只有日本人擅長將花從廣闊的自然空間中取下，移到狹小的空間裡。

神也無法創造的空間

為了創造出縮小的世界，日本人必須著手進行世界上其他民族無法想像的自然分解作業，也就是將本為一體的花、葉、枝從自然中分離並個別取下。為了組合出插花之美，就像工廠需要旋轉螺絲的起子一樣，插花則需要剪刀和針。

如果給我一次冒瀆插花之美的自由，我會說現代產業文明所孕育出的分工組裝工廠的概念並非來自福特的工廠，而是來自能將自然的草木拆解之後重新組合，即插花所需的剪刀與針。

利用剪下的花、葉、枝，就可以創造出至今為止連神明也無法創造的空間。為了在一瓶之中表現出原野和高山，以立花[22]而言就必須遵守枝葉的遠近法則：「將後面看作山，前面看作原野。於插花時製造遠近，切記不得過於強調後方的山。」（《仙傳抄》）

作為進一步收縮宇宙空間的方法，在立華（立花）形式下配置的枝條又稱為「陰」、「陽」、「嶺」、「岳」、「瀧（瀑布）」、「市（城市）」、「尾（鄉村）」，也就是根據枝條在空間中展現的形態和方向，如果朝向天便象徵聳立的山嶺，或是高山及數千尺的瀑布；相較於垂直插立的枝條，水平方向伸展的枝葉可以化作城鄉，抑或是朝地平線延伸的平原或河川。根據池坊專好的《立花口傳書》，結合七種枝葉便能建構出世界上的山野與水邊，再根據花材本身表現出中山、左右的連山、遠山、近山以及麓野。

表現空間遠近的「立花」花形同時也必須表現時間的「古今」，也就是利用花材反映出季節。當枝條展現了空間性，在不同時節綻放的花朵則巧妙地傳達了時間性。儘管人類無法憑藉一己之力延遲花謝，換句話無法擴張時間，卻可以透過花朵將時間如同空間一般加以凝聚。

著名的《仙傳抄》當中提到的蓮花插法正是最好的例子，即插蓮花「必須表現三世」。所謂三世指的是以凋零的蓮花比作逝去的時間，此刻綻放的蓮花象徵現在，含苞待放的蓮花則代表未來。換言之，就是將過去、現在與未來以花和葉子的身形凝縮於一瓶之中。

枝的空間性與花的時間性

一旦結合了枝的空間性和花的時間性，宇宙便成形了。就像是以庭園表現佛教的理想世界須彌山，池坊專好透過花的整體姿態呈現理想的宇宙形貌。他認為這個形態必須是「正圓形」，因此唯有以球形構成的花之世界，才是蘊藏著宇宙微型化後究極姿態的微小世界。縮小自然的文化藉由插花變得更小、更完整、更美、更單純，且更有生命；只不過這也導致收縮的方式非常嚴格且極端，如同現代的《蒼風花傳書》[23]所說：「剪、剪、剪、剪，再插。」

《源氏物語》的作者紫式部所插的花像極了她所寫的長篇小說，是高五尺（約一百五十公分）左右的茂盛櫻花枝。不僅如此，紫式部在文學方面的勁敵清少納言的插花作品也一如她在《枕草子》當中所言：「摘取盛開的長長櫻枝，插入碩大的花瓶裡，更覺賞心悅目。」儘管那個時代的人們喜歡大型的花藝，但隨著插花的方式逐漸凝縮，能省則省，終於形成日本式的花道。

插花的歷史是縮小的歷史，也是剪刀的歷史。「立花」是「以大花瓶為器，插入整株約五、六尺，時而亦插一寸」（《立花口傳大事》），所以第一代池坊專好是在相當於四個凹間寬的廣大空間，將花插在六尺、三尺的大花器裡，展現其才華。這種被稱作「砂之物」的大型插花隨著時間和盆栽一樣逐漸縮小，終於迎來插花（生花）的時代。相較於西洋的花束是藉由添加展現廣大的世界，日式插花則是反其道而行，將花與枝葉修剪至極限，藉由創造空隙來捕捉浩瀚的宇宙。

在此不妨試著探討池坊一家如何單插一枝茶花的歷史。根據池坊專定的《插花百規》（一八二〇年），當中提到的茶花只保留了六片半的葉子。這是在經過嚴格簡化並極盡追求葉子最簡潔與純粹的本質之下，所達成的茶花之美；然而，繼承專定衣缽的專明卻更上層樓，將葉子一片片剪下，只為更進一步凝縮、省略，探究極致的境界。原先保留六片半葉子的茶花，最終於是只剩下三片半。

摘下庭園裡所有的牽牛花，只獨留一朵放進茶室。正因為這一朵花擁有象徵數百朵的密度，才免除了牽牛花遭到大屠殺的殘忍聯想。

6・凹間之神與俗世隱居

日本舞與神梯

日本的舞蹈常被問到為何沒有旋轉的動作。先不用說以旋轉動作為基礎的歐洲芭蕾舞，明明同屬東亞的中國和韓國舞蹈通常也有旋轉的動作，為什麼只有日本的舞蹈看不到像是朝著天空飛舞一般的旋轉律動呢？除了舞蹈以外，若是從建築面觀察日本的塔，也會發現多半「非常重視橫向的線條，對於向上攀升反而不太在意」。

這樣的現象究竟代表了什麼意義呢？如同我們目前為止所見，不僅是自然，日本人與神明的關係也不是人走向神，而是傾向把神往人的方向拉近，因此也不會想著自己朝天上飛去，而是請神明降臨到身邊。為了讓神能夠降臨，於是便出現了擔任天梯角色的「依代」，或是能劇舞台上繪有松樹的鏡板[24]。所以具有降神意義的舞蹈自然就必須「在一個榻榻米左右的狹小空間，且依代的靈魂能夠發揮作用的範圍內進行」。別說跳躍了，日本的舞蹈基本上都必須挺直上半身。

韓國稱舞為「춤」，雖然不確定，但據說其語源是源自「高聳」一詞。儘管舞蹈類型各有不同，但基本上都是像鶴舞一般，表現鳥正在飛翔或準備飛翔的律動。分析舞蹈的基本動作會發現，當中包含向世界展開自己的動作，或朝著超越性的世界邁進等多種象徵意義。幾乎所有舞蹈在本質上都如波浪般向外擴張，如鳥飛、雲動一般流轉而去。尤其具有宗教意義的韓國巫女之舞，更是不斷重複跳躍的動作。

然而，日本就連舞蹈也展現縮小的意識。不僅手部不斷重複著好像在召喚什麼一般的動作，腿部的活動也全部侷限於狹窄和服的下襬之中。韓國的舞蹈會讓人聯想到鳥類，沒有跳躍動作的日本舞蹈，則好似在地面滑行的爬蟲類動物。在擅長描繪舞者的法國畫家竇加(Edgar Degas)的作品裡，我們則能看到有如降落傘一般朝著三百六十度開展的舞裙，以及彷彿突破重力將舞鞋直立掂起的輕快跳躍。

文學評論家喬治．普萊曾以「擴大」和「縮小」這兩個相對意識來分析《包法利夫人》。當中在莊園與子爵一起跳華爾滋的經典情節不僅是小說的重要轉捩點，也表現出包法利夫人心中想要向外擴展的夢想。以包法利夫人為中心不斷迴旋起舞的場面，與她想要進入上流社會和巴黎社交界的夢想連結；換句話說，這支舞就如同將石頭投向平靜的湖面，激起她內心深處向外擴散的漣漪，想要離開自己與丈夫居住的無聊小鎮托斯特，前往未曾造訪的廣大世界巴黎。

被召喚至神棚的眾神

召喚神明的依代之松和舞蹈的關係不只見於日本。神話學中連結天與地的樹木「宇宙樹」在任何一個原始宗教都可以發現其存在，問題在於將神慢慢引導至自己家中的收縮現象，其實充分顯示出日本的特性。

以神道來說，將山當作神祭祀的時候，人們為了造訪神明只能走進深山。到此為止與世界上的其他宗教並無不同，然而日本人卻會把山中祭祀神明本體的「奧宮」拉到人類村莊附近，成為「中宮」；更進一步拉到身邊，則是村裡的「里宮」。

除了祭祀地方上的守護神，古老的神社裡也會為遠道而來出差的神明，準備可供住宿的居所——即神社旁所設立的攝社或末社等小型神社。

不僅如此，將村裡的神社進一步縮小成可搬運的形態，就會成為眾所皆知的「神轎(神輿)」。每到祭典的日子，神社會藉由神轎朝著特定的中繼站(御旅所)移動，使得神明就好像信件一樣被送達各地。

但可別以為這樣就結束了。至今為止我們再三看到似乎已經完結，卻還能更加貼近身邊的縮小實例。神轎也同樣可以繼續縮小，搬進人們的家中。好比放在凹間或架上的黑松盆栽，或花器裡的一朵花，將神明縮小並拉近至日常生活的，正是神棚。被祭祀在神棚裡的伊勢神宮神符、土地神或是其他能帶來好運的神明就如同盆栽裡的姬蘋果，一起住在小小的棚架裡。不，甚至可以再繼續縮小呢！於是隨身配戴的護身符便誕生了。

佛壇和電視

佛教也不例外。各位不妨去寺院看看，隨處可見「套盒文化」的蹤影。在寺院內再建造一個寺院供奉佛像，這便是本堂的佛龕；就像盒子裡面還有盒子一樣，用來供奉本尊的玉蟲廚子[25]好比在寺院建築裡打造一個縮小的寺院模型，一旦進入家中便化作凹間或者佛壇。相較於神社縮小成神棚，寺院則縮小成供奉佛畫掛軸和三具足（香爐、花瓶、燭台）的凹間。

如果寺院和神社是電影院，那麼神棚和裝飾於凹間的三具足或佛壇就相當於電視。如此一來，當世界上的其他人都是前往電影院觀賞神的電影，就只有日本人不僅出外靠電影院，在家也總是守著小小的電視機。真可說是相當現代化的宗教方法啊！

這並不是玩笑話而已。在這方面，濃縮世界大事、景色、話題，將這些帶進自己家中的電視文化，是最適合日本人意識的產物。對於今日住在狹小二房公寓的日本人而言，放電視的地方就等同於「凹間」。

日本人的特性之一便是對於資訊擁有高敏銳度。畢竟早從鎌倉時代起，日本就已經出現專門暗中刺探情報的「忍者」集團。所謂的情報是從廣闊世界發生的所有事情之中簡化與濃縮必要的資訊，並暗藏於心底，具有吸收外部資訊卻不加以釋出的屬性。因此，日本人的縮小意識如實地呈現在對於資訊的敏銳度上。將外界的自然和天上的神明拉近到凹間的縮小意識與現代的電視文化有很深的連結，這麼說一點也不為過。

日本人比任何一個民族都熱愛電視，從電視頻道的數量和節目表填滿早報和晚報一整頁便一目了然。此外，也許是源自說早安的傳統，電視節目也會從電車開始發車的早上五點半左右就開始播放。不僅如此，根據一項針對電視、報紙、電話、汽車、冰箱五大用品如果只能擇一的話會選擇哪一樣的調查中，顯示僅有百分之三的美國人選擇電視，但日本人竟然高達百分之三十一。至於電視的收看時間，尼爾森收視率的測量結果（一九八〇年）顯示東京一個家庭平均收看電視的時間是八小時十二分鐘，美國則是六小時四十四分鐘。如同聯合國教科文組織的報告所示，日本是世界第一的電視王國，從深夜接近色情的「偷窺」節目，到拉近古老歷史和廣大陸地地平線的「絲路」相關節目，全部一舉收入掌心。這絕非誇飾的表現，當年國際牌確實推出了一款可以拿在手上，大小有如文庫本的掌上型黑白電視。

被飲用的自然

如前所述，消失於石庭的花成了插花，樹木作為盆栽進入室內，那麼化做砂石失去原形的河與泉水又到哪裡去了呢？能解答這個問題的就是茶室文化——沒錯，河與泉水變成茶，與凹間的插花一起出現在四疊[26]半大的空間裡。從眺望自然、觸碰自然，最後成為被飲用的自然。

浩大宇宙和廣闊的自然被縮小放進圓形的茶碗裡，成為一滴滴的水，進入人體之內。眺望、被眺望以及觸碰、被觸碰的關係已然消失，自然與人類藉由茶完全融為一體，收縮自然的「縮小文化」以四篇樂章在此完結。如果說石頭是自然的骨架，水就是其血液；宇宙的血和人體的血合而為一，成為一體的生命。沒有必要引用羅馬尼亞的宗教家伊利亞德(Mircea Eliade)的名言金句，所謂喝茶就是吸取自然與宇宙的力量，淨化自己的生命，恢復精神。這是永無止境的精神洗禮儀式，禪宗稱之為「一味同心」。藉由飲用同樣向佛供奉的茶水，讓自己和佛同心，成為一體。

如朝鮮時代後期草衣禪僧於《茶神傳》所述，從高山傾瀉谷間的流水和從地底湧上的泉水，會成為茶，彰顯其身。也就是說「茶乃水之神，水即茶之體」。

無色透明的清水變得帶有綠茶濃度的顏色和香氣，與野花變成插花、山中的樹木變成盆栽有異曲同工之妙。茶無疑是經過人類凝縮而成的「文化之水」。從嵯峨天皇歌詠飲茶是「供養山靈茶杯」可以得知，茶並非單純的飲品，而是山中的精靈。

塵世中的山居

在俗世之中，將自然拉近到日常生活的縮小文化最終創造了名為茶室的空間。原本必須走上數十里才能抵達的深山或是隱居者的庵寺，現在卻只要穿過中潛[27]之門便近在眼前。從主屋到茶室之間的露地和飛石，就是通往有別於世俗空間的「奧之細道[28]」。據說當利休被問道：「該如何打造露地？」他回答：「橡葉未紅卻凋零，深山寺院路寂寥

——由此古歌便能有所領會。」沒錯，茶室就是將隱居者位於深山的寂寞草庵，移入世俗的巷弄之中。茶室是如同鄉下草屋或隱居者草庵一般的存在，這一點就連葡萄牙傳教士羅多禮柯斯[29]也有所領會。

因此，過去住在堺（現今大阪市南部）的人們稱茶室為「城市中的山居」或「俗世隱居」。在城裡體會隱居者閑居生活的茶室文化，正意味著日本人最機智的投機主義以及現實主義的勝利。對於中國人和韓國人而言，究竟要住在世俗之中還是回歸自然是個「to be or not to be」的無盡懷疑和提問；與自然為伍過著自給自足的生活雖然很理想，但浮沉於俗塵之間與榮辱共生才是現實。在這方面，韓國的「時調」通常以鳥來做比喻，白鷗代表了與自然為伍的隱居者，鳶和雀則象徵巷弄間的生活。

相互對立的兩個矛盾世界若要擇一，是一件非常痛苦甚至不可能的事情。由此會衍伸出理念上的問題，且為了做出選擇就必須拓展思想的領域。

沒有意識形態的日本國旗

然而，日本人與這樣的理念以及超越現世、探索理想原理的抽象世界相距甚遠。在茶室之中享受塵世山居樂趣的人們，認為對立矛盾的掙扎不過是多餘的痛苦。辭去官職，歌詠〈歸去來兮辭〉的陶淵明，在他們眼中只顯得愚昧。

因此，日本雖有慶滋保胤[30]、鴨長明、吉田兼好[31]等人創作出優秀的隱居文學，但他們和中國和韓國的隱居者不同，直到最後都是日本文化的邊緣人。儘管吉田兼好曾在《徒然草》中舉出實踐中國隱居文化的人名，卻也表示這些人若在日本「不會被傳頌」。由此可見，隱居者理念性的精神傳統在日本非常模糊不清。

實際上，日本的隱居者本就不同於中國和韓國，即便號稱是捨棄世俗之人，卻與當時的掌權者關係良好。不僅登蓮[32]法師受到平清盛[33]的喜愛，吉田兼好也與新的統治者來往密切。這都是因為聰明的日本人想出了讓兩者共存的方法，而不需要二選一。

既然隱居者可以身在山裡享受城中的權力，世俗之人同樣能夠一邊過著汲汲營營的都市生活，同時品味山野間的情趣。正如擁有財富與權勢者何嘗不能以富裕之身假扮窮人，體驗貧者垂頭喪氣的滋味；抑或是僧侶即便與世俗之人一樣娶妻，也可如出家者一般感受聞佛法而生的喜悅。反觀韓國在日本殖民時代之前，根本不存在娶妻的僧侶。

評論家山崎正和先生曾說：「美國的國旗有其意義和主張，國旗本身已經訴說了美國身為合眾國的國家本質。看到法國國旗，上面寫著自由、平等、博愛；俄羅斯的國旗，上面寫的是人民的鮮血。然而日本的國旗卻什麼也沒寫。所謂的太陽不過是國家形成以前民族所尊敬的價值，因此把太陽畫在紙上掛起來的國家，其實就等於沒有任何主張。」不僅如此，由於日本國旗的圖案是正圓形，因此不分上下左右，怎麼掛都可以。相較之下如果把法國的三色旗上下顛倒，或是把韓國的太極旗左右對調，勢必會引發強烈的爭議。日本人的確擁有無原理主義的一面，中村元先生也曾指出雖然同樣是佛教，但相對於中國的天台宗重視「理」，日本卻強調「事」。不看重「理」的世界、沒有意識形態的世界，只能以「形式主義」和「狀況主義」作為價值的標準。這使得日本人看似在理念的世界裡毫無原則，但外在形式上卻對原則極端重視——這就是日本人喜歡的「規矩」。

與其捨棄都市過上真正的山居生活，在城市裡的茶室扮演山居生活反而更便於享受閑居的樂趣。比起實際的生活，演出的戲劇當然更有趣、更悲傷、更令人感動；正如模樣木形的盆栽比真正的樹木看起來更自然，用石頭在庭園裡堆疊出的海岸甚至比真正的海更美麗。

於是，感性、形象、形式取代了理念。在開港之際，日本人之所以能夠立刻一改本色且迅速吸納西歐的物質和技術文明，甚至自行投入創造，是因為他們不像中國人和韓國人對自然擁有強烈的「理念」。俗世隱居所象徵的方便主義讓日本人即使不歌詠〈歸去來兮辭〉，也能在熱愛菊花的同時發展城中俗世，打造出具有兩棲性質的文化。而將這種現象化為可能的，正是將大自然拉進並融入巷弄間的「縮小文化」。

「俗世隱居」的思維、便於行事的無原理主義、形象比實體意義更具有強大力量的日本文化也因此創造出許多與此類似卻正好相反，在修辭學上稱為「反襯（oxymoron）」的矛盾構造。如同隱居於城市之間，日本人能夠在西洋文明當中感受東方文明、在戰爭中體會和平、在物質中玩味精神，就好像在新幹線上吃著幕之內[34]便當，充斥著各種樂趣無窮的矛盾文化。

1 李奎報（一一六八—一二四一），朝鮮高麗時期的文人，精通四書五經，擅於作文寫詩，為朝鮮文學史上的一大文豪。著有《東國李相國集》、《白雲小說》等。

2 金素月（一九〇二—一九三四），原名金廷湜，為日本殖民時期的朝鮮詩人，曾發表詩集《杜鵑花》。

3 鴨長明（一一五五—一二一六），鎌倉時代的和歌詩人，於五十歲時出家，隱居於日野山間。著有隨筆集《方丈記》等。

4 蘇我馬子（五五一—六二六）。日本飛鳥時代的政治家與權臣。相傳其府邸建於飛鳥河畔，並於庭園中築造小島，因而得稱「島大臣」。

5 此處說的調查始於一九七〇年代，先後發現了許多與蘇我馬子相關的遺跡。

6 迴遊式庭園是以人造池為中心，專為賞景漫步設計的庭園，通常設有步道以及小橋、涼亭等景物。

7 大和繪為日本繪畫樣式之一，一般指的是日本平安時代相較於中國風的「唐繪」，以日本的故事、人物、風景為主題的日本傳統繪畫。

8 橘俊綱（一〇二八—一〇九四），平安時代的貴族、和歌詩人。在築造庭園方面具有很高的造詣，被認為是日本最古老的庭園書《作庭記》的作者。

9 足利義政（一四三六—一四九〇），室町幕府第八代將軍。卸任後創建了銀閣寺，傾心於宗教藝術文化。

10 仙洞御所是天皇退位後的居所，現今多指位於京都於一六二七年為後水尾上皇所打造的宮殿，現在只保留了廣大的庭園。

11 志賀直哉（一八八三—一九七一），日本小說家。曾參與《白樺》雜誌的創刊，其文體作為近代散文的典型獲得極高評價，被譽為「日本小說之神」。著有《暗夜行路》、《於城之崎》等。

12 相阿彌（?—一五二五），室町時代的畫家。精通和歌、造園、香道等各種技藝，其中又以水墨畫特別傑出。

13 仁齋姜希顏（一四一九—一四六四），朝鮮李氏王朝初期代表性的士大夫書畫家，仁齋為其號。

14 本句套用了莎士比亞的悲劇《凱撒大帝》中的名言。當凱撒被刺殺的時候發現自己的心腹布魯塔斯也是共謀者之一，說道：「連你也是嗎，布魯塔斯？」後來這句台詞便成為用來形容遭自己信任的人背叛時常用的表現。此處的用法則是就接下來的句子而言，意在強調盆栽絕不會背叛日本人。

15 盆石(bonseki)，日本傳統藝術形式之一。在黑色的淺底漆盤上利用不同手法鋪設石頭與白砂，藉此表現自然景觀。

16 虎關師鍊(一二七八—一三四六)，日本臨濟宗僧人。相當博學，曾擔任京都東福寺、南禪寺等地的住持，著有日本最早的佛教史書《元亨釋書》。

17 模樣木為盆栽樹形的一種，指主幹並非筆直而是呈現彎曲狀，可以說是盆栽中最為普遍的樹形。

18 千利休(一五二二—一五九一)，安土桃山時代著名的茶人，為追求極簡的「侘茶」集大成者。亦創立了草庵風的茶室，將茶道帶入一般民眾的生活。後因得罪豐臣秀吉獲命切腹。

19 凹間，日文稱作「床の間(tokonoma)」，指和室角落一個內凹的空間，通常會擺設掛軸、插花等裝飾。

20 櫻町中納言(一一三五—一一八七)，平安時代後期的和歌詩人，本名藤原成範。由於愛好櫻花而在府邸種植了很多櫻樹，所以得稱櫻町。

21 《池坊專應口傳》為日本戰國時代的花道家池坊專應(一四八二—一五四三)所留下的口傳紀錄，為日本的插花藝術確立了明確的理念。

22 立花(rikka)，或寫作「立華」，最初是指將花立於花器之內而得名，為日式插花最原始的代表形式之一。於江戶時代由第二代池坊專好集大成，會利用七種不同的役枝(構成整體造型的主要枝條)來呈現大自然的樣貌。

23 《蒼風花傳書》的作者為近代花道家敕使河原蒼風(一九〇一—一九七九)，亦為草月流的創始者，推動了花道的國際化。

24 依代(yorishiro)指的是供神靈附體的對象，鏡板(kagamiita)則是能樂舞台作為背景的牆板。

25 玉蟲廚子是奈良縣法隆寺所收藏的宮殿型佛龕，推測建造於飛鳥時代(七世紀)。因為使用了玉蟲(吉丁蟲)的鞘翅作為裝飾而得名。

26 疊是日本的面積(數量)單位，一疊即一塊榻榻米的大小，約一．六平方公尺。

27 中潛(nakakuguri)指的是位於茶室外庭與內庭之間的中門。

28 《奧之細道》(おくのほそ道)是俳句詩人松尾芭蕉所寫的紀行作品，描述他與弟子於一六八九年從江戶出發前往日本東北、北陸等地遊覽的所見所聞。

29 羅多禮柯斯(João Rodriguez，一五六一—一六三四)，葡萄牙耶穌會傳教士，於一五七七年造訪日本。精通日語，曾受到豐臣秀吉與德川家康重用。其著作《日本大文典》堪稱是最早的日文文法書，《日本教會史》則深入描寫了日本的地理風俗與社會文化相當貴重的日本文化史紀錄。

30 慶滋保胤（?—一〇〇二），平安時代的漢學學者。擅於漢詩文，後遁入佛門隱居。其著作《池亭記》堪稱隱居文學的始祖。

31 吉田兼好（一二八三—一三五二），日本鎌倉到南北朝時代的和歌詩人、隨筆作家。著有《徒然草》，以無常觀為基礎記錄了作者的見聞與感想，與《枕草子》並列為日本隨筆文學的代表作。

32 登蓮，生卒年不詳，平安時代後期的僧人。

33 平清盛（一一一八—一一八一），平安時代末期的武將。於一一五九年的平治之亂一掃敵手源氏的勢力，樹立了平氏政權。

34 幕之內便當據說起源自在看歌舞伎等戲劇時於幕間食用的便當，通常由米飯搭配多種副菜而成，是日本最常見的便當種類。

第四章

表現於人與社會的「縮小」文化

1・四疊半的空間論

從火柴盒到兔小屋

無論山河或草木，神明或佛祖，都可以被縮小納入盆缽或架上的奇蹟空間，令人不禁想問日本人居住的生活環境究竟有何奧妙？榻榻米、凹間、茶室……從幾個印象深刻的特徵就可以發現，不僅是歐洲，日本的空間與中國和韓國亦是截然不同。

何必用裝水的大水瓶來裝香水呢？雖然在後樂園可以看到江戶大名十萬坪上下的豪邸，但日本住宅依舊給人擁擠狹小的印象。只要看看歐洲人為日本住家取了什麼文學性的別名，就可以知道他們對此有何看法。曾於日本任教的英國作家威廉・普洛默（William Plomer）將日本住家比喻成「紙做的家」；倫敦時報（一九〇四年二月十日社論）則稱之為「火柴盒」。經過約一世紀後，近期則出現與經濟動物同樣出名的稱呼「兔小屋」。儘管「兔小屋」看起來比「紙做的家」堅固，也比「火柴盒」寬敞，但這種說法還是讓日本人備受衝擊，更何況它還帶有否定的意味。

「兔小屋」一詞並非出自歐洲人於德川幕府時代寫下的日本印象記，也不是來自詩作或小說，而是歐洲共同體（EC）的秘密報告書（一九七九年度）當中的一節。由此可知「兔小屋」與「火柴盒」在意義上已不是同一個層次，尤其當「兔小屋」與「工作狂」等詞彙並列，很明顯地不具有童話意境而是現實問題，因此會讓人覺得受到侮辱。此外還有比「兔小屋」更微型的表現，那就是美國記者弗蘭克・吉布尼（Frank Gibney）所說的：「這個國家的人民如同身在電晶體化的螞蟻窩，為名為日本的企業辛勤工作。」

然而比起追究「兔小屋」或「螞蟻窩」的說法來源，我們更應該認真探討日本人看待這些詞彙的態度。針對歐洲人認為「日本製的商品之所以能夠席捲歐洲市場，是因為他們不顧社會福祉，像工蜂或工蟻一樣盲目地工作」，日本人所展現的反應可以分為三種。其中兩種分別是「這種說法實在荒唐，但我們確實必須反省，除了改善住宅空間，也應當致力於能夠提升生活品質的福祉問題」，以及「這不過是嫉妒日本經濟成長的不服輸表現。我們應該更努力工作」。

至於第三種反應則是針對日本地價高、房子小的現實情況作出分析。日本買房的費用一般約是上班族年薪的六倍，大都市則是七倍多，與歐美的二、三倍相比要高出許多，且土地價格也是國際平均的五倍。可惜的是對於住在如「兔小屋」般狹小的房屋這件事，卻沒有人點出在西歐人的看法和日本人實際居住的感受之間，其實有著很大的差別。

鴨長明的住宅觀

如果日本人能更進一步用自身的眼光審視自己的生活，就應該可以對「兔小屋」的說法提出以下反駁。

「各位必須知道，日本人並非逼不得已，而是因為擁有享受生活在狹小空間樂趣的傳統。日本人理想中的住宅條件包括『近、廣、廉』，可見住家的面積也是重點之一。然而，日本人傳統的住宅觀和對住宅空間的感覺的確與西歐人不同。你們可知道中世日本庶民的住家（伊勢地區）小從一．五坪，大至三十五坪，平均則有五坪左右？建造四疊半的茶室，許多人捨棄寬廣的主屋特地擠到這個狹小的空間，一同分享其他民族都無法體會的樂趣，這個事實又有多少人知道？你們聽過日文特有的詞彙『小巧玲瓏（こぢんまり）』和『家雖小，心寬廣（家は狭かれ心は広かれ）』的諺語嗎？正因為狹小，更能沉澱心靈；即便是如火柴盒般狹小的空間，反而一坐下就能與廣闊的宇宙相通，你們懂得這種禪的領悟嗎？你們是否搭過離峰時段的地下鐵或是有許多空位的新幹線？又是否親眼見過我國好比『明治之母[1]』的國民，就算座位再怎麼寬敞，依舊如客滿時靜靜地坐在角落，不像兔子反而像貓一樣蜷縮並低調地入睡？」

面對連下雨都要有實證才會相信的歐美人，我們就來列舉幾個實例。明治時代洋風建築盛行的時候，前田侯爵在東京投下相當於現今六、七億日圓的建築經費，建造占地約三百坪的豪華西式宅邸，但基本上都是用來接待客人，而他本人則依舊住在「紙做的家」，也就是日式的狹小舊屋。

如果這樣還是沒辦法說服對方，不如就回歸到中世紀略帶學術性的經典，即鴨長明的《方丈記》。首先介紹鴨長明的住宅觀「暫時的居所……與牽牛花上的露水無異」，然後接著引用：「看看魚和鳥的樣子。魚不厭水，若非魚，焉知其心。鳥喜愛森林，若非鳥，焉知其心。閑居的情趣亦同。若非親身體驗，無法領會。」這裡的「閑居」指的是他居住的方丈[2]，也就是四疊半大小的房間；因此只要註記這相當於現在一房一廳的格局，歐洲共同體的報告書或許就會瞬間失去說服力。

榻榻米與生活空間的單位

這並不是玩笑話。說到狹小空間，日本人確實與立刻聯想到兔小屋或牢房的歐美人有著某種差異。之所以這麼說，是因為日本人對居住空間的意識是根據他們特有的榻榻米所形成的。

「起身半張蓆，躺臥半張蓆（起きて半畳、寝て一畳）」這句諺語正好說明了一切。一張榻榻米的大小體現了一個人在世上所占的最小生活空間，這讓人想起亞歷山大大帝在與臣子角力時被扳倒在地，結果嚎啕大哭的故事。面對滿懷恐懼、乞求原諒的臣子，他說道：「與你無關。只是一想到即使我征服天下，最終能占有的土地也不過就我剛才倒下去的範圍而已，不禁令我悲從中來。」

如果亞歷山大除了哭泣，還將這樣的空間意識應用到生活之中，說不定西歐人現在也在榻榻米上生活。

榻榻米不僅用來鋪在屋內，也是自身居住空間的基本單位，正如十六世紀末規劃空間格局的單位「京間[3]」便是以一定的榻榻米規格決定屋內梁柱間距的「疊割」為基礎。首先有一張榻榻米的概念，然後才創造屋內空間，因此據說以前京都的房屋稅是根據榻榻米的張數來決定的。由於逃稅是不分古今的智慧，所以京間的榻榻米才會比「田舍間」的大。

此外，在不將榻榻米鋪滿整個房間而是只鋪於四周的平安時代，榻榻米的規格甚至會根據身分而有所不同。平安時代的律令條文《延喜式》當中記載最高位階的榻榻米是六尺乘四尺，第二是五尺乘四尺、第三是四．六尺乘四尺，由此也能看出榻榻米不可否認地是日本人擁有多少生活空間的象徵。江戶時代於元文三年（一七三八）以土地生產量（石高）規定大名宅邸面積的法令，也是建立在榻榻米的基礎之上。

廣場與茶室

法國人將「日本化」稱作「tatamiser[4]」。這個造詞不僅比真正的法文聽起來更悅耳，意義也很傳神，充滿法國人含蓄的風格。「tatamiser」一詞就算直接套用在日本人身上也毫不怪異，畢竟日本接受中國和韓國的大陸文化並將之逐漸日本化的過程，與日本居住空間內榻榻米的演進可說幾乎一致。在榻榻米首度登場的平安時代，正是日本自身獨特文化開始萌芽之際。起初只在人坐的地方鋪上榻榻米，接著經過鋪滿小房間、僅鋪大房間四周但中央不鋪的時期；到了無論房間大小都鋪滿榻榻米的室町時代之後，能劇、茶道、花道、庭園等日式文化也逐漸定型。尤其南北朝時代原本坐在喫茶亭木椅上喝茶的唐風文化，也從改坐在榻榻米上開始逐漸轉變為日式茶道。

仔細想想，中國和韓國等大陸文化所沒有的日本獨創文化，與鋪設了榻榻米的房間，尤其是方丈、茶室、待合[5]等四疊半大小的狹小空間似乎有著密不可分的關係。

沒錯，這就好比孕育出希臘文化的是「阿哥拉（Αγορά，即市集、廣場）」。無論是將「上午」稱作「阿哥拉人滿時」還是將「下午」稱為「阿哥拉解散時」，阿哥拉可以說是雅典市民生活的中心；因此舉凡藝術、辯論、哲學與政治，全部都是從這個露天廣場誕生的。而與廣場最相配的，自然是發揮光影藝術的雕刻以及能夠煽動人心的雄辯巧語。那麼，如果將凹間的插花放在阿哥拉的柱廊會怎麼樣呢？或是讓聚集在廣場的市民舉行連歌[6]創作大會，又會如何呢？

安東尼奧和布魯塔斯精采絕倫的雄辯之術，只有在羅馬的廣場文化才能成為媲美莎士比亞的藝術，至於插花、盆栽以及石庭則是一刻也無法存活於廣場之上，唯有在榻榻米這個舞台上才能展現真正的美。屋外的石庭也是相同，必須從如茶室這般四疊半大小的方丈一隅，透過額緣（門窗的裝飾框）眺望才有意義。

回歸狹小的空間

正如孕育出希臘廣場文化的歐美人在廣闊的空間裡尋求安定，繼承四疊半榻榻米茶室傳統血脈的日本人顯然能夠在狹小的空間裡享受寧靜。讓販賣室內冷氣的美國商人最頭疼的便是患有幽閉恐懼症的消費者，畢竟使用冷氣的時候必須關緊門窗，對於擁有廣場體質的歐美人而言，比起暑熱，幽閉的空間反而讓更多人無法忍受。

相較之下，日本有不少人患有廣場恐懼症，一去到寬闊的地方就像是沒了氣泡的啤酒，瞬間喪失判斷能力並陷入不知所措的不安情緒當中。關於這一點之後會再詳加說明，但確實有許多例子證明日本人自古以來就不擅長如原野般寬廣的空間。淨琉璃的劇目《國性爺合戰》[7]當中便提到主角和藤內一抵達中國就因為廣大的竹林迷失了方向，並將他描寫成「不知道方向的日本人」；討論縮小海軍軍備的華盛頓會議總代表加藤友三郎，據說一聽到美國國務卿休斯在會議剛開始就提出超乎意料的爆炸性提案，便立刻回到飯店鑽進狹窄的廁所裡冷靜情緒，一整天都在裡面思考該如何應對。最近則聽聞某位著名的救援投手，在站上投手丘之前無論是否內急，都一定會去一趟廁所，否則無法冷靜下來。許多日本人都像這樣必須躲進角落才會感到安心，更沒有哪個國家比日本更常發生孩童跑進汽車後車廂或冰箱等狹小空間而意外死亡的事故。

從這個觀點來看，我們也就不難了解為什麼日本人會發明世界罕見、「像冰箱或投幣式洗衣機一般的箱子橫向上下堆疊」的個人旅宿——膠囊旅館，而且還大受歡迎。如今光是東京都內就有五處約千室（截至一九八一年九月）的膠囊旅館，預計在數年內還會成長十倍以上。膠囊旅館的房間長寬各一公尺，深二公尺，雖然是有如臥鋪列車一般的狹小空間，但裡面應有盡有，包括電視、收音機控制器、數位鬧鐘、與櫃檯聯絡的電話等，非常完善；因此也出現了所謂的膠囊族，把膠囊旅館當作茶室一般的冥想場所，或是帶著吉他和小型擴音器當成練習室，甚至還有上班族會抱著兩、三本書，把房間當作讀書室使用（《週刊Playboy》一九八一年十月六日號）。

從孩子的管教方式，也可以看出廣場和四疊半的生活空間意識有明顯的不同。歐美人最傳統的懲罰就是把小孩關進狹小的空間裡。衣櫃對於小孩而言形同小小的監獄，大人會威脅說：「如果不聽話，就把你關進衣櫥裡。」然而日本人卻正好相反，他們的懲罰方式是將小孩趕出家門（韓國也相同），說著「像你這樣的小孩，給我滾出去」，然後把小孩趕到屋外的廣闊空間。於是正如日本童謠〈挨罵〉的歌詞「夜晚寂寞荒涼的村外，不知道狐狸會不會叫」，大部份的孩子會因此感到不安害怕，最終不敢現身，只好躲在衣櫃或桌子下，在不知不覺間進入夢鄉（對於西方孩童來說的懲罰，反而是日本孩童的救星）。結果晚歸的父母不知道小孩躲子衣櫥裡，以為小孩沒回家急著到處尋找，擁有這種經驗的父母想必不在少數。

方丈的傳統

日本的風呂（泡澡）文化最能夠精確傳達日本人對狹小空間的「縮小意識」。美國人雖然也喜歡洗澡，但主要還是淋浴。日本的風呂是一種把自己完全浸泡在狹小的澡盆裡，享受包覆全身的溫暖感覺，猶如回到子宮浸在羊水裡的胎兒般快樂。日本人對泡澡的獨特感受顯然並不只是出於濕度，反倒如果根據柳田國男[8]認為風呂（furo）的語源來自「室（muro）」，也就是房間，似乎更有幾分道理。

若想要真正了解日本文化，就不能將四疊半的狹小空間所代表的「縮小文化」當作「兔小屋的文化」加以取笑。正如西洋的油畫必須站在一定的距離欣賞才能體會箇中之美，東方的水墨畫則是必須靠近鑑賞，才能體會細膩的線條和墨色濃淡。更不用說插花和豆盆栽也各有最適合的欣賞方式。

既能親身感受又能細細鑑賞的理想舞台，莫過於四疊半的空間。這不僅是茶室的標準規格，前面提及鴨長明的《方丈記》說到方丈是四方各長一丈，這個面積正好就相當於四疊半。由於維摩居士[9]住在方一丈的房間裡，所以禪寺住持的居室也被稱作方丈，而方丈庭(石庭)便是由此誕生。相較之下，韓國並沒有「方丈」這種說法，至於中國的成語「食前方丈」指的是豪華的食物擺滿了一丈見方那麼寬，都不像日本不僅孕育出鴨長明的文學、石庭和佛教文化，更成為象徵日本文化的茶道誕生聖地，或是發展成相對通俗的藝伎待合文化。所謂的「四疊半」早就已經不只是在房間裡鋪上四張半榻榻米，而是具有超越數量上的意義。

日本哥倫布所發現的新大陸

任誰都無法否定，茶室美學的根本在於狹小的空間，或者更正確地說是創造縮小的空間。藉由室內裝飾的簡潔化和對空間的縮小，展現「侘茶」的新世界。

說來也真是奇怪。明明哥倫布是在廣闊的大海上發現新大陸，但堪稱茶文化界哥倫布的村田珠光[10]反而是在將書院房間用屏風隔成只有四疊半榻榻米大的瞬間，發現了全新的宇宙。

無論是南北朝時代從中國引進鬥茶[11]文化時可見的二層樓喫茶亭，或是能阿彌[12]時代舉辦茶會的書院房間，其實都與盛大華麗的中國茶文化沒有太大的區別。在這種情況下，只能說村田珠光真不愧是日本人。他發現「在寬廣的書院裡難以定下心來」，因此想到在寬廣的房間裡圍出一個小區間，將茶文化帶入這個「縮小的空間」裡，使得茶室也被稱作「圍(囲ひ)」。令人驚訝的是，「圍」這個名稱和象徵確實充分展現了茶室文化(廣義來說是所有日本文化)的特性。

除了場所以外，村田珠光甚至取下牆壁上的掛軸，進一步簡化。四疊半大小的「圍」到了足利義政的銀閣寺裡，終於化作一個獨立的房間(同仁齋)，成為首開茶室的紀念碑。後來武野紹鷗[13]又進一步用鳥子紙(和紙)糊成的牆壁取代土壁，將木格子窗變成竹格子窗，在地板邊緣塗上一層薄漆或維持白木的顏色，使得更加簡樸化的草庵茶室逐步定型。至此「茶室」、「四疊半」、「紹鷗」成為茶文化的三位一體，一株株剪下的花枝以及漸次捨棄草、木、水的石庭，其收縮美學亦與這些引進自然的住居交互作用，逐漸形成侘寂草庵的茶道。集草庵茶室之大成的利休甚至喜愛比四疊半更小的茶室，於天正十年(一五八二)以後開始縮小成三疊、二疊，最終如《山上宗二記》所示：「宗易(利休)於京(都)

始做一疊半」將茶室縮小到只有一疊左右的尺寸。這就是利休理想中的茶室。

躙口的演出

利休不僅試圖打造出最小的茶室，甚至把進入茶室的入口縮小，做成「躙口（nijiriguchi）」。據說他的靈感來自沿著淀川順流而下的小船出入口，因此高度不超過二尺，所以武士無法佩刀進入。躙口除了讓人卸下武裝，身分地位高的人為了通過躙口也必須縮著身體低下頭，以膝前行。日本茶道的精神宗旨「和敬清寂」正是靠這種「縮小」的演出方式才得以實現。相較於但丁的《神曲》（*Divina Commedia*）描述地獄入口寫著「入此門者，當放棄一切希望」，茶室的躙口則好比寫著「入此門者，當捨棄一切『大的東西』」。

悄悄進入躙口的日本武士與行進穿過凱旋門的羅馬軍隊不同，之所以會說「條條大路通羅馬」，是因為羅馬的凱旋門向外朝著世界敞開，但躙口卻是無盡地向內部展開。如同凱旋門是擴大文化的象徵，躙口則是縮小文化的證明；就連命令利休加大躙口的豐臣秀吉，也必須配合茶室的縮小演出。

豐臣秀吉是少見擁有擴大意識的日本人，他不願「只在島國鬱鬱終生」，於是將侵略的矛頭指向大陸，使和平的朝鮮陷入戰火。即便是這樣的侵略者，據說他在九州箱崎陣所的茶室也只有二疊大，其中一疊是凹間。根據《宗湛日記》的記載，得到廣大天下的豐臣秀吉在僅有一疊的狹小凹間鋪上錦褥，並於此用膳；如果歐洲共同體的調查員看到關白(攝政大臣)這副模樣，想必會驚訝地覺得他是個住在兔小屋裡的戰爭狂。但這顯然是不懂享受狹小空間樂趣之人、在巨大主義的歷史下成長的歐洲人或是西化的日本人才會有的想法。

比起與遼闊的大自然對話，眺望被凝縮在三、四十坪石庭內的宇宙更能開悟——人們若是了解這種縮小文化，即便看到利休在寫給野村宗覺的書信中提到六人在僅二疊的空間裡品茶，想必也不會感到驚訝。

西歐人當中比較嚴謹的人，也會將茶室文化視作是日本「縮小文化」的最高表現。靠著橫斷大西洋改變世界航空史的林白准將(Charles Augustus Lindbergh)曾在夫人陪同下征服紐約至日本霞浦長達一萬二千公里的北方航線，當時他的夫人便在關於日本的回憶錄中提及了茶室的美好經驗。

位於極端的兩者是否真能相通呢？當征服無垠天空、「擴大文化代表者」的妻子受邀參觀了無限狹小的四疊半茶室（這何嘗不是兩種象徵性文化的相遇），林白夫人在茶室裡說道：「日本人在自然當中觀賞所有小東西的能力令人佩服。在最微小之處發現美，透過最細微的行為創造美……我認為茶之湯是最能體現這種鑑賞能力的表現。」（村上啓夫譯《飛向東方的天空之旅》）

2・達摩的眼瞼與正坐文化

精神的液體——茶與酒

傳說茶是達摩的眼瞼。修行中的達摩割下因睡意襲來而差點閉上的眼瞼，丟到庭園裡之後發芽長出來的樹就是茶樹。是的，茶裡面蘊含著達摩集中眼神不斷凝視世界的明澈視線，是讓人揮別睡意的水，是讓人眼如黎明時的泉水般清澈的甦醒之水。如果從科學上解釋這是因為含有咖啡因，那就沒什麼好說的，但我們在茶湯中總可以感受到一股集中精神的緊張感，以及某種純粹透明的精神。

另一個正相反的極端例子則是與詩人李白傳說有關的水——也就是酒。是的，酒也是精神之水；這種水為李白帶來幻覺以及眺望月亮的朦朧眼瞼，比起使人清醒，反而會引誘人心入眠。這股陶醉的力量就像朝著水平線擴散的波浪，不停地動搖人的意識，並帶向遠方。

人類創造出來的這兩種水，象徵的正是文化上具有不同志向的精神。自古以來，茶與酒就是屬於競爭關係的「文化之水」；不僅中國唐朝有名為《茶酒論》的書，日本在十六世紀亦由美濃國乙津寺的禪僧蘭叔玄秀寫下了觀點相同的著作。書裡描寫一邊是主張酒能令人忘掉世間紛擾、讚嘆酒之德的忘憂君，一邊是認為不喜茶者就如同不懂正道、強調茶之德的滌煩子，兩者之間孰優孰劣的爭執雖然因為好事的第三者以「酒是酒，茶是茶」出面調停而打成平手，但茶與酒的紛爭並沒有因此停歇。榮西[14]寫下日本最早的茶書《喫茶養生記》，當中提及三代將軍源實朝戒酒，改為飲用相對安全的茶，希望能治好酒精中毒。

無論是茶或酒，都會刺激日常的精神，引起變化。但兩者的特性非常兩極，一邊是「清醒」，另一邊則是「酣醉」；一邊是「使心神集中」，另一邊則是「讓心神放鬆」。正如僧人夢窗疎石在《夢中問答集》當中所說，茶可「去除蒙昧，消散睡意，助人集中」，酒則會「呼喚陶醉，引誘詩人前往夢幻之國」。一言以蔽之，茶的咖啡因象徵了「縮小文化」（茶會），酒的酒精則是「擴大文化」（酒宴）。

沒有茶的茶會

當然，茶文化並非日本獨創，而是與其他文化同樣都是經由中國和韓國傳入的外來文化。現在雖然在韓國已經大幅衰微，只能勉強從草衣禪師身上找到茶文化命脈的蛛絲馬跡，但若是透過《三國遺事》，便能發現佛教的茶文化在韓國的發跡其實早於日本。無論如何，永忠、最澄、空海等這些開啟日本茶道序章的先驅者，都是於平安時代前往唐朝之後回國的僧侶；然而，作為日本特殊的「縮小文化」不僅讓茶展現藝術之美，同時更提升至宗教儀式的境界將其生活化，這在中國和韓國都是無法想像的。

喝茶本身是目的，喝茶的場所、道具、舉止等則都屬於手段。中國的陸羽和朝鮮朝的草衣，他們所提出的茶論都有提到茶的種類和泡茶的方式，卻沒有提到實際品茶時相關的禮數和道具。相較之下在日本比起原本的目的，反而更重視作為手段的茶室或喝茶的禮儀。

就像韓國有一則笑話描述一個整日在葬禮上悲傷哭泣的人，竟然在儀式結束後問說：「這是誰的葬禮？」類似的事情也同樣發生在茶會上。據說當豐臣秀吉在北野神社舉辦無論身分高低，任誰都可以參加的大型茶會時，說道：「如果沒有抹茶，用炒麥粉也可以。」可見說得極端一點，茶會沒有茶也無妨。

這一點也不奇怪。因為日本的茶道即使沒有茶，也可以創造出「達摩的眼瞼」。茶所具備的「醒神效果」同樣能夠從周遭的氛圍、心境，以及行動的緊張感中獲得，醒神之水便是藉此創造出完全相同氛圍的茶室和茶道禮法。若再仔細觀察，便會發現一個驚人的事實——這種效果的形成正是透過以縮小為形式的演出。

進入窄門

從日常的生活空間進入茶室，意味著進入另一個被圍起的空間，即從世俗進入清靜的世界，也因此茶室的庭園正是取自佛學經典的一節「從火宅出離，坐於露地中」，而被稱作「露地」。不僅如此，在進入茶室之前，要像參拜伊勢神宮一般「蹲踞(蹲坐)」漱口，可見茶室的空間有別於世俗，是非常神聖的場所。只不過茶室裡面並沒有佛像或神像，也沒有聖母瑪利亞像，有的只是飲品；因此不論是前往茶室的心態還是切斷與世俗連結的行動，都不是出自對宗教信仰的理念。由於不存在《聖經》或其他經典名言，所以只好採用戲劇性的呈現方式，也就是具有藝術性的技藝形式。早在認識《聖經》中「要進入窄門」這句話以前，日本人便不是從字面上的象徵意義去理解，而是直接透過身體力行，穿過分開外露地和內露地的那一扇門。這道窄門便是利休所謂的「猿戶」，古田織部[15]所稱之「中潛」，遠州[16]則稱之為「中門」。

接下來就讓我們一起看看要如何進入這道窄門。首先，獲邀參加茶會的客人禮貌上必須比指定的時間提早二至三十分鐘抵達，直到進入「窄門」之前，無論是誰都得接受「等待」的訓練。在客人到齊之前，所有人會像麻雀一般並肩坐在名為「寄付」的房間；之後依序走進露地，繼續坐在「待合（休息處）」等待。等到出來迎接的主人終於打開窄門，不發一語地行禮後，客人才會一個接一個地鑽過「窄門」。沒錯，是「鑽」過窄門，所以這道窄門才會被稱作「中潛」。藉著這種壓低身姿鑽入的行為，才能達到遠離日常，進入神聖的茶世界。

此外，就連鞋子也與平常不同，必須穿上用竹皮編成雙層的露地草鞋，走在飛石上。排列成雁行或交錯狀的飛石如同芭蕾舞者曼妙的舞步、沉默樂譜上的音符，也是一條條嚴格的戒律。飛石一步步引導人類的步伐，其步距、節奏、方向，都由事先安排好的石頭決定；一旦踏出飛石以外的地方，就等於打破了戒律。在此，誰都不能像橄欖球員一般大步跳躍，無論是男女老少都踏著整齊劃一的腳步。儘管看似被戴上腳鐐的奴隸，就連步距和前進的方向都受到規範，但進入茶室的人們臉上卻帶著幸福的表情。藉由踏上一個個的飛石，茶室裡的行動和語言等皆與日常世界不同，全部縮小在一定的形式當中。

茶庭裡通常設有洗手的水缽，被稱作「蹲踞」。正如其名，客人這時必須蹲在石頭上洗手。大家還記得嗎？如果你是受邀的客人，就必須先在狹小的座位上並肩而坐，之後鑽過中門，踏著飛石前進，現在則要蹲下——換句話說，身體和動作全都縮小了。至此還沒有結束，客人必須在沓脫石（放鞋的石板）上再次蹲下，打開板門。等到準備要進入茶室的時候，必須把身體縮得更小，才能通過「躙口」，這可說是窄門的壓軸大戲。所有人都必須低頭彎腰，用膝蓋爬進去。日本想必也有在牆角開洞供小狗進出的狗洞，雖然韓國人笑稱這樣的狗洞可以供男人夜晚偷情時所用，但進入躙口的動作確實與此類似，且絕不輕鬆。身體與動作的縮小是否到此為止了呢？不，接下來才是重頭戲。

等到客人皆正坐於規定的坐席上，茶會便正式開始。至此為止的挨坐、鑽入、蹲下、屈膝、爬入，其實都不過是正坐前的準備運動而已。

據說《日本繪日記》的作者伯納德．里奇[17]曾因為坐得腳骨疼痛，因此請求讓他靠在柱子上參加茶會。雖然他對茶會的了解和描寫非常正確且意境優美，但以背靠柱子的姿勢參加茶會，卻與踩著迪斯可的舞步跳華爾滋沒什麼兩樣。只能說不懂正坐的人，實在很難領會茶道的精神。

「站」與「坐」

日本人特殊的「正坐」，是任何民族都難以仿效的姿勢，就連高傲的伯納德．里奇也舉白旗投降。正如有人說動物有形態但沒有姿勢，人類是用身體的形狀表達精神性的文化。歐美人原本就是坐在椅子上生活，因此即使有站姿，也沒有席地而坐的姿勢；東方人雖然並非完全不使用椅子，卻擁有不使用任何道具、直接坐在地上的姿勢，可見在某方面與西洋文化有所區別。

不妨看看釋迦牟尼佛的坐姿。結跏趺坐[18]，雙手置於其上，由此構成了佛教的世界。美國的嬉皮在學習東方精神時的第一件事就是席地而坐，而且還是結跏趺坐的坐姿。

印度、中國、韓國、日本等，這些熟悉佛教文化的東方國家形成了與站式文化的西洋文化圈相對的坐式文化圈。究竟「坐」和「站」代表什麼意義呢？借用美術史學家潘諾夫斯基（Erwin Panofsky）的論點來思考，例如中世紀建造的古羅馬詩人維吉爾（Vergilius）像雖然是「坐像」，但到了文藝復興時期卻被設計成「立像」。各位是否發現，人類的「坐姿」和「站姿」體現了兩個彼此相對的時代精神；站立的姿勢具有戰鬥性、行動性、外放性，另一方面坐姿則象徵和平、冥想以及內向性。

然而即便同樣是坐姿，日本的正坐卻與結跏趺坐或盤坐完全不同。比起站姿與坐姿之間的差異，正坐的異質性似乎更強——沒錯，因為正坐是出自其他東方文化所沒有的茶道文化。如同至今為止的漫長說明，正坐這個動作與基本大小為四疊半的茶室所象徵的縮小空間有著必然的關聯性。

狹小的茶室裡一旦聚集了許多的客人，就不可能悠哉地盤腿而坐。光是想想利休時代的茶會就連凹間也坐滿了人便能知道，為了縮小體積節省空間，唯一的辦法只有想出新的坐姿。於是日本人原本和韓國人一樣男子雙腳盤腿、女子單腳盤腿而坐的習慣，到了近世隨著茶道的發達而逐漸改成屈膝坐法的正坐。話雖如此，也千萬別單從為了縮小體積、有效利用空間的人體工學角度來理解正坐。所有人類文化最初都是以實用的必要性為出發點誕生的，但若想要進一步發展並維持，就必須要有其他精神上的理由。如果正坐真的只是人體工學下的產物，那又該如何解釋在茶室以外的寬廣場所或茶會以外的時間，正坐也一如其名成為日本人的正式坐姿？

正坐與立正文化

如前所述，村田珠光把寬廣的房間另作分隔，創造了縮小的空間，而日本人藉由縮小身體，也可以得到相同的精神效果。假設盤腿是放鬆的坐姿（擴大），那麼正坐就是精神為之一振的縮小姿勢。精神和身體一起收緊，就如同喝茶時受到咖啡因的刺激，精神抖擻；如果濃郁的綠茶是有生命之物，那麼正坐就是其身形。道元在《普勸坐禪儀》曾提及茶室的坐姿：「坐時不得左倒右傾，前躬後仰。耳朵與肩膀對齊，鼻子與肚臍對齊。舌頭抵住上顎，唇齒咬合緊閉，眼睛常保睜大，正常呼吸。」

也就是說，正坐屬於不動的姿勢。所謂「動物」一如字面上的意義就是會動的物，草木也只要風吹就會動，雲和水亦同。因此，融入自然生活的東方人不太習慣不動的姿勢。如此說來，除了宗教儀式之外，就只有歐洲人和日本人創造出以不動為姿勢的世俗文化；例如現在只要前往白金漢宮，如鉛甚至化石一般的衛兵依舊讓遊客驚訝不已。我們在此可以看到不動姿勢的影響，形成了軍隊的基本動作。戰前的日本軍隊所遵循的

《步兵操典》當中也寫道：「不動的姿勢乃軍人之基本姿勢，故內心必須隨時充滿軍人精神，外表維持嚴肅與端正。」所以入伍的士兵首先要從「立正」的訓練開始。關於「立正（気をつけ）！」的號令，英文和法文都稱作「attention」，擁有相同的語源。「attention」也就是「at + tention」，有保持緊張的意思。過去歐洲的文明就是這種「立正文化」，如果沒有緊張的情緒，人便與稻草人無異。因此才會一下子戰爭、一下子革命、一下子末世，藉著一波波新的刺激，推動歷史和社會。

日本的文化也與之相似。當歐洲人以不動的姿勢站在廣場上，日本人則是坐在榻榻米上保持不動。反倒是平均每十年發生一次戰亂，於激烈歷史的洪流之中載浮載陳的韓國人，他們的行動模式卻是以放鬆文化為基礎。這雖然有些複雜，還請大家一聽。韓國人經常使用「풀다」一詞，如果翻譯成中文就相當於「解開」的意思，可以用在許多不同的情況，例如遇到有東西卡住、困擾的事，或是有什麼被綁緊的時候；也就是說，與不動的姿勢恰恰相反，可以代表解開任何緊張的現象。

有趣的是，韓國人在開始工作之前會說：「把身體解開（放鬆）吧！」在韓國其實很少會對想做某件事的人說「加油」或「當心」，而是會要對方「放心」。「當心」這個詞不是用來寒暄或鼓勵，反而經常是在教訓或批評對方的時候使用。然而日本人與軍隊相同，會在聽到「當心（気をつけ）」的號令之後才開始行動。日本的高中棒球比賽在賽前有時會看到球員正坐在板凳前方，因為這麼做反而可以讓他們靜下心來。

韓國人的力量有如搖動的柳樹一般具有流動性，源自放鬆的心，另一方面日本人的力量則來自茶會、能劇、歌舞伎的基本動作，也就是正坐。以緊張的精神為能量的傾向似乎與韓國人正好相反。

身是刀，身是琴

日本人經常會說「身體生鏽（身にサビがつく）」，將人類的身體（精神）比喻為刀。刀如果不使用、不打磨，很快就會生鏽，為了防止這種情況，就必須不停地磨練，隨時保持緊張。而茶室也是不讓身體生鏽的方法之一。

然而，韓國人（中國人也是）不將自己的身體視為刀，而是玄琴。玄琴與刀相反，平時要鬆開琴弦，不然很容易繃斷。只有在使用的時候，才會拉緊（緊張感）。韓國人所學的道理並非防止身體生鏽，反而是要適時放鬆，以免過於緊繃而斷裂；因此，他們心中理想的文士坐姿是像楊柳或鐘擺一樣，隨著節奏搖擺身體。將身體視為琴的韓國人認為正坐好比一種重大刑罰，但對於日本人而言，卻是能夠集中精神、獲得平靜的方法。

為此，過去往來日本的韓國通信使都無法理解為何茶室是戰國時代疲憊不堪的武士唯一能夠休憩的地方。很可惜地，他們竟把這個擁有侘寂之美的殿堂當作一般的土窟看待。進入狹小的茶室以正坐的姿勢遵循禮節品茶，在他們看來顯然不像是能夠解除緊張、放鬆身心的方法。遊玩也像工作、休息也像戰鬥，日本人特殊的緊張文化並非不懂「立正」口號的韓國通信使所能理解；因此，他們把茶室當作是武士密謀商議的秘密場所，或是避免敵人發動突襲的基地。所謂「最近卻也是最遠的國家」，看來不僅是用來形容最近日韓關係的經典台詞而已。

行動的三種神器

今日的文明是從西歐開始，其根基便是不動姿勢的緊張文化。日本雖然屬於東亞文化圈，但作為唯一足以與西洋文明並駕齊驅的例外，有人認為就是因為日本人能夠採取正坐的不動姿勢。當縮小意識表現在人的姿勢與動作上，就形成了正坐文化。因此茶室文化的基本法則是由挨坐、鑽入、蹲、屈膝、爬進、正坐組成，露地和茶室則是為了表演「縮小」而設計。向榮西學茶的明惠上人認為「睡魔」、「雜念」、「坐相不正」是妨礙禪定修行的三毒，而茶室的正坐文化正是驅除這三毒的演出。

縮起身子的正坐文化與茶同樣具有清醒效果，藉由正坐清除精神上的鏽蝕，並透過新的刺激獲得挑戰新事物的力量。日本人就如同使用含鎘充電式電池的精密電子產品，需要不時地充電。所以日本社會經常可見「某某激勵會」等組織，每當想要特別做什麼事之前，幾乎都一定會用到縮小的正坐文化——也就是頭上纏鉢卷（hachimaki，頭巾），肩上綁襷（tasuki，固定衣袖的布條），下身綁褌（fundoshi，兜襠布）。把身體收緊縮小，反而會湧上力量，使精神安定；日本將武士出征時披上盔甲的動作稱作「縮」，由此可知這是日本自古以來的傳統。因此，西歐社會的「director」意味著引導員工，日本則是稱作「取締役（董事）」，負責「管束」員工。

鉢卷、襷、褌是日本人正坐文化的三種神器。

日本人評價一個人的標準比起個性或獨創力，更傾向根據這三種神器判斷。在一九八一年的大相撲秋季賽上琴風和朝汐爭奪大關[19]之位時，報紙以「精神不夠集中」評論敗陣的朝汐，而琴風則被認為是靠專注的集中力才得以獲勝（《朝日新聞》）。換句話說，朝汐是因為精神沒有纏上鉢卷才會輸，而琴風之所以得勝是因為繫緊了兜襠布。

這不僅限於男性。在洛克希德訴訟案[20]中說出衝擊性證詞的榎本三惠子也展現了同樣的特質。雖說實現了社會正義，但她的證詞導致自己的前夫陷入困境，因此惹來了不少非議；即便如此，還是有很多人只因為她抬頭挺胸地站在證人席上的姿勢，就評論她「是個了不起的人」。可見比起她的證詞所引發的社會正義與個人倫理的矛盾問題，終究最終還是回歸到「蜜蜂一旦刺人就會喪命[21]」的日本式鉢卷理論。

3・一期一會與寄合文化

兩把傘

說明縮小文化時最方便且快速的例子就是雨傘。想必所有人都知道，一般來說雨傘根據縮小意識打造出兩種不同的創意商品，其中之一便是摺疊傘，只要把大傘摺疊起來，就可以縮小甚至放進口袋；然而，摺疊傘還有一個強大的勁敵——雖然尺寸和過去的大傘相同，但開傘的方式不同，也就是只要按下按鈕就會像降落傘一般自動打開的自動傘。只不過無論是摺疊傘或自動傘，其實都是縮小文化下的產物。一個是表現在空間結構的縮小文化，另一個則是作用於時間結構上。將雨傘摺疊變小是空間的縮小；按下按鈕的瞬間雨傘就會打開，這是時間的縮小。透過瞬間性和轉換性，便能促成一種文化的誕生。

屬於縮小文化代表的茶道，當然也是如此。從「窄門」進入狹小的空間正坐除了是空間的縮小之外，時間的瞬間性對於茶會而言也是不可或缺的重要領悟。根據時常作為茶道的聖經被引用的《山上宗二記》所言，「一般茶會，從進入露地到出來為止，都必須像是一生僅有一次的相會，敬畏亭主」。此外，幕末的大名茶人井伊直弼也在《茶湯一會集》中提到：「原本，茶會之交往，稱作一期一會。即使同樣的主客多次交流，既然今日的聚會無法重現，實為一生一次的相會。為了這樣的離別，主人萬事做足準備，真心誠意，避免出現絲毫不周。客人也懂得此會難逢，佩服亭主處處體貼招待，以真心相交，此即一期一會。主客皆以誠心服茶，這就是茶湯一會集的真意。」所以這本茶論著作才會以「茶湯一會集」為書名。

「死」之心

喝茶這件事無論在哪一個國家的文化，都不過是一種娛樂。然而如果將喝茶視作一期一會，也就是一生只有一次的事情，自然就與單純的遊戲不同，變得嚴肅。無論是人與人的相遇或者一舉一動，都不再能隨便看待。藉由收緊身體的正坐集中精神，再藉由切斷時間達到一期一會，也會讓精神變得嚴肅。日本人就連享樂的時候也比工作熱心，認真非常。

什麼是一期一會？若從「死亡」來思考，就很容易了解。俄羅斯文豪杜斯妥也夫斯基曾將死刑前五分鐘的體驗，寫成《白癡》（*The Idiot*）書中的一個場景。任何人只要讀到這一段都會安靜下來；對於普通人而言不起眼的東西，因為隨時可以看見，所以只看到事物的表面；但對於將死之人而言，就連掉落在路旁平凡的灰塵、照射在鏽蝕屋頂上的陽光、周圍飄盪的空氣，每一樣都緊緊地壓迫在身上。杜斯妥也夫斯基的死刑體驗，正是俄羅斯版的一期一會。

如果面對的不是事物而是人，而且是自己所愛之人，又會有什麼樣的感受呢？想必將不願錯過對方的每一個呼吸，些微的觸碰都能從指尖讀出他的心。不僅如此。交談過的話語、仰望的雙瞳、來回走動的步伐，站在絕對無法重現的時間面前，所有的一切都不能輕忽。

把茶會視作「一生僅有一次的聚會」，就等於是將「死亡」帶進茶室。不可能再次相遇的絕對、不可能重現的瞬間，使得在茶室裡相遇的人們都要以「真心誠意」交流。除了邂逅之人，茶會與舉辦的季節以及時間（可分成從黎明到夜晚等不同時段或場合，稱為「茶事七式」）之間的關係亦是同理。

寂靜沉默的露地、「四周楓花俱凋零，海濱破屋秋夕時」（藤原定家）所表現的寂寥、武野紹鷗的「一年之中，十月是閑寂之時」，從中看到的都是冷冽、無常的死亡之心。當日本的「縮小文化」作用於時間上，展現的正是一期一會所凝聚的冰冷死亡之心。不僅是茶之心，這種死亡之心也表現在花和藝術之上。

愛凋零的花勝過盛開的花

這個世界上應該沒有不愛花的民族，只不過看待花的視線有所不同。一般人都是喜歡盛開的花，唯有日本人喜歡「凋零」的花。日本有俗話說：「花即櫻木，人即武士」。日本人之所以在眾多花種當中最喜愛很早盛開又不著痕跡地凋零的櫻花，想必就是這個緣故。正因為花會凋謝，只擁有一瞬間的美好，所以才能以一期一會的真誠之心欣賞；假設是久久不凋零的花，對於花之美的憐愛和全神貫注欣賞的緊張感都會大打折扣。正如《古事記》記載邇邇藝命拒絕石長比賣而娶了她的妹妹木花佐久夜毗賣，由此便能看出日本人比起岩石般永恆不朽的生命，更中意花的短暫和凋零之美。

日本的美殷切且細膩，這種美並非來自於生，反而是來自對死（一期一會）的迫切意識。生於戰國之世的能劇演員金春禪鳳曾說，能劇與兵法非常接近（《禪鳳雜談》）。這裡所說的兵法，既是劍，也是死。在「每朝每夕，一再念及死亡之事，常住死身，方可得到武道之自由」的武士世界，並不意味著對死亡毫不畏懼；正因為朝夕思考死亡，武士的生必然能保持嚴格的精神，每一個瞬間都拚盡全力生存。無論何時，都不得自我鬆懈、掉以輕心。

之所以認為能劇與兵法相近，是因為能劇的舞台宛若戰場，舉手投足都好比武士拚死揮舞刀劍一般認真。一旦稍有鬆懈就會被敵人斬殺，所以必須用盡全身的力量，不製造任何可趁之機，完成沒有退路的表演。至此才能達到世阿彌[22]在《風姿花傳》裡所說的，綻放出「真誠之花（指經過淬煉在舞台上的真功夫）」而非「時分之花（因年輕所造就的一時的美）」。朝夕與死相伴之人會帶來美感；而絕美之中帶有悲傷，亦是這個緣故。死裡求生是武士的生，也是藝人的生。

拚盡全力的生存方式

《甲子夜話》裡面有一段將金春禪鳳所說的「能」的奧義直接加以改編的故事，講述了劍術家柳生但馬守宗矩和能劇家觀世太夫的相遇。當德川家光前往欣賞觀世太夫的能劇，他對宗矩說：「仔細看觀世的動作，如果他的心有絲毫破綻，覺得能夠找到揮刀的時機，等一下告訴我。」表演結束之後，家光問宗矩如何，宗矩回答道：「絲毫沒有揮刀的空隙。但在舞蹈中，發現一個動作的破綻。如果這時揮刀，應該可以成功。」另一方面，觀世太夫回到休息室後問身邊的人：「今日的觀眾當中，有一個人一直緊盯我的動作，他到底是誰？」對方於是回答：「他是劍術的名人，名叫柳生。」觀世說：「原來如此，怪不得他一直緊迫盯人。在舞蹈中閃神的時候看到他微微一笑，我還覺得奇怪，原來是劍術的達人啊。」

一期一會的思想與正坐相同，創造出日本獨特的緊張文化。縮小時間的一期一會與縮小姿勢的正坐文化若表現在生活用語當中，就是「一生(所)懸命」。這個在同屬漢字文化圈的中國和韓國都找不到的詞彙是從「拚上性命保衛一所(領地)」的意思轉變而來，代表無論多麼微小的事也要拼盡全力，具有熱衷於某件事的意思。因此從電晶體到製造以及輸出相機和汽車等，甚至是休閒娛樂，當日本人想要完成某件事情的時候之所以可以發揮近乎超現實的力量，原因就在於壓縮、奉獻一生的時間，在一期一會的瞬間拚盡全力生存的態度。所謂「一生懸命」地生活，即是一邊思考死亡一邊活著。

「切腹」的美學

從侘寂茶室的日本之「美」到日常的市場甚至於性生活，日本人所到之處都潛伏著不可思議的影子，也就是「死亡」。日本人就連人們不願面對的死亡也予以拉近，並加以利用發揮強大的力量——「死」，便是最極致的縮小文化。

《大英百科全書》（*Encyclopædia Britannica*，第六版，一八二三年）當中關於日本人對於死（自殺）的看法十分傳統：「利用投水、跳下懸崖、上吊、服毒、揮刀以及其他激烈的方法，坦然地結束自己的生命。」如今大部份的歐美人一說到日本，便會立刻想到富士山和「切腹」。把死當作家常便飯或許所言不假，但這絕非看輕死亡；相反地，正因為恐懼且想要避開死亡，所以才會無時無刻思考著死亡，在不知不覺當中讓死亡貼近生活。相較於西洋人會將手放在聖經上以神之名起誓，但日本人卻總是以生命起誓。在日本人喜歡的講求毅力的故事背後，其實正隱藏著「只要有赴死的決心，萬事必成」的精神。

我剛好人在美國的一九七〇年秋天，發生了作家三島由紀夫如《憂國》的情節般切腹自殺的事件。此事在美國也很轟動，就連計程車司機都熱烈討論。但這並不是因為美國也有許多三島由紀夫迷，而是在文明發達、能夠製作出精巧的電視和相機的現代國家日本，竟然有作家執行武士時代的切腹，由於這實在過度令人震驚才引發討論。他們想必不知道切腹與席捲西歐市場的電晶體文化，實際上具有相同的根基。當我看到報紙上以「What is HARAKIRI?（什麼是切腹）」的解說取代了悼念三島由紀夫的文章只能不禁苦笑，不過確實有許多美國人曾經要求我解釋什麼是切腹。他們似乎以為，韓國距離日本很近，應該也是會切腹的民族。

當時我的解釋如下。

「自殺的方式當中，只有切腹是真正的自殺。服毒、開瓦斯抑或是投水自盡，這些都算是一半自殺、一半事故。投水的人在進到水裡的瞬間會想要游出水面，而開瓦斯自殺的人會拼命試著呼吸，這是想要生存的自我與想死的自我所做的最後搏鬥。然而，切腹是親手將自身切開；從刀尖可以看到殺人的自己，和即將死去的自己。為什麼可以做到這一點呢？那是因為切腹是一種將死亡形式化的儀式。儀式與日常的行動不同。你們明白嗎？各位應該有看過遵循儀禮喝茶的日本人吧。如果不知道的話，總知道聲樂吧？同樣都是聲帶即便在日常生活用來對話所發出的聲音有極限，但女高音是一種音樂的形式，經過訓練就可以發出比平常高三個八度的聲音。日本人早從好幾個世紀以來就在自家庭園前的茶室接受這種訓練。每日的儀式、一期一會的精神！你們懂嗎？就是這麼一回事，茶道與死是相通的。」

如果從縮小意識的角度來看，茶室文化與切腹文化確實有相通之處。這並不是在開玩笑，也絕非信口開河。

寄合文化

日本茶道不僅是單純喝茶，也不是為了攝取單寧或咖啡因。如果只是喝茶的話，那麼就像從路邊的販賣機買可樂來喝一樣，一個人就可以完成。然而，茶道是以茶會為前提，最重要的要素在於集團性、社交性，也就是人與人交流的方式。如同茶的成份當中對身體影響最大的是咖啡因，精神方面具有最重要意義的，則是人的「寄合（聚集、聚會）」。自茶道尚未確立之前的鎌倉、室町時代起，婆沙羅和鬥茶的娛樂活動也將茶的集會稱為「寄せ（yose，集合）」。〈二條河原落書〉中稱作「寄合茶」，《祇園社家記錄》則是「寄せ茶」。

究竟「寄せ」是什麼意思呢？翻開任何一本辭典，都解釋為「緊靠」或「集中在一個地方」。由此可知，「寄せ」是縮短人與人的距離，聚集在一個場所。如此一來，茶會或茶室就是讓彼此相離的人們「緊靠」在一起，或是將四散各地的東西「集中在一處」。

「寄せ鍋（火鍋的一種）」、「寄席（說書場）」、「寄せ集め（拼湊）」、「引き寄せ（拉近）」等，藉由與其他詞彙的組合，「寄せ」成為表現日本「縮小文化」各種現象的關鍵字。

我們至今已經考察過將自然或神明「拉近」到生活之中的日本特性。是的，正如庭園、花道文化將山水（自然）拉近到身邊，將人「聚集」在一起的則是茶室、茶道。

肌膚接觸的文化

雖說是四疊半，但茶室的每一張榻榻米根據功能都有不同的名稱，分為貴人疊、客疊、道具疊、踏疊，真正供茶客使用的空間就只有二疊而已（這還是四疊半的情況，若是利休一疊半的茶室就更小了）。因此即使是仇敵，無論願不願意，進入茶室都要「緊靠」在一起，身處肌膚相觸的距離。順帶一提，順序排在最後一位的茶客也被稱作「填塞客（詰め客）」。

與「正坐文化」相同，茶室這個受到壓縮的有限空間所創造出來的是「寄合文化」，也就是相互接觸的文化。即使是像城鎮如此廣大的空間，到了日本就變成了「相互接觸的城鎮」。

如此看來，沒有任何一個民族比日本人更傾向使用「以肌膚感受」、「相互接觸」等觸覺語言來表達抽象的人際關係。日本廣告的標題或各種標語最常使用的詞彙，正是「相互接觸」。去郵局寄信的宣傳標語是「心靈的相互接觸」，車站的觀光宣傳海報上也寫著「彼此接觸的城鎮」。當然，英文或法文也經常使用觸碰（touch, toucher）一詞，但這通常意味著肌膚的直接碰觸，以及抽象表現「感動」的用語。至於韓國本身就沒有完全相當於日文「肌膚」的詞彙；嚴格來說分為「肌膚」和「肉」，但一般都會用「肉（살）」來表現。話說回來，如果用韓文表達肌膚相親，代表的也不過是肉體上的關係而已。

然而，日文的肌膚相親並不僅用在異性關係上。正如「心底最害怕的那個人。因此無法以肌膚相許」（《松翁道話》）所示，日文將打開心房或相信他人稱作「以肌膚相許（肌を許す）」。此外，盡全力幫助他人稱作「為他人剝下一層皮（一肌脱ぐ）」。

「肌膚相合」儘管聽起來有些情色，但在日本即使不是異性，也會以此形容志同道合的人（據說長崎稱講課為「觸」，是非常象徵性的說法）。因此，朝日新聞在評論鈴木善幸首相與雷根總統的渥太華高峰會時，才會將連載的專欄名稱取作「膚合」；但如果直譯成韓文，卻可能變成帶有同性戀意味的表現。

超越意識型態的心

所以說連結人與人的既不是頭腦，也不是心靈，而是更具體、更能實際感受的肌膚接觸。就連開啟「日本論」先河的本居宣長[23]也認同這種說法；他指出中國文化的根基是道德價值，而日本文化則是以美和感情為基礎，這一點也適用於人際關係。不僅如此，對於比起抽象思考更重視具體感性的日本人來說，肌膚感受的不同比意識形態的不同更令人害怕。

日本自民黨前幹事長保利茂曾說：「保守黨並非是根據意識形態或理論而形成的黨。人與人之間的相互接觸、對於黨的愛，這些才是保守黨的基礎……自民黨是靠著對彼此的情感團結，因此如果有互相對話的機會不是應該好好把握嗎？」（《朝日週刊》一九七六年九月一日）。這一段毫無理念可言的政黨評論讓論述日本人獨特性來源的葛瑞里．克拉克[24]大感吃驚；他無法想像歐美的政治家能夠如此自豪地說出自己的政黨沒有意識型態。

「接觸」、「愛」、「情感」、「對話」這些詞彙，與其說是用來評論政黨，更像是上一個時代的情書。然而，相較於美國兩億人口當中就有三十多萬名律師，日本一億人口之中卻僅有一萬二千名律師，會這麼思考也不是沒有道理。

日本的人際關係並非建立於意識形態或法律等抽象的理論之上，而是如保利茂所言，靠的是「接觸」與「對話」。但各位可別誤會了，所謂的「對話」並不是像提出「辯證法」的西方人一般進行討論或根據道理的議論。日本所說的「對話」（日本人不是愛說話的民族，由此可見日本果然還是東方文化圈的一員）其實正意味著「寄合文化」。

交際費共和國！

在這樣具體的人際關係之中，最重要的就是如茶會一般能夠親身與人接觸的面對面聚會。因此，無論是家庭、公司或公家機關，交際費必然占據了很大的比例。根據戰前一九二六至二七年的家計調查，日本上班族家庭的教育費用占百分之三．二，而交際費竟然是其三倍，接近百分之八．三，顯示出交際比養育可愛的孩子更花錢。到了戰後，法人企業的交際費雖然在一定金額以內不需要課稅，但總金額卻高達二兆九千一百億日圓（一九七九年度統計），相當於一個普通國家的國防費用。這種濫用所謂人際關係的「潤滑油」，假借交際費之名的貪汙問題時有耳聞，也可說是非常日本式的現象。

日本成為交際費共和國，正好證明日本人有多麼喜歡人與人的接觸。日本人一找到理由就要開會，動不動就舉辦聚會，甚至飯店也每天晚上都有宴會。此外包括「裸祭」在內，日本一年共有高達二千四百種祭典。雖然韓國也盛行尾牙，但這是殖民時代從日本傳進的風俗，更何況完全比不上一人平均參加五、六場尾牙的日本。

由於日本的人際關係必須用手、肌膚接觸才能有所感受，因此日本人雖然擁有十四萬二千個郵筒和先進的光纖通訊，同時使用世界最新的技術推出800mhz的汽車電話系統，卻還是不免要親自東奔西走。每天之所以有高達二百三十班新幹線往返東京和大阪，有外國人推測這也是「相互接觸」的文化使然。

這也是理所當然的事。畢竟早在茶會的「寄合文化」之前，從神話時代就已經有這樣的傳統。日本諸神也非常喜歡彼此寄合。相較於摩西是從耶和華一人手中得到十戒，但日本最初的法典根據神話是由聚集在天安河原的八百萬眾神討論出來的。時至今日，每當到了十月的時候，神明就會懷念肌膚相親的溫暖而從全國各地前往出雲大社集會，十月也因此成為「神無月[25]」。

路上隨機殺人是日本式的犯罪

這種肌膚文化、接觸文化最負面的表現就是被視為日本式犯罪手法之一的「路上隨機殺人」或「路上隨機傷人」。在我剛造訪日本的一九八一年六月，就曾發生有人用菜刀襲擊行人的隨機殺人案件，導致主婦和幼童共四人遭到殺害，兩人受傷。從電視上可以看到人們在幼稚園幼童血流滿地、奄奄一息的路邊設置了佛壇，並獻上菊花花束。這或許正是字面意義上的「菊與刀」──被陌生人用刀刺殺，同時又受到素昧平生之人以菊花悼念。結果，正面的接觸透過菊花呈現，而負面的接觸則以犯人的刀表現。

「路上隨機殺人」或用刀片割破他人裙子等不可思議的犯罪行為早已存在，之後也依然持續發生。同樣是犯罪，但射殺、毒殺等並非直接的接觸，而是間接且抽象的犯罪，犯人與被害人之間隔著一定的距離。相較之下，路上隨機殺人或傷人犯是拿著銳利的刀刃，如同彼此相愛一般貼近被害者，親身感受觸碰對方的感覺和刀鋒的銳利。看著孩童遭到路上隨機殺人犯的毒手，都令人不禁覺得這是接觸文化的負面產物。

五、六人的小團體

日本人無法忍受獨處，但也不喜歡大集團，這是因為只有小團體才能實現肌膚相觸的具體人際關係。由於大集團無法「緊靠」，人與人的關係就會變得抽象。更何況這樣的大集團就如同毛澤東的天安門廣場一般不具有肌膚接觸的感性，而是需要理念。日本的文化人類學者認為日本很少大型宴會，以私下聚會或是可以感受彼此溫度的集會居多，即便有的集會一開始規模很大，卻也會逐漸簡化成小團體。茶會亦是如此，因此自桃山時代茶道確立以後的茶會，正是說明日本人際關係和集團性的最佳範本。起初茶會是像豐臣秀吉在野外舉辦的大茶會一般聚集了很多人，但隨著時間逐漸演變成少人數的團體。對茶人來說，能夠聚集在四疊半標準空間的最理想人數是五至六人。

五、六人的小團體不僅限於茶室，農民的五人組帳、江戶時代的五人組等，日本傳統的單位組織都是以此人數為基準。在《菊與刀》中，潘乃德也有特別提到日本的「小團體」。日本的近代化發展正是以只雇用四至五名工人的小工廠為基礎，一九三〇年代，有百分之五十三的勞動者都是在這種五人以下的工廠或家庭內工作。潘乃德曾說「今日日本工業和經濟的基礎就是這些小團體」，東大的中根千枝教授也認為「日本社會學的個體認識，是以小團體為標準」，並確信「小團體最理想的人數是五至七人」（《縱向社會的力學》）。此外，曾有某個對談主張要外銷這樣的小團體制，可見這確實是日本人引以為傲的特性。

雖然後面會再次詳述，但無論是工廠或社會，日本人心目中最理想的團體單位，便是以茶會寄合——即日本縮小意識下誕生的豆（迷你）團體——為代表的「肌膚接觸的團體」。

4・「座」的文化

一億人都是演員

將人與人的關係縮短到肌膚可接觸距離的「寄合文化」，在茶道用語中稱之為「一座建立」，也就是以主客為中心建立座位的意思。這時的「座」既是主客對坐的物理場所和動作，同時也代表形成於內在意識當中對主客一體的共鳴。

換句話說，這就好像是磁鐵。在日常生活空間相會的人們彼此之間就宛如平凡的鐵，不會形成磁場，但進入茶人的世界在茶室空間相遇的人們，卻會產生互相吸引的神秘磁力。由於茶室裡的人際關係必須遵照不同於日常的獨特規則與禮儀加以改變，因此茶道可以說是打造了主客一體的調和世界，孕育出人際關係的「一座」，同時毫無疑問地以此為精神。

記得哲學家沙特曾說過「他人即地獄」這句話的人，或許會對上述的定義搖頭並質疑：「如何才能讓立場不同的主客成為一體？如何將眺望與被眺望這種與他人之間實際存在的關係和糾結的地獄轉變成達到調和境界的「一座」？帶有泡沫的綠色液體真的能夠取代團結人類的理念嗎？那究竟會是什麼？方法又是什麼？」

這既是對茶道提出的疑問，同時也是對日本人異常的團結心和經常震驚世界且令人畏懼，充滿神祕色彩的「調和」集團主義所做出的質疑。從古至今，西洋人看待日本人的視線之所以滿懷不安，是因為日本人擁有像磁鐵一般緊密結合的團結力。不論是以中國人口和日本的團結力為根據提出的「黃禍論[26]」，或是控訴企業、政府、國民連成一氣如洪水般地對外輸出搗亂世界市場的「日本株式會社論」，這些都是西洋人恐懼的具體表現。

然而，西方人和日本人以外的東方人雖然認識到日本人的團結力，卻不知道這股團結力量的特性為何。儘管黃禍論者曾將「當支那人與天生善於組織的日本人團結的那一天」（亨利．諾曼《遠東的民眾與政治》〔*The peoples and politics of the Far East*〕）視為災禍的開始，但沒想到他的憂慮反而以南京大屠殺的形式呈現。

日本株式會社也是同理。株式會社型的團結力量不過是西歐人根據契約式、追求利益型的想法所取的名稱，實際上日本的集團主義和其團結力並非如此。只要分析日本式的團結，就會發現這並非起自股票的上市，而是根據茶室長達數百年歷史的「一座建立」而來。我認為與其將日本稱作「日本株式會社」，不如稱之為「日本座」；與其將日本人稱為「經濟動物」，不如稱作「戲劇動物」還更為貼切。若是借用日本人喜好的說法，可謂「一億人都是演員」。

茶三昧的一體感

剛才有些岔題了。回到之前的提問，也就是該如何轉換「他人即是地獄」這個人類實際存在的條件，建立即便抒情詩或戀愛也難以達到的「自與他」完全一體的「一座」呢？我們不妨就從先前提到的「日本座」劇場和一億人的演員來回答這個問題。

首先，為了創造茶會上主客一體的形式，無論好壞，所有人都必須成為演員。由主人扮演「亭主」的角色，茶客扮演「客人」的角色。也就是說，亭主的角色必須傾盡全力招待客人，表現在拿器皿和點茶的每個舉止以及具體的沖泡方式上（相當於能劇的表情動作）。客人面對這種好意，則以敬畏和感謝之心、喝茶的具體禮儀、鑑賞茶器和茶具，以及幾句固定台詞作為回應。點茶的作法和搬運茶具時的走路方式等，據說都是由能阿彌構思完成，並融入了能劇舞蹈的步伐。

因此，就好比演戲一般，透過茶會進行的劇本和表現在行動上的演技，來達到主客之間深切的一體感。以茶道的專業用語來說，就是投入、融合於茶三昧之中。然而，這個演技與舞台表演的不同之處，在於舞台上的演技是虛構的；如果將舞台上的表演比喻成用木刀比試，那麼真正用茶款待、啜飲的茶會就必須如同用真劍比試一般認真。

打造出「三昧之座」的茶道劇本，最重要的是在客人面前表演點茶的所有過程。初期書院的茶道將「喝茶的地方」和「點茶的地方」分開，由隨侍的僕人端上泡好的茶，供主客一起享用。這種喫茶方式就算在韓國、中國或西方也能看到。直到個別建造喝茶的茶室，點茶和喝茶都在「同一處」進行，茶道才首度形成，進而帶有日本的特性。

如此看來，獲邀的客人會藉由這個過程親身體會亭主點茶的真心誠意，而亭主則是恭敬地接受客人懷抱的感謝之心，並從他們恭敬喝茶的動作感受回應。這是單方面給予或接受的主客關係所無法體會的。因此，「座」既不屬於亭主，也不屬於客人，而是同時屬於兩者。「座」是連繫主客為命運共同體的場所，亭主並非單方面地侍奉客人。

不要成為他人的茶道

俗話說：「不要成為他人的茶道。」這是在告誡亭主，勿使茶會變成是為了客人才不得已點茶。這與小提琴家所說的不要成為「他人的音樂」是相同的道理。拉小提琴並不像是為人鋪棉被，除了讓他人享受音樂，也是為了自己的喜悅與滿足。同理，茶真正的滋味不僅僅來自味覺，同時也在領會「心味」，即點茶之人的真心。正如《遠洲之捨文》寫道：「主人勸飯，有厚意時，則吃得津津有味；若主人意薄，即使是河川的香魚、水底的鯉，亦食之無味。籬笆之露水、山路之蔦藤，即便等待之人尚未到來，釜鍋的聲音仍不曾中斷。」

有句諺語說國王不可窺視廚房。顯然在他人看不到的廚房做菜，往往不夠衛生，萬一被國王看到，廚師很可能因此沒命。實際上日本在過去如果大名的飯菜裡有一粒灰塵，廚師就會被下令切腹；因此據說大名要是吃到灰塵，就會偷偷塞到榻榻米的縫隙裡。之所以定下如此嚴厲的罰則，其實是要廚師們賭上性命，用盡全力做菜。不光是料理，即便再怎麼親近的人，多少還是會在看不見的地方說別人的壞話，這就是人性。或許也因為如此，對於這樣的現實睜一隻眼閉一隻眼才會被認為是一種德行的表現。

這麼看來，當著客人的面前做菜就必須像是在為大名料理一般，抱著一不小心就可能喪命的謹慎之心。如此一來，客人也會感受到超越味覺的真心。如同利休研究薪柴和水之後才懂得一杯茶真正的味道，比起料理的滋味，日本人更習慣品味做菜之人的辛勞和製作的過程。

受人招待吃飯的時候，韓國人和歐美人會說「料理很好吃」或「delicious」，日本人卻會說「感謝奔走（ご馳走さまでした）」。「馳走」顧名思義就是四面八方奔忙的意思，意在想像為客人製作料理的過程，以及對此表達真心感謝。若是觀察日本料理和用餐的方式可以發現，這種「奔走」的過程充分展現在料理之中。

日本料理與砧板

經常有人說，日本料理是用眼睛享用的料理。正如羅蘭・巴特描述「日本料理的食案是一幅精妙無比的畫」，食案相當於有框的畫布，放在上面的茶碗和盛裝在小盤子裡的料理，則是多采多姿的抽象畫。尤其與茶室文化關係密切的懷石料理更是如此。

紅漆碗裡裝著白味噌口味的雜煮（年糕湯）、擁有四季不同顏色和形狀的京都魚板、有如在清流裡跳躍的香魚料理等……正可謂是用舌頭眺望的繪畫。

實際上，我在享用日本料理的時候經常會感到躊躇，總覺得自己好像是破壞美麗藝術品的野蠻人。如同快速融化的冰雕，面對只要吃下就會瞬間消失的雕刻或繪畫，我甚至感到些許的憤怒。然而，如果僅將日本料理比作是美麗的繪畫，卻只能說是流於表面。之所以這麼說，是因為雖然料理吃下去就會立刻消失，但這些擺盤細膩、顏色和形狀精緻的食物，每一樣都是刻劃並凝聚製作者真心誠意的戲劇，或可說是製作者向食客提出的第一句連歌。以這個觀點來看，有如繪畫一般的日本料理不過是一種手段，實際上是為了透過料理在製作者和享用者之間建立主客一體的「一座」。

日本料理店與中華餐館、韓國餐館甚至西洋餐廳最大的不同在於將砧板放在客人的眼前。儘管程度有別，但幾乎所有國家都是在客人看不到的地方製作料理，再將完成的菜餚端給客人品嘗，根本不會將砧板對外示人。然而在日本，廚師會在顧客面前展現刀工，正如京都自古傳承下來的「有職料理」會將砧板放在客人面前，一概不用手僅以菜刀處理魚肉，再將魚肉盛在砧板上直接端給客人。

砧板是料理製作過程的象徵，從日本人將廚師稱作「板前」即可了解這一點。因此，即使在客人看不見的地方烹調，也會以砧板取代食器，用來盛裝壽司或生魚片。由此可見砧板之所以成為日本料理的中心，是因為砧板連結了製作者和品嘗者，扮演建立「座」的角色。

對西洋人而言屬於日本料理代名詞的「壽喜燒」，同樣與在牆壁另一頭烹調後才端上桌的牛排具有完全相反的構造——會將切成大塊的洋蔥、切成薄片的肉，以及醬汁等材料端到客人的面前，有如點茶一般，在客人面前調理。

即使是日常用餐，日本盛飯的方式也與韓國大不相同。韓國人會將飯盛進碗裡之後端上桌，但日本則是要吃的時候才一一添進碗裡。烹調料理的人成為主人，吃的人成為客人，這種演出方式在生活中依然健在。

從「寄住他人家，想添第三碗飯時悄悄遞碗[27]」這句諺語可以看出，日本人在吃飯的時候原則上都有人幫忙添飯。因此，製作者和品嘗者之間，自然會產生主客一體融合的道理。

能劇舞台的美學

與茶的「座」和料理的「座」相同，能劇與歌舞伎也有由表演者和觀眾建立的「座」。

如果製作飲食的亭主相當於能劇和歌舞伎的表演者，那麼吃喝的客人就是欣賞演技的觀眾，兩者其實擁有相同的結構。也因此在能劇和歌舞伎的舞台上，我們可以看到其他國家所沒有的特殊演出。

一般而言，表演者整理或更換服裝的時候都會降下帷幕，在觀眾看不到的地方進行，這可以說是舞台表演的常識，與在牆壁另一端客人看不見的廚房烹煮料理是同樣的道理。然而，就好比壽喜燒或在砧板上用菜刀處理食材一般，能劇舞台有所謂的「後見座[28]」，在此待命的工作人員會於表演途中在觀眾的眼前調整、換穿演員的服裝；不僅如此，還會當著觀眾的面幫演員戴上或更換面具。

從能樂堂獨特的舞台構造也可以明顯看出與觀眾一起建立「座」的關係。舞台突出深入觀眾席，可以從正面或側面欣賞能劇。也就是說，能劇舞台並不是面對觀眾席，而是採取深入觀眾席的形式。此外舞台正面中央有一個被稱作「白州梯子」的階梯，可以走下觀眾席。

這個階梯如今看來像是無用的肚臍一般不起眼，但若將其視作將舞台和觀眾席連為一體的象徵，則具有重大意義，更別提過去會利用這個梯子接受將軍的賞賜。位於揚幕(帷幕)和舞台之間的「橋懸」是用來向觀眾展現演員出入主舞台過程的通道，這在西洋的戲劇舞台是看不到的。讓觀眾能夠看到演員進出的景象，與關掉燈光盡量讓舞台呈現真空狀態的歐美思維完全相反；正如茶道不僅是喝茶，還讓客人看到點茶的過程相同，日本會將歐美在幕後做的部份事情，呈現在觀眾眼前。

在舞台花道相遇的觀眾與演員

在客人面前展現烹調料理的過程，這種「座」的結構在文樂（木偶劇）更是明顯。世界各國的木偶劇通常都會盡量隱藏操縱木偶的人，因此人偶師會躲在舞台的陰暗處，用眼睛看不見的細線或其他裝置操縱木偶。然而日本的文樂卻不同，雖然頭上套著黑布，但人偶師會站上舞台，展示其技巧；有時甚至會在「由人偶師露面演出」的旁白介紹下卸除黑色面罩，穿著比人偶還艷麗的衣服操縱應該才是主角的木偶。與其他木偶劇不同，文樂的有趣之處除了木偶本身的動作，更在於展現木偶與木偶師之間的關係。

演員與觀眾之間不是單方面給予或接受的關係，而是一起創造具有共鳴的「座」，這樣的結構在歌舞伎更是清楚鮮明。其中最具代表性的無疑是日本獨有的舞台設計「花道（hanamichi）」。不同於能劇的橋懸，花道是為觀眾帶來更多震撼的舞台的延伸，同時也是觀眾席的延伸，可以說是讓觀眾與演員能夠接觸彼此所走的路。料理店的砧板到了歌舞伎，就成了花道。

演員從揚幕出場，走上花道邁向舞台，依照慣例會在被稱作「七三」或「鱉」的地方停下腳步，由此可見花道是演員與觀眾相遇的場所。據說花道的「花」源自於登場人物接受來自觀眾席的纏頭（發音與日文的「花（hana）」相同，即禮物）而得名。

歌舞伎劇目《娘道成寺》當中，有一段白拍子[29]坐在花道上，把懷紙揉成一團丟向觀眾席的橋段，據說觀眾們都會爭相撿拾。就好像所有人爭相搶奪飛進觀眾席的全壘打球一般，這是因為有花道才使得主客得以融為一體的最佳例子。此外也有設置兩條花道的舞台設計，在《妹背山》當中，夾在東西兩條花道之間的觀眾席相當於一道河川，演員則站在河川的兩旁（兩邊的花道）上對話，使得觀眾席巧妙地成為舞台的一部份。

有些劇目如果少了花道，就會失去韻味。在《忠臣藏》的第四段，大星由良助隨著名為〈送三重〉的三味線樂曲安靜地退場，觀眾之所以能夠親身感受那種複雜且細膩的氛圍，全拜那條從舞台穿過觀眾席至揚幕為止、長達十八公尺的花道所賜。與此相反，《勸進帳》的弁慶以「飛六方[30]」的步伐退場時帶來的魄力，也是因為有花道才讓觀眾有如身歷其境一般的體驗。我至今無法忘記《勸進帳》當中的這個橋段；弁慶越過關卡後的喜悅與感恩，以及想要追上先行離去的源義經的急切心情，種種複雜的情緒都展現在弁慶獨特的步伐裡。這不僅僅是演技，坐在花道旁的觀眾甚至可以藉由飛六方的腳步感受到演員揚起的風塵，以及汗水的氣味。

沒錯，弁慶彷彿跳進了觀眾席。伴奏席的樂聲與太鼓聲既化作觀眾的叫聲，也與弁慶一起飛躍的腳步聲同在。我清楚看見舞台與觀眾席藉由花道在瞬間融為一體，然後消失。這真是非常驚人的場面，當中既沒有「自己」也沒有「他人」。觀看與被觀看者皆不存在，所有人都合而為一。

歌舞伎的花道如果反映在現實社會當中，會創造出什麼呢？無論政治、企業、外銷上……不，其實早就發生了，而且已經過了好一段時間。

令所有日本人融為一體，將花道帶到戰場上的便是「大東亞戰爭」，現在更準備將花道延伸到七大洋的市場。茶室的「一座建立」正是日本式的團結力量、掀起日本式神風的原型。

連歌與高爾夫球

在日本，就連屬於個人獨創的文學，也誕生於寄合文化的「座」。所謂「座的文學」，就是連歌。無論中國或韓國，歌人們會齊聚一堂（一座），根據相同的韻腳作詩、連句或連作；但這些並沒有成為代表性的詩歌形式，只單純具備娛樂性質。就連對句或次韻也不是集體創作，而是後人以讀詩的感想為靈感的一人創作。然而，日本的連歌卻完全相反，獨自吟詠是例外，與他人合作才是本質。

就歐美而言反倒出現了所謂的戲仿（parody），即故意模仿其他詩人或作家的作品加以諷刺。這不是「座」，而是「逆座」了。法國詩人波特萊爾曾向神祈禱「讓我寫出幾首美妙詩句，證明我並非那些愚蠢者的其中一人」，可見在西洋，詩是自我存在的證明；日本的詩則是團隊合作的集體產物。

日本文學研究者小西甚一先生為了向二十世紀的讀者說明十六世紀的連歌之座，不得已只好以高爾夫球為例（《宗祇》）。畢竟根據日本全國娛樂設施的使用狀況，高爾夫球的營業額高居首位，高達五千八百七十億日圓，一年使用人數多達五千七百萬人，只能說以此為例確實有其道理。也許正因為高爾夫球與連歌的「座」有共通點，所以在這個日本人口中的「狹長島國」上，才有這麼多的高爾夫球場。

雖說高爾夫球與「座」的確有相似之處，但高爾夫球原本是屬於擁有擴大意識的英國人。比起「座」是一種逐漸凝縮在一定「範圍」內的自我認同，但高爾夫球是在廣闊的草地上揮桿移動，與其說是「座」，更應該是「行進」。

連歌的「座」並非如此。高爾夫球雖然是一組人聚集在一起進行，但成績終究是個人的。就算其他人球技差勁打出界外，說到底也與自己的表現沒有關係。儘管彼此談笑風生、稱讚對方好球、肩並肩走出球場，終究還是各打各的。在西方，即便身在團體之內，還是如同打高爾夫球一般，都是自己與自己的比賽。

高爾夫球就算會因為球隊或球員組成改變比賽的氛圍，但變化有限。然而，連歌變化的不僅僅是氛圍而已，甚至有可能因此完全崩潰瓦解。小西甚一提到：「試想如果在單差點[31]的球員之中安排一位差點二十五或三十的球員會是什麼狀況，就不難理解為什麼連歌之座會希望參加的連眾（參加連歌聚會的人）都有足夠的實力。」

雖然對小西甚一先生有些不好意思，但實際上真實的狀況卻是相反的。就算碰到上述的情況，對於高爾夫球其實也沒有太大的影響，比賽還是可以進行。單差點球員還是可以打出自己單差點的成績，這就是以西歐個人主義為基礎的集團。單差點球員和差點二十五的球員依然可以一起打球，就算會造成同場人的困擾，也不至於打不成比賽。雖然是團體，但終究是個人運動，這就是高爾夫球的有趣之處。如果要以運動比喻連歌的「座」，比起高爾夫球，其實更接近棒球。假設棒球隊裡有一個實力相當於差點二十五左右的球員，情況將會慘不忍睹，導致全隊變得荒腔走板，比賽也難以進行。投手的實力再堅強，要是捕手漏洞百出，也同樣沒戲可唱。連歌的「座」是由每一個人的分數構成，唯有彼此相輔相成、連成一體，才有可能成立。

連歌正式的座位與茶室相同，凹間裡有掛軸，還插著花。為了享受連歌的樂趣而舉辦的定期聚會稱作「講」，類似於茶客之間的「寄合」。換句話說，正如同茶會有主客之別，在連歌的座上，則有相當於指導者的宗匠與連眾對座。發句（起頭第一句）好比點茶，其他人則像喝茶一般，依序接著創作下一個句子，等到完成百句之後，最後以記錄「誰寫下此句」的舉句（最後一句）作為結束。會上分發的不是茶杯而是懷紙，就如同點茶和喝茶都有規則，從發句到舉句為止都必須遵照連歌複雜多樣的法則進行。維護法則就是連歌座上「執筆」的責任。

茶與連歌的結構相同，就好像室町時代流行鬥茶，同時期的庶民流行在連眾做出的詩句當中，選出優秀的句子加上被稱為「點」的符號，競爭點數的多寡。獲得最多點數的人還可以贏得稱作「賭物」的獎品，這一點與鬥茶相同。然而，像侘茶這樣正式的茶道既沒有競爭，也沒有獎品。好比享受座的主體性和一味同心（齊心協力）的茶三昧一般，有識之士在正式的連歌活動當中享受的是一起創作連歌的過程，專心創造「座」。

僅憑一個人的想法是無法完成連歌的。因此，如果發句（也就是作為發想的契機）不佳，則連歌整體都會表現不良。即使每一句都是由個人所作，但每一句都會受到其他句影響，也會影響其他句。唯有一座的呼吸和協調才能創作出一篇百句的詩歌。個人的失敗不僅由個人承擔，座和連歌整體都將受到牽連，也自然會成為一座共同的責任。

俳諧[32]也是如此。正如《去來抄》當中有一段提到松尾芭蕉和向井去來受邀參加正秀亭的句筵時，主人（水田正秀）請向井去來寫下發句，但他卻寫不出來。看不下去的芭蕉於是代替他寫下發句，接著主人寫下脇句，向井去來再寫下付句。然而芭蕉卻不滿意，當場加以修改。據說句筵結束之後，松尾芭蕉徹夜斥責向井去來的不是。

提倡座之文學的山本健吉對此評論道：「所謂蕉門（芭蕉門下）的連眾，就是像這樣為了融入俳諧之座的氛圍，接受嚴格訓練的人。」

與其說松尾芭蕉期許自己是個天才詩人或藝術家，他的理想更接近成為一個要求其他連眾完成俳諧之座的領導者（儘管文學上的領導者在其他國家聽起來或許會覺得很奇怪）。因此，松尾芭蕉發出「此道無人秋之夕」的孤獨感嘆，結束了其俳諧的一生。「對於松尾芭蕉而言，追求風雅的心，也是對新連眾的嚮往之心」（山本健吉《俳句的世界》）。

5．現代社會的花道

賣家與買家的「座」

人與人之間創造出茶之座、藝能之座的縮小結構如果反映在日常社會，就是村莊的「講」、「結」[33]，以及「祭典」；若是展現在現代企業，則會形成日本社會獨特的管理模式。儘管脫離了藝術領域，但日常社會團體的「座」又被稱為「組」，且與便當擁有相同的縮小結構。

生產者與消費者、賣家與買家、釋出資訊與接收資訊的人，面對現代社會無盡複雜的「主客」關係，如果分析一下日本人是如何靠著「手牽著手」的獨特團結力一起巧妙地加以克服，上述的「座」便會再次出現。

歐美人認為日本的百貨公司非常特別。店員穿著制服，親切地重複數百、數千次「歡迎光臨」；比起單純的購物場所，還會舉辦包括展覽會在內的各種活動，或是被當成碰頭的地點。日本百貨公司的氛圍可說是由賣家與買家之間奇妙的「座」所創造；即使是在電梯這個狹小空間一瞬間的相遇，雖然有樓層標示，電梯小姐還是會不厭其煩地介紹樓層，與客人之間建立「座」。

此外，無論在日本的哪一家店買東西，店員收到錢之後都一定會進行確認並覆誦「收您一千圓」或「收您一萬圓」，找錢的時候也會說「找您××元」。如果收到的數目與總價相同，也會說「收您剛好的錢」。這種謹慎的確認主義乍看之下沒有意義，卻也是買家與賣家建立「座」的方式。我有時候看到小店門口貼著「非常抱歉，本日公休」的告示，都會不禁苦笑；自己（主）的生意要休息，還要向對方（客）道歉，在世界上其他地方都看不到這樣的情形。

至於創造出日本經濟成長奇蹟的雇用者與被雇用者的企業之座、生產者與消費者之間的流通之座，以及統治者與被統治者之間的政治之座，請容我有機會再另行詳述。

「座」不僅展現於茶室、表演藝術、體育等抽象的領域，也體現在實際的生活之中。接著我們不妨就透過任誰都可以天天看見、親身體驗的「車站」月台來做說明。

外國人眼中的日本車站

世界上幾乎所有的機場和車站的形狀都呈現蛋形，這是因為機能大同小異，所以型態也會類似。然而，日本車站的月台每天早上都可以看到其他國家沒有的光景；只不過由於太過理所當然而遭人忽略，甚至忘記了那是日本的特色——那就是月台和電車內接收到的無數文字和聲音。我指的並非廣告，而是對乘客的指引、注意和要求事項。

這類安排可說是無邊無際。首先可以看到車門貼有「小心夾手」或是「有時候會緊急煞車，請抓緊吊環」等警語；不僅如此，每次電車停下和發動的時候，都會聽到麥克風的廣播（其實聽不太清楚），除了報站名之外，早上會道「早安」，晚上會說「辛苦了」，給予親切的問候。另外還會提醒「電車與月台之間有空隙，請小心腳步」、「馬上就要關門了」、「準備開車了」，甚至是「下車時不要忘了架上的行李」。車門關閉和發車的時候，一定會響起鈴聲或最新型的電子音，但這樣似乎不夠，還是會有人在旁呼喊告知。

再看到月台。乘車口可以看到「危險！不要強行上車。樓梯附近擁擠，請往月台中央前進。站長」的告示，或是「月台從這裡開始變窄，請特別注意」等等。老實說比起告示牌上的文字，自己看情況判斷還比較快；只要不是盲人，就連小孩子也看得出月台有沒有變窄。

實際上，對於「天花板較低，請攜帶滑雪用具的乘客小心」、「下一班電車已經離開某某車站」、「下一站左邊的車門將會打開」的廣播，人們幾乎都漠不關心，不聽也不看。只有我們這些外國人才會為此豎起耳朵、睜大眼睛，而且還僅限懂日文的人，對於初次拜訪日本的旅客而言根本毫無意義。那麼，鈴聲究竟為誰響起？

沒錯，這只不過是因為乘載的人和搭乘的人之間如果沒有建立「座」，日本人無法「善罷甘休」。無論在巴黎、倫敦、紐約或者任何地方，電車都是自行前進，乘客也自行上下車，大家都知道自己該怎麼做。然而，東京的車站月台卻好像幼稚園的操場，站務人員如同幼教老師一樣無微不至。換句話說，不管是否真有必要，東京的車站月台上都存在著電車與乘客之間的「座」。

月台上推乘客上車的人員

如同隨機殺人或傷人犯是寄合（接觸）文化下負面的「座」，這個月台的「座」一旦過了頭，就會出現讓外國人感到不可思議的現象——也就是負責推乘客上車的人員。對此似乎就連相當熟悉日本的歐美人，也無論如何都無法理解。日本有如蜘蛛網一般密集的鐵路網確實令人震驚，但根據先進技術和傑出設計建構的車站月台每當到了尖峰時段，竟然會出現站務人員或打工人員把乘客推進車廂，或拉下擠不進車廂的乘客的奇妙景象。這種情況在人多的時候的確有可能自然發生，但問題在於日本是專門雇人負責將乘客推進車廂裡。首爾交通擁擠的程度超越東京，有時候也會臨時出動人員推乘客上車，只不過並沒有公然將這個舉動制度化。

有些西歐人感嘆原來這就是石油危機造成的結果，每個人都拼命節省能源。然而，「推乘客上車的人員」最早的出現與石油危機完全沒有關係，而是出自「文化衝擊」。最初的「推乘客上車的人員」始自「昭和三十九年(一九六四)，國鐵的十河總裁召開記者會，宣布東京的國電在早晚的尖峰時段廢止強行發車，在東京都內五十四個車站雇用三百名打工學生，負責整理乘客的工作。於是在同年十月二十四日，東京的新宿車站率先出現打工的學生，也就是第一個推乘客上車的人員」(相澤正夫著《日本第1號紀錄100年史》)。

所謂的強行發車是指在電車門關上的同時，即使車門外側上部的紅燈沒有全部熄滅依舊發車，屬於冷靜、事務型的西歐式發車方式。但重視「座」的日本人認為不能這麼做，於是開始想辦法將乘客塞進車內。

在寄合文化下，將茶客擠進狹小的茶室是一件愉快的事情，這也是建立「座」的原型。相互接觸是好事，因此對於把人「塞」進車廂裡並不會像西歐人一樣感到不可思議。鐵路規則中雖有「絕不可超過乘載限制人數」的規定，但「座」的法則卻更勝一籌。各位可別覺得好笑——當怎麼樣也無法把乘客推上車的時候，這些人就會變成把擠不下的乘客拉下車的角色。

據說「擔任推乘客上車的打工人員當中，有人因為每天推或拉同一名上班族女郎上下車，不知不覺就乘上了婚姻的列車」（《新宿車站八十年的軌跡》）。或許這也可以說是寄合文化、座文化所催生的結果。

6・「物」與取合文化

數寄——對物的愛

在銀座，有一座數寄屋橋公園。眾所皆知，日本人直到現在都以「數寄」代表茶會的意思，但對於同屬漢字文化圈的韓國人和中國人而言，這其實是非常陌生的詞彙。韓國和中國的辭典裡沒有「數寄」一詞，這一點也正好證明日本的茶會是日本獨有的事物。何謂「數寄」？如果問韓國人這個問題，想必會出現各種回答。由於從字面上來看有聚集數字的意思，也許會因此聯想到收集物品或成套的物品。事實上，數寄（suki）是將日文「好き（suki，喜歡）」一詞的發音以漢字取代的假借字。雖然表面上看起來漢字本身與其意義無關，但日本的茶道不僅聚集人，同時也創造出收集茶道具（茶道專門用語稱之為「取合」）的文化。所以茶道除了人與人之間的關係，也可以從中看出人與物（茶道具）的關係。

狹義而言，「數寄」是代表對「物」的喜愛，因此就茶道來說比起喝茶本身，「數寄」指的大多是茶道具。例如在書院茶確立之際由歌人清巖正徹所寫的《正徹物語》當中便提到：「所謂茶之數寄者，會將茶的器具整理乾淨，真心愛好建盞、天目（兩者皆是茶碗的名稱）、茶釜（煮茶的水壺）、水指（盛裝清水的有蓋容器），此人是為『茶數寄』也。」同時又舉出和歌的數寄是硯、文台、短冊與懷紙。

如果套用高爾夫球的比喻，就會變成「高爾夫球之數寄者，會將高爾夫球具整理乾淨，真心愛好肯尼士的球桿、威爾森的推桿、福特喬伊的高爾夫球鞋、巴黎斯的球衣等各種高爾夫用具，此人是為『高爾夫數寄』也」。《紅毛日本談義》的作者喬治・蘭巴特認為日本式的高爾夫球正是這種「高爾夫數寄」。「拿著與自身水平不合的豪華高爾夫球具，這樣的人被認為是『裝模作樣』，也可能被當成『富有的傻瓜（rich dubbers）』。高爾夫球具的品質並沒有那麼重要；就算不穿高爾夫球衣也可以打得很好。」然而，日本的高爾夫球不是這麼一回事。在美國，有些打高爾夫球的人甚至以沒有擁有特別的球具為傲。說到這裡雖然有些離題了，但總而言之根據蘭巴特的意見，現代依舊存在著茶數寄的傳統。

結果比起喝茶，喝茶的道具成了茶道的代名詞，這一點正如村井康彥先生所說：「茶會的存在無法離開『物』」。」廣義而言，數寄也可以理解成將心投射於物，並透過器物相互交心的日式思維。茶傳進日本之所以能夠發展出其他國家所沒有的獨特茶道文化，可以說就是因為擁有對物（器具）的好奇心和執著，以及收集這些器具的習慣。」

十六世紀的茶論書《分類草人木》則直接定義：「若數寄意即數的集中，茶道便是集器物數量的多寡。」換言之在各種技藝當中，沒有比茶道需要收集更多器具的了。

茶道的歷史與精神也取決於茶的器具。古馳的皮包、羅敦斯得的眼鏡、都彭的打火機、登喜路的煙斗等，日本自古以來就有喜愛名牌的傳統。南北朝時代的鬥茶會，原則上都必須使用來自中國的茶器。

如果這麼說，想必會有人立刻反駁：「看看這些唐物（來自中國的舶來品）就可以知道，中國也有許多茶具，並以其為中心……」然而，這些器具當中有許多原本並非當作茶器使用，而是中國人用來裝香油或調味料的雜器，直到日本將其帶進茶室之後，才成為茶器。另外可別忘了茶數寄不僅限於茶器，掛在茶室裡的掛軸等物品也是茶會不可或缺之物。

以物思考

先前提到過感性會取代理念，如果以至今為止我們探討過的說法來看，比起抽象茫然的擴大意識，日本人傾向於可以用手觸碰、用身體感受的具體世界，具備握在手裡的縮小意識。這樣的日本人習慣以非語言溝通，理所當然地會以「物」思考。

因此，日本的盧梭並不從字面上理解「回歸自然」的觀念，而是透過改革喝茶的「茶器」，宣揚新的精神。

不用多說很多人也知道，打破茶器必須來自中國的舊有觀念以及對華美、豪奢、金碧輝煌的推崇，掀起將備前和信樂等日本陶器帶進茶室的美學革命，開啟日本茶史新世紀的正是村田珠光的侘茶。

然而，侘茶並非否定「物」，只是志趣不同而已。如同將中國的調味料罐當作茶器使用，侘茶則是將農家的鹽罐和漁夫的魚籠融入茶室之中。由於這些物（器具）反而進一步強調了茶的精神，所以更能普遍地推廣。

於是自村田珠光之後，武野紹鷗和利休掀起茶器具的新風氣，正如諺語「名馬在村鄙小屋中更顯眼」，收集知名茶具的風潮日益興盛，甚至出現一個裂痕的土燒器的價值可以與一國一城匹敵，這在日本以外的國家肯定難以想像。

無茶碗毋寧死

據說有一個名為塘的人，因為不肯放棄鍾愛的知名井戶茶碗「喜左衛門」，最終慘死曝屍荒野（如果把美國獨立戰爭的口號「無自由毋寧死」帶到日本桃山時代，就是「無茶碗毋寧死」！）。另外還有唐物茶入（放抹茶粉的容器）「初花」象徵的權力流轉史，從足利義政到織田信長，之後再到德川家康，但不到一個月又落入豐臣秀吉手中，最終再回到德川家康手裡……日本作家雖然擅長簡化故事，但這些與茶器相關的軼聞並非簡單幾行字就能夠完整傳述。

更何況是身為韓國人的我，更無法轉述在茶會上鑑賞各種名器的歷史和茶匠的故事。正因為身為韓國人，下面就以與韓國有關的故事，探討日本的茶文化與「物」之間的關係有多麼密切。

日本人的茶數寄帶給韓國人很大的不幸。這從豐臣秀吉進攻朝鮮的文祿慶長之役又被稱作「陶瓷器戰爭」就可以窺知一二。當連歌的用詞「冷枯」、「冷寂」成為侘茶的美學，正是朝鮮的陶瓷器將這些詞彙轉變成可以用手觸碰的「物」。不完全的型態、粗野樸素的顏色與質感——韓國農夫用來盛飯菜的器皿對於置身侘茶的日本大名而言，成為願以一國之城交換的寶物，因此入侵朝鮮掠奪這些器皿和陶工成了最大的目的之一。

豐臣秀吉最珍惜的茶碗是朝鮮瓷器「筒井筒」。如果秀吉能像珍惜這個茶碗一般珍惜朝鮮人，想必就不會出兵侵略了。據說有一天侍童不小心打破了這個茶碗，眼看侍童性命不保，好在重臣細川幽齋急中生智，成功討了秀吉歡心，才好不容易救下侍童一命（《寬政重修諸家譜》）。這則故事與留下黏合裂痕的茶碗一起流傳至今。一般而言，茶具如果破損，作為天下名器的評價也會下降；但豐臣秀吉卻將摔破的茶碗交給利休修復。帶有裂痕的茶碗也許更能符合侘茶的美學，據說這讓豐臣秀吉因此暗自竊喜，另外也有一說認為這是故意打破茶碗成就名器的戲碼。

這麼說來，相傳利休的弟子古田織部的確曾刻意打破茶碗，再將碎片用金粉與漆黏合。照現在的說法，這相當於一種偶發藝術（happening art）。黏合的瑕疵和色調，是完整的茶碗所無法享受的樂趣。

信仰實際感受的宗教

以上並非閒談。這些內容是為了理解日本人對於「物」擁有如何奇妙的愛戀之心。日本人對待「物」的方式，無法單從使用價值的面向來做說明。

透過茶道具當中由削竹製成的茶杓，便能充分看出日本人的心和態度。從外表看上去不過是削成細條的竹子，儘管以前的茶杓是用象牙製成，但自武野紹鷗以來便改用竹子製作，之後茶杓就變成日本常見的器具，其長度和普通的尺差不多，是一個沒有任何特別之處的小道具。由於只是用來舀抹茶的匙子，因此單純以竹子削成，沒有任何裝飾或設計。即便如此茶杓上面仍會刻字，被認為是蘊含製作者品格和精神的貴重之物。

擁有「玉霰」之名的茶杓據說是古田織部在戰場上從竹盾當中發現自己非常中意的竹子，於是當場開始削茶杓，結果還因此被子彈擊中負傷。奉命切腹的利休相傳直到臨死前仍繼續削製茶杓作為遺物。從這些難以置信的傳說可以證明，日本確實擁有人物一體的思維。

如同三神器[34]是將物品當作是神社的神體祭祀，茶室則形同將茶器當作神體的神社。如果說「寄合(聚集)」是茶會的第一要素，那麼第二要素就是集合各類茶道具的「取合(收集)」。茶室文化若以「人」為中心而論，便是先前所看到的「寄合文化」；若以「物」為中心，則可說是「取合文化」。

亭主有如神官一般，必須遵守大小規定和流派，鄭重地裝飾和使用茶具。至於茶客就好像參拜者，必須對茶器表示敬意。茶客進入茶室之後，首先要移動到凹間前欣賞掛軸、插花，再依序鑑賞風爐釜（煮茶的水壺）和水指，然後坐在指定的座位上；當然喝茶的時候也要鑑賞茶碗。當茶會即將結束的時候，亭主會將茶杓從蓋置拿起，蓋上水指的蓋子，這時茶客必須看準時機，提出「請讓我鑑賞茶罐和茶杓」等希望鑑賞器具的請求，這便是茶道的禮儀。也就是說，茶會從鑑賞物品開始，最終也以鑑賞物品結束。

好比聚集人一般收集物品（茶器具），這種「取合文化」也證明茶道擁有縮小的意識。光是從「取合」這個詞彙本身，以及「數寄」一詞的意義便足以說明。

透過茶數寄，可以發現日本人比起建立喝茶的抽象概念，更加傾心於喝茶的器具，也就是具體的物品，這正是徽章型縮小意識的充分展現，即信仰實際感受的結果。「理想與抽象的世界」相對於「感性與具體物品的世界」，其實正代表了「擴大意識」與「縮小意識」的相對關係。如同壓縮碳酸氣體會變成固體物，擁有強烈縮小意識的日本人傾向將抽象的東西轉化成可以看見的物品，並對此擁有強烈的好奇心和熱情。

日本人素有簡樸節約的美譽，如「一汁一菜」這個詞彙，吃的東西非常少。然而，對於「物」卻是例外。如前所述，高爾夫球這種運動在日本人眼裡不具有遊戲的「概念」，唯有透過能夠看見並實際感受的球具，才能真正有所體會，掌握其全貌。因此日本人與美國人不同，即使是差點三十的初學者，也必須先把「物（球具）」備齊，否則就會感到「不足(物足りない)」。

如同過去的武士所拿的刀，太平洋戰爭期間日本軍隊的槍上都有菊花的徽章，這代表槍不僅是打仗的手段或工具，更是將對天皇的忠誠、軍人精神、戰爭等各種觀念具體化的表現。說日本軍人的力量來自對戰爭用具(槍)的愛也不為過。一旦了解這一點，與鍾愛的戰鬥機一起衝向敵人艦隊的神風特攻隊也就不足為奇了。日本軍隊對於槍的愛護和珍惜不僅僅是為了讓槍能夠充分發揮效果；兩者之間的關係其實就好比茶人與茶器。

如果說讓蘇格拉底淡然喝下毒酒的是他的「觀念」，那麼讓利休在切腹前還繼續削茶杓的就是寂靜的「物」。

三神器與衝動購物

日本人之所以能夠迅速適應西歐文明，展現近代化的強大實力，可以說正是因為他們對於舶來品擁有強烈的好奇心。若說基督教是來自西歐的「觀念」，「物」便是指製造的技術。日本人自維新以來，就有如章魚的吸盤一般強力吸納西歐文化，但基督教在日本卻無法建立龐大的宗教勢力；相較之下，韓國比起屬於「物」的製造技術，反而是透過基督教受到西歐莫大的影響。

茶數寄般的物品之愛，也反映在日本人的觀光旅遊上。他們似乎對於造訪國家的歷史或風俗沒有太大的興趣，與其了解當地人的思考或生活方式等抽象的問題，日本人更喜歡買東西。但他們並不是真的想要這些物品，而是透過買東西的行為，買下其形象和風俗等。對於日本人而言，購買伴手禮是理解該地或該國的方法；將買來的伴手禮分給親朋好友，則是在藉由物品分享旅途見聞。

即便人們說「時代在變，要活在新時代」，這也屬於抽象難懂的概念，無法掌握。因此，日本人會透過購買使用最新技術製造出的物品，實際感受現代化。這也是為何日本人對於「新發售」的字眼沒有抵抗力的原因。

只要出現既便利又有趣的東西馬上就會購買，這種衝動型購物的日本人根據統計約有四十萬人。所以對於日本這個國家有「兩成的日本人住在沒有下水道的地方，同時卻也有兩成的日本人擁有電子琴」的奇妙現象，讓許多歐美人百思不得其解。

茶室的「取合（收集）文化」也和「寄合（聚集）文化」相同，與現代日本驚人的經濟成長密切相關。以現代的說法解釋「取合文化」，那就是「組套文化」。這代表就連商品也是集團主義，比起單件，更傾向組套販賣，宛如日本的哈利路亞大合唱。

先不用說「文學全集」，就連針對知識份子出版的「哲學全集」和「社會科學全集」等皆是以套書的形式（韓國現在也吹起這股風潮）發行，其他商品更是如此。什麼都要成套否則不甘心，總覺得少了點什麼；同時消費者也覺得與其費心挑選，不如購買成套的商品更省事。

就連人生最重要的選擇——結婚，也是根據「取合（收集）文化」和「寄合（聚集）文化」進行。相親後如果決定結婚，就必須買齊嫁妝，而這些嫁妝也都是成套的商品。昭和三十年代中期，以西式衣櫥、整理櫃、化妝台三樣為基本，之後再加上放在上面的盒子和日式衣櫥，成為五樣套組；此外，在百貨公司還能看到結合彩色電視、冰箱、洗衣機、吸塵器、炊飯鍋等結婚用具組。因此，我們可以說自神武天皇以來，推動日本市場的就是名為「三神器」的組合。

日本人喜歡用三種物品來象徵高生活水準。茶室的長形方台上的四種裝飾（風爐釜、水指、柄杓架、蓋置）在戰後成了電冰箱、洗衣機、電視；昭和四十年代前期有所謂的三C（車、冷氣、彩色電視），之後又演變出新三C，也就是電子調理鍋、別墅等，各種三神器的組合應有盡有。再進一步細分，紳士的三神器是「英國製的西裝、瑞士的手錶、法國的打火機」；而「法國麵包、白蘭地、咖啡」則是享受「中流階級」氣氛的必備物品。擁有無限種組合的三神器，就是日本人衡量生活的標準。

即使鏡、劍、勾玉三種神器變成香爐、燭台、花瓶三種器具，茶室三品的茶罐、掛軸、茶碗如今被三C電器產品取代，將抽象的生活或文化縮小成三件「物品」的「徽章型取合文化」卻始終不變。所以在歐美人的眼裡，會覺得日本人是「買！買！買！存錢之後再買！這麼會買的消費者在世界上其他地方都看不到」。即便彩色電視的普及率高達百分之九十八．二，日本的市場卻絲毫不為所動，因為緊接著又將推出立體聲的新型電視機。各大企業不斷推出「有趣又少見」的商品，於是報紙和電視也日復一日忙著為新商品發佈廣告，使得一億人都成為創意商品的數寄(收集)者。

日本之所以能造就經濟大國的奇蹟，想必是託喜歡收集的日本消費者，以及日本人非得集滿三種神器才安心的「縮小意識」之福。

1 「明治之母」是用來意指刻苦耐勞、堅韌不拔的女性。

2 方丈指的是邊長為一丈(約三公尺)的方形居室。

3 京間(kyoma)是一種日式建築的空間計算單位,會以六尺三寸(約一·九公尺)*三尺一寸五分(約〇·九五公尺)大小的榻榻米為基準,常見於以京都為中心的關西地區。後文提到的田舍間(inakama)則是東北與關東地區常用的算法,作為基準的榻榻米大小為五尺八寸(約一·八公尺)*二尺九寸(約〇·八八公尺),略小於京間。

4 指在生活中引進日本風格的居家樣式或作息。

5 待合指的是等待集合或待機的場所,以茶道來說則是在茶會開始之前客人們等待的房間。

6 連歌是一種以上句(五、七、五)和下句(七、七)為基礎,可以由多人接力創作的和歌形式。

7 《國性爺合戰》是日本江戶時代劇作家近松門左衛門所作的人形淨琉璃(傳統人偶戲)歷史劇目,講述鄭成功反清復明的故事,主角「和藤內」即鄭成功。

8 柳田國男(一八七五—一九六二),日本民俗學的創立者。著有《遠野物語》、《桃太郎的誕生》等。

9 維摩居士,生卒年不詳。相傳他是釋迦牟尼的在家弟子。

10 村田珠光(一四二三—一五〇二),日本室町時代中期的茶人。被認為是「侘茶」的創始人,亦為後世茶之湯(茶道)的鼻祖。

11 鬥茶是源自中國以比賽的形式品評茶質優劣的一種風俗,盛行於宋代。

12 能阿彌(一三九七—一四七一),日本室町時代中期的連歌師兼畫家。與其子藝阿彌、其孫相阿彌合稱「三阿彌」。

13 武野紹鷗(一五〇二—一五五五),日本室町時代末期的茶匠兼富商。師從村田珠光流的茶道,視侘寂的境地為茶道的理想,對千利休等人影響深遠。

14 榮西(一一四一—一二一五),日本鎌倉初期的僧人。日本臨濟宗的創始人,並從中國引進茶種加以培植,帶動日本國內喝茶的習慣。著有《喫茶養生記》、《興禪護國論》等。

15 即古田重然(一五四四—一六一五),日本安土桃山時代至江戶前期的武將兼茶人。為千利休的得意弟子,亦曾指導過將軍德川秀忠與諸位大名。

16 遠州指的是以小堀遠州為開山祖的遠州流茶道。小堀遠州曾向古田織部學習茶道,此外亦十分擅於建築與造園。

17 伯納德．里奇（Bernard Howell Leach，一八八七—一九七九），英國知名陶藝家、畫家。曾多次訪問日本並深受日本陶藝吸引，與當時提倡民藝運動的柳宗悅等人關係十分密切。

18 即雙腿交疊盤坐的姿勢。

19 大關為相撲中地位僅次於橫綱的位階。

20 洛克希德事件是日本在一九六年被揭發出來的貪汙醜聞，事件起源於美國洛克希德公司為與競爭對手爭奪訂單，向日本首相田中角榮及其他重要政界人士行賄五億日圓，藉此疏通數家航空公司購買其客機。

21 這是榎本三惠子在記者會上說的話。當媒體問到她決心作證的覺悟時，她說道：「正如蜜蜂一旦刺人就會喪命，我也抱持著這種心情。」藉此表明就算知道自己會受到傷害也要貫徹信念的決心。這句話後來還成為流行語。

22 世阿彌（生卒年不詳，推測為一三六三—一四四三），日本室町時代前期的能劇演員兼劇作家。為能樂的集大成者，其著作《風姿花傳》、《花鏡》等堪稱是日本藝術論的代表作。

23 本居宣長（一七三〇—一八〇一），江戶時代後期的國學者。所謂國學指的是研究《古事記》、《日本書紀》、《萬葉集》等古典的學問，藉此探究並主張回歸日本固有的精神與文化。

24 葛瑞里．克拉克（Gregory Clark，一九三六—），現居住於日本的外交官，曾任上智大學經濟學部教授，撰寫了許多論述日本人的著作。

25 神無月是日本對十月的別稱。語源不詳，但最通俗的說法是因為全國的神明在十月都會聚集到出雲大社集會，所以出雲以外的地方將沒有神明，即「神無」。

26 黃禍論（Yellow Peril）為十九世紀中期至二十世紀初主要在歐美等白人國家流傳的思想，認定黃種人會對白種人造成威脅，其矛頭主要針對中國與日本等國家。

27 原文是「居候三杯目にはそっと出し」，意指借住別人家任何事都會有所顧忌。

28 後見座是幫演員換衣服、拿道具、提詞的工作人員（後見）待命的地方。

29 白拍子是從平安末期至鎌倉時代之間流行的一種歌舞，也可用來指稱表演該舞蹈的妓女。

30 「六方」指的是歌舞伎中將步行方式透過誇張或美化加以樣式化的演技，而其中「飛六方」是一種以雙腳交互彈跳行進的技巧。

31 高爾夫球的計分方式。所謂差點(handicap)乃是擊出總桿數與平均標準桿數之間的差距，可作為擊球實力的參考。比標準桿高出個位數的差距即為單差點，當差點愈大就表示球技水準愈低。

32 俳諧是主要流行於江戶時代的一種集團文學形式，正式名稱為「俳諧連歌」。與正統的連歌有所區別，追求更多的趣味性。構成上來說首句是音節為五、七、五的「發句」，第二句是音節為七、七的「脇句」，接下來便以長短句交互的方式接續下去。至於「付句」則是指配合前一句吟詠的詩句。

33 「講」在過去是指由擁有某種共同信仰的人所集結而成的團體，後來也引申為互助團體。「結」通常指的是村裡互相提供對等的勞力來幫忙種田、收割等農活的一種互助形式。

34 三神器指的是日本神話當中相傳由神明授予的三樣寶物，分別是八咫鏡、天叢雲劍以及八尺瓊勾玉，由歷代天皇繼承。

第五章

現代的「縮小」文化

1・大和魂電晶體

坂本龍馬很忙

日本人在談論幕末明治時代的精神時，經常提到坂本龍馬[1]的一段故事。屬於土佐勤王黨[2]一員的檜垣直治是著名的用劍高手，他把當時年輕人流行的長刀配在腰間，得意洋洋地昂首闊步。然而，坂本龍馬看到之後說道：「今後，室內的戰鬥會愈來愈多，比起長刀，短刀更實用。」並出示自己的短刀。檜垣直治覺得甚有道理，於是立刻換成短刀再次會見龍馬。沒想到坂本龍馬不發一語，從懷中掏出短槍，砰地開了一槍。又過了幾個月，某天檜垣直治見到坂本龍馬，便掏出手槍給坂本龍馬看，結果他只是笑了笑，從懷裡拿出一本小冊子說道：「槍已經過時了。今後統治世界的是這個。」此時他拿出的書是《萬國公法》，也就是關於國際法的書籍。

這個故事巧妙地編入幕府末期邁向新時代，統治力量轉移的精神氣象，也充分展現了日本人「縮小」的技巧。仔細看就會發現，坂本龍馬拿出的東西從大逐漸縮小，從長刀到短刀、短刀到手槍，最後變成一本輕巧的書。

假如坂本龍馬不是生於幕末而是戰後，那麼這個故事的後續發展又會如何呢？面對帶著《萬國公法》來訪的同志，他又會拿出什麼東西呢？想必龍馬總不至於拿出原子彈吧。他多半會再摸摸懷裡，說道：「那個東西已經不管用了。接下來的世界靠的是這個。」然後拿出有如菸盒一般的小物品，那就是「電晶體收音機」。

電晶體的逆轉勝全壘打

昭和三十年（一九五五）夏天，甲子園高中棒球聯賽實況轉播的電波乘著熱風傳遍日本全國。日本的棒球迷自神武天皇開國以來，第一次可以邊走邊聽廣播。只不過大部份的人都專注於球賽內容，想必不甚了解這個電晶體收音機帶來的些許變化有何意義，更不知道那是棒球場外敲出的另類逆轉勝全壘打……

同年八月，索尼的前身東京通信工業推出電晶體收音機TR.55，沒多久便成為日本製產品第一個占據國際市場的熱銷商品。於是，日本的印象從「小猴國」、「神風國」，轉眼變成了「電晶體王國」。儘管過去與日本結盟的希特勒私底下稱日本人是「塗上黃漆的小猴子」，到了戰後法國戴樂高總統則稱呼池田勇人首相為「電晶體商人」。電晶體已不單只是商品的名稱，更是象徵日本經濟、科學技術與社會的關鍵字。

然而，電晶體並不是日本的發明。眾所皆知，這是美國的發明，日本最初的攜帶用電晶體是與美國西方電子公司合作生產的。既然如此無論好壞，電晶體為什麼會成為日本的代名詞呢？

探究這個理由，正是解開日本電子業為何能從戰後廢墟一躍成為世界成長最速的產業，以及日本又為何能夠建立起經濟大國的秘密。各位是否還記得，電晶體文化在平安時代就已經存在，也就是之前所述的摺扇。如同將團扇摺疊製成摺扇，將大型收音機縮小為輕便型，這種電晶體文化式的發想正是日本人的拿手好戲。

因此，電晶體立刻被開發成大眾化商品迅速成長，發展出民生用電子產品的龐大市場。讓這一切化為可能的不是美國，而是包括索尼在內的日本企業。日本人就連船隻都可以做成套盒式搬運、將巨大的樹木縮小放在掌上欣賞、吃著幕之內便當觀賞歌舞伎；正因為擁有縮小文化的傳統，電晶體的種子才能在日本成長茁壯。由美國發明的電晶體經日本人之手被縮得更小，索尼於是很快地在昭和三十二年（一九五七年）三月，推出世界最小的口袋型收音機TR.63。

小手與收音機熱潮

不能忘記的是，日本在生產電晶體收音機之前，就已經有製造收音機的風潮為基礎。當戰爭剛剛結束，日本留下的只有灰燼和七百萬的傷兵。由於工廠遭到破壞，在原料、糧食、動力樣樣缺乏的時代，勉強開始生產的商品就是收音機。英國記者巴里．福克斯曾經分析：「當時擁有一台像樣收音機的人很少，但所有人都想收聽最新的新聞。日本人小巧的手和指頭正好適合從事精細的焊接工作，而且製作電路不需要大量原料。企業家於是開始製造收音機，轉眼間就蔚為風潮。」（《新科學人》一九八〇年十一月二十日版）

適合焊接工作的小手、精細的電路、少量的原料等，就算不需多做解釋，也可以看出戰後日本經濟復興的第一棒打者正是一寸法師式的縮小文化。想要聽新聞代表對資訊的敏銳度，再加上適合製作收音機的精細手工作業，以及容易集中在一處掀起熱潮的特質，這些「縮小意識」摩拳擦掌地等待電晶體的出現。即使是現在身為世界大廠的索尼，當初最主要的工作則是修理收音機。

世上有許多人都以為日本的經濟仰賴出口，但這是天大的誤解。在開發出新商品之際，首先展現購買力的是喜歡新奇事物的日本消費者。正因為日本國內擁有支撐新商品的強大市場，企業才能安心地繼續投資與生產。在進軍世界市場之前，首先為商品創造購買熱潮的人正是那些喜歡小東西的日本消費者。在更小的箱子裡塞進更多的東西，而且最好能夠隨身攜帶，日本這種便當盒式的文化到了現代，便孕育出電晶體文化。

當日本人的胃信奉的是無論在什麼地方都可以享用的便當主義，同時他們也擁有無論在何處都可以收聽的電晶體主義之耳。

什麼是和魂？

電晶體文化耀眼的旗手——索尼，其戰略正是「縮小文化」。世界上的人即使不知道當時日本首相的名字，也一定聽過索尼。索尼的日文發音寫作字母原本應該是「SONNY」，卻拿掉一個「N」寫作「SONY」，可見連商標也具有縮小意識。索尼意為小東西，也是稱呼小孩子的可愛暱稱。擁有擴大意識的美國通用公司，與將《枕草子》當中的一節「人偶的配件、池中撈起的小巧蓮葉、小枝的葵葉，不論何物，凡小小者總是可愛」以英文字母呈現的索尼，是多麼鮮明的對比。

除了公司名稱的形象，從索尼的廣告文宣強調「追求小型化、高性能化的同時，必創造新的趣味與便利——這就是索尼精神」也可以看出，所謂的「索尼精神」就是把一切「縮小」。不僅如此，這似乎也是所有人公認的「日本精神」。雖然人們常把「和魂漢才」或「和魂洋才」掛在嘴邊，但若被問到什麼是和魂，卻很少有人能夠給出具體的答案。然而，索尼根據這個概念用他們的商品向全世界宣告，所謂和魂，就是「縮小的精神」。

不妨來看看索尼至今為止的歷史。索尼在日本推出的第一號商品並非電晶體收音機，而是錄音機。當盛田昭夫會長聽說德國開發出磁氣錄音機，便於昭和二十五（一九五〇）年一月製造了遠東最早的磁氣錄音機。只是由於體積龐大，重達四十五公斤，價格在當時高達十六萬日圓，銷售情況自然不甚理想。所以販售的對象並非一般家庭，而是以小學為主。

然而，索尼將這個「洋才」加上了「和魂」。技術開發人員閉關在熱海的旅館裡，進行「小型化」和「降低售價」的縮小研究，最後終於開發出如行李箱一般可以攜帶的錄音機，價格也只有原先的一半，開拓了錄音機的新天地。

日本戰後在民生家電的領域之所以能夠超越一直以來領先的歐美，掌握世界市場，說是多虧了迷你尺寸的「縮小意識」和其技術也不為過。德國人雖然最早發明錄音機，卻無法將其小型化，帶入一般家庭裡。結果，日本成功達成了這項挑戰，進而將市場占有己有。輕便、輕巧，有如豆盆栽一般可以放在手上的「縮小」戰略，在家庭錄影帶產業也不例外。錄影機（VTR）並非日本的發明，而是為了解決美國的電視節目因國土廣大造成播放時間的時差，才著手進行開發的商品，也就是所謂「擴大意識」下的產物。一九五一年，美國的平克勞斯貝製作公司和美國無線電公司成功研發出錄影機的技術，於一九五六年由美國的Ampex公司將這項技術實用化。只不過開發出來的商品重達四百三十五公斤，除了電視台等專業用途之外，並不具備作為商品的市場性。

然而，原本是「擴大意識」產物的錄影機，經過日本式的「縮小意識」後，立刻變得輕量、微型，開啟了家庭錄影帶市場的大門。到了一九七〇年代後半，索尼的BETA和日本勝利株式會社的家用錄影系統（VHS）足以將長篇電影納入一個卡帶匣裡，立刻成為占據世界市場九成的明星商品。

同樣是錄影機，美國根據的是征服「大陸空間」的思維製作，而日本則是朝向四疊半的凹間開發，兩者在電子學的思考方向完全不同。

如何創造出隨身聽文化？

再請大家看看隨身聽。隨著錄音機慢慢縮小，最終機能本身發生革命，開發出攜帶式的音頻播放機，昭告了隨身聽文化的出現。

根據索尼宣傳中心部長黑木靖夫所說，隨身聽誕生於一九七八年末，由「錄音機事業部的年輕工程師抱著好玩的心態開始製作」。究竟這些年輕工程師的玩心是什麼呢？不用多說也知道，那就是省略臉和手足做成「新娘人偶」的「縮小意識」。這些工程師拿掉錄音機的喇叭，裝入立體聲的電路，將播放器改成立體聲，改造耳機頭，插入立體聲的耳機。

一旦省略錄音的功能，強調播放，錄音機立刻就縮小成攜帶式的立體聲音響。名譽會長井深大以及盛田會長都是耳機的擁護者，一看到這個成品，立刻斷定可以商品化。「近年來，高級音響以幾百瓦乘幾百瓦的大功率輸出播放，但傳到人類耳膜的能量不到萬分之一，其他都被牆壁或天花板吸收。」聽到盛田會長的這段「耳機禮讚」，似乎可以感受到這當中超出單純節省能源的意圖。是的，當「拉近」的文化——將遙遠的自然拉近到身邊，建造坪庭，以便實際接觸感受的「縮小意識」反映在商業社會上，就會開創超乎想像、高達千億日圓的市場。現在，隨身聽每年可以賣出三百萬台，甚至登上法文的辭典，彷彿贏得了世界公民的資格。只不過，其誕生卻是源自很小很小的世界。省略喇叭，讓高傳真的音效藉由耳機直接拉近並觸動鼓膜，隨身聽正可謂是將膳食變成便當、巨木變成盆栽、神明變成護身符的現代版縮小意識。

同樣地，索尼又把家庭攝影機縮小，開發出與攝影機完全不同次元的商品，也就是不需要底片的磁帶相機——「Mavica」(magnetic video camera)。

這種現象當然不僅限於索尼的錄音機和攝影機。其他家電企業也不斷地開發出輕薄短小的縮小版商品，使得東京的秋葉原成為世界少見的「電器聖地」。

石庭與電子計算機

貪圖午睡的美國和歐洲企業如今雖然開始對日本進行各式分析與研究，但這種做法本身就非常西歐。想要研究日本，首先應該要從「縮小意識」的文化傳統開始分析。如果告訴飛利浦或GE公司，想要知道日本電子工業的秘密「就去看看龍安寺的石庭」，想必會惹怒他們吧。然而，這並不是在開玩笑。

來看看推出世界第一台電子計算機的夏普。當時的廣告上寫著：「昭和三十八年（一九六三），夏普提供給您世界上第一台的電子計算機，實現將『電腦』個人化的夢想。」這個簡短的廣告文案可以說充分展現了日本人的夢想。開發電腦雖然是美國人的夢想，日本人的夢想則是將其縮小成個人物品並引進每一個家庭，製作出電子計算機。

假設美國的夢想是從未知的領域創造新東西的「發明（invention）」，那麼日本的夢想就是將既有的東西變得更輕便的「開發（innovation）」。從巨大的電腦擷取演算功能，經由簡化和小型化帶進個人空間，這的確是屬於日本人的思維。一開始重達二十四公斤的電子計算機不斷地縮小，如今甚至可以只有名片那麼大。

同樣的夢想在室町時代就已經創造出世界上獨一無二的「石庭」。前面提到過相傳建造了龍安寺石庭的鐵船宗熙，他所說的「三萬里凝縮於方寸」正是石庭的美學。擷取自然的一部份，只留下石和砂，縮小宇宙，當作個人之物引進家中，這就是日本的庭園。

西洋的庭園像公園一般廣大，打造出與大自然不同的人工新自然。簡單來說，也就是「發明」了另一種自然。然而，日本的庭園與其說是新自然，更應該說是將自然帶到個人生活的狹小空間內。把大的東西變小拉近的夢想，正是家電產品消費者的需求，所以電子技術首先必須做到能像握壽司一般握在手裡。就好比世界第一隻使用積體電路

（IC）的石英手錶「Seiko Quartz 35SQ」所象徵的一樣……

若是再把目光轉到日本的電視廣告，會發現裡面充滿「變輕！變薄！變短！變小！」的各式咒語。

碰碰看就知道

日本製作電子計算機的夢想，隨後掀起了電腦（個人電腦）的風潮，必須得將電子縮小技術的心臟，塞進更小的電路當中。

現代的坂本龍馬變得更加忙碌了。對方如果拿來電晶體，立刻就要拿出更小的「IC」；如果對方拿來IC，就要拿出「LSI（大型積體電路）」；繼LSI之後，接下來又得展示上面有十萬甚至百萬個電晶體的「超LSI」，並不斷地說著：「那個已經過時了，這才是今後的關鍵。」

隨著矽產業的重鎮九州獲得了「矽島（Silicon Island）」之名，有人推測或許日本列島變成「矽列島」的日子也不遠了。

除了報紙的報導和廣告，就連八卦雜誌也與裸照一同刊登各種電腦相關報導。不僅電視播放電腦講座節目，書店裡擺滿電腦入門書，街上更是到處都可以看到電腦教室。如同許多人以種植盆栽為興趣，推測目前以電腦為娛樂的日本人高達九十一萬人（昭和五十四年，一九七九年統計）。插花與電腦、茶道與電腦、坪庭與電腦乍看之下完全沒有關係，卻同樣都以縮小文化為根基，只是綻放出不同顏色的花朵。「碰碰看就知道」，這個電腦的廣告文案實際上使用了與表現坪庭、插花、茶室文化時相同的修辭。

名為超LSI的小巨人堪稱是現代的一寸法師，而個人電腦或業務電腦則是法師手上的小槌子。日本人便是根據便當盒式的思維，組合這個「小巨人」與其他機械，利用機械電子學[3]（mechatronics，這個詞不在韋伯字典裡，是日本人造的詞）開發新商品。身為說到天然資源就只有「橘子與溫泉」，且有五成五的糧食和八成九的能源都依賴進口的小小島國，日本人認為必須發展高附加價值的產業才能負擔進口，也因此對於矽產業（超LSI）時代的一寸法師抱有很大的期望。日本的縮小文化與節省能源、空間、資源等現代的需求順利結合，如今正迎來全盛時期。

由此可見，日本的現代技術與縮小文化有很大的關聯，這一點也能從戰後選出日本十大技術（《無限大》第五十四期）的牧野昇所做的評價窺知一二：

可以確定的是，日本的技術開發很少大型的企畫。我們的確無法否認在航空研究開發、大型客機、高速增殖反應爐方面的技術還很弱……擅長累積許多微小創造性的日本與一鳴驚人型的歐美相比，實在也沒有必要覺得羞恥或是技不如人。

玉米與農林10號

不僅工業生產品，令人吃驚的是，根據早稻田大學筑波常治教授所言，就連農產品方面也展現了「縮小意識」。玉米雖然號稱世界三大主要作物之一，但是在日本農業史上卻不具有重要地位，對此筑波教授分析了幾個原因，其中之一便是因為作物本身很大。「大的作物總是不受歡迎。日本農業是以細心栽培的集約農法為基礎，貫徹藉此增進土地收穫量的做法。品種改良主要也是朝著小型化的方向邁進。日本的農業模式基本上都是將作物抱在懷裡，可說是將作物當成寵物一般疼愛。」

為這種說法背書的是與電晶體同樣震驚世界的「農林10號」小麥。這種「戰前於岩手縣農事實驗場栽培，草長五十多公分，屬於超短稈的小型品種」由於太過稀奇，讓美國的農業技師決定送往美國，並據說以此為基礎開發出新品種麵粉，拯救了約七千萬人免於飢餓。這項功勳使得美國生物學家布勞格(Norman Borlaug)成為一九七〇年度的諾貝爾和平獎得主，而正如他自身所述，一切都是拜名為農林10號的「一寸法師」的基因所賜。

2・「縮小」的經營學

新創意來自小藩

除了電子工業的領域，在汽車方面也如同英國記者諾曼・麥克雷（Norman Macrae）的預測，日本終將靠著小型汽車超越美國，奪下汽車王國的寶座。豐田的「CROWN」登陸美國的時候，標榜的口號正是「製造出小型的凱迪拉克」。在一千六百c.c.的車體裝上電動車窗的構想就是其中之一；不僅如此，關門時的厚重聲音也與凱迪拉克如出一轍。相較於德國的福斯汽車只是單純的小型車，日本卻是將大型車直接縮小，因此反而更受到歡迎。

而無論是相機或者手錶，小型攜帶式商品尤其展現了日本製品的優勢。

縮小的還不僅止於商品而已。創造出這些商品的公司的經營方針，同樣是根據「縮小」的方式進行。

索尼的井深大先生曾說過：「我完全沒有打算把公司培養成所謂坐擁龐大資本的大

企業。擴大公司沒有任何好處。規模小有其優點，例如能夠敏銳感受變化。一旦規模過大就不行了，而且也會失去彈性。」與其他大企業相比，索尼集中火力，不分散注意力，針對主要課題投入所有人力與金錢。換句話說，「有如可以靈機應變的驅逐艦」是盛田會長的經營原則；由此便衍伸出「小規模、少人數」主義的索尼模式。

一般國家都相信「力量經常來自巨大的東西」。然而，孕育出一寸法師的日本卻正好相反，擁有不可思議的「力量經常來自小東西」的思維。所以比起財團式的大企業，從專門性高的小型企業開始發展的索尼和豐田才是日本企業的典型，據說獲利率也比財團高出許多。「日本引以為傲的IC產業並非由大企業所支撐，而是規模雖小但擁有特殊技術的眾多中小企業。他們的名聲很小，卻具備足以領導世界的大技術。」——某本書的廣告文宣如此寫道，而這正是新版一寸法師的故事。

觀察日本的歷史也會發現，其特色在於從小集團和一支槍的縮小開始，總是能開拓新的道路。正如作家司馬遼太郎在與日本學學者唐納德．基恩（Donald Keene）的對談中指出，明治維新時的開化浪潮也是從弱小的藩國開始。也就是說，西周[4]與森鷗外[5]等先驅輩出的津和野藩是只有五萬石左右的小藩；而人們常說「學蘭學（洋學）就要去宇和島！」的伊予宇和島藩也是小藩。

這樣的特色依然傳承至現代，開發的構想和熱情都是來自「小藩」。根據東京電機大學的安田壽明先生所說，現在席捲日本的微型電腦（Microcomputer）「既不是出自某個知名研究所的天才之手，也不是投入龐大資金的大型研究計畫的成果」。日文將「Microcomputer」縮短簡稱為「Micon（マイコン，日文發音為mai-kon）」其實包含了原本的Micro（微小）以及My（我的）的雙重含義，是由備受電子設計技術人員喜愛、名為《電晶體技術》（トランジスタ技術）的小型雜誌於昭和四十四年（一九六九）秋天提出的命名。

不僅是微型電腦，利用電子磁化製作小型精密馬達的也是日本的中小企業Mabichi公司。就好像取自《格列佛遊記》裡的小人國，微型馬達作為電鬍刀、小型錄音機等家用電器的心臟，也正是誕生於小小的公司。

小型工廠

這樣的例子不在少數。如前所述，建立日本近代產業的是僅有五、六個員工的小型工廠。相較於美國企業會藉由合併公司逐漸壯大商業規模，但日本即便是巨大企業，也會不斷地建立子公司。因此，VHS錄影帶亦是由與松下電器同屬一個集團的勝利株式會社開發，其成就就連母公司也甘拜下風。

如此看來便不難理解，為何戰後GHQ（駐日盟軍總司令）命令日本的財團解散、禁止公司雇用百人以上的員工，結果卻成為促進經濟復興的重要因素。GHQ的政策偶然與日本擅長的「縮小經營學」不謀而合，就此開拓了新的道路。

公司愈大會變得愈抽象，人與人的接觸也會變得困難，致使「握壽司」文化的日本人無法掌握，所以才會傾向採取少數、小規模主義的管理方式。根據《日本的管理藝術》（*The Art of Japanese Management*，Richard T. Pascale與Anthony G. Athos合著）指出，松下電器式的經營模式有「許多部份與中小企業類似」，即最高管理者會「直接與各部門的負責人會面或以電話交談」，以及「走進現場和工廠，或是親自會見顧客」。

抽象的組織和合理機制在日本是行不通的，必須直接親身接觸。如前所述，日本之所以能夠成為經濟大國，其中一個原因是在「縮小文化」的工廠內，建立起有如「舞台花道」的管理模式。包括茶道在內，無論是歌舞伎、相撲或連歌，在有主客之分的場合，日本人都一定會建立起「座」。

經營者與從業員之間的「座」、生產者與消費者之間的「座」、官方與民間企業的「座」……只要主與客相對之處，一定會設有「花道」。終身雇用、由下而上的意見溝通方式、中央集權式的員工招募等，所謂的日式經營雖然能舉出許多特色，但若以一句話濃縮，則是建立雇用者與被雇用者主客一體的「座」。松下電器也是因此獲得成功的企業之一；「每天早上八點，日本全國八萬七千名員工齊頌綱領，高唱社歌」，整個公司就好像融合成一個個體。新進員工透過長時間的研修將松下哲學刻進腦海裡，所有人都必須「在團隊面前針對公司與社會的關係，進行五分鐘的演講」。

光就這一點來看，簡直好比牢記列寧或毛澤東思想的集體主義國家，或是過去大日本帝國的翻版——沒錯，其實沒有太大的不同，只不過用「經濟」取代「軍事」罷了。然而，與集體主義的不同之處在於客人不是被吸引到主人身邊，更不是服從主人，而是出於彼此融合的自發性選擇。員工滅私奉公，同時經營者也會滅公奉私，深切介入個人的婚喪喜慶（這要是在美國反而會被認為侵犯了隱私）。

《日本的管理藝術》的作者在研究過松下電器和ＩＴＴ公司前總裁季寧（Harold Geneen）的案例後，也得出了相同的結論。「松下和季寧最大的不同在於如何看待主體與客體的分離。季寧將他人，也就是把客體當作達成自身目標的物體對待，但松下不僅是利用屬於他人的客體，更將其當作一個主體尊重，達成共同的目標。如果對幹部有所不滿，比起將其降級或解雇的季寧，松下則會點出團體的低效率，就算把負責人降級，也會再給他一次機會，強調經驗將使人成長。」

兩者之間的差異如果換個說法，那就是有沒有「座」。建立「座」的具體例子要多少有多少，但重點在於這種藉由「座」引導資本主義造成的勞資對立走向融合之道的日式管理方針，其實正是影響日本經濟發展的重大要素之一。

QC、小團體活動創造的神話

經常有人說，日本工廠的勞動者非常賣力工作。然而僅僅是勤奮，並無法說明日本產業的高產能與高品質。正因為勞工與公司之間建立了「座」，才能解開當中的奧秘。

在美國，生產線上的勞工即使發現不良品，依舊會機械式地組裝上去，因為他們認為只要盡到自己的責任就好。然而在日本，減少不良品與品質管理靠的是勞動者自身組成的QC（quality control，品質控制）小組，也就是日本獨特的小型集團的活躍。小組透過反覆討論與檢討，將如何能夠減少不良品當作課題研究，由此才能為日本企業整體帶來每年一千億日圓的利潤。堪稱是日本生產技術根基的QC原本是從美國引進的觀念，但日本人透過小組化，藉由建立「座」的縮小文化發展出新的QC模式。

生產者與消費者之間的「座」也相同。根據先前提到的《日本的管理藝術》，當中指出「松下的銷售系統最重要的是松下幸之助本身對於顧客的用心」，並引用松下幸之助的話：「我們作為製造商必須實現的社會使命便是將產品交到客人手上，讓客人使用後獲得滿足……因此對於企業而言，最重要的是盡早知道消費者需要什麼，如同每天測量客人的體溫。」

這不只是口頭說說而已，從松下位居日本企業之冠高達一億美金的廣告費就可以證明，他們非常重視與消費者之間建立「座」。另外還透過「消費者之友」的機制，將第一線與消費者接觸的零售店當作永遠的合作夥伴，納入公司組織之內。松下的幹部待在辦公室的時間相對較少，據說也是因為花了很多時間在市場奔走。

即使不論松下電器的案例，其他任何一個日本企業也都親切對待消費者，提供完整的售後服務，並根據消費者的需求開發適合的商品。由於日本的生產者與消費者之間建立了「座」，所以很少發生像美國一樣激烈的消費者保護運動，也不會出現如拉爾夫．納德[6]這般與大製造商對抗的英雄。

親切的不只是製造商而已，消費者對於富有創意或寫著「正在申請專利」小字的商品也相當捧場，例如不會沾上飯粒的飯勺。在韓國的古典小說《興夫傳》當中有一段帶著淡淡哀傷的詼諧場面，描述貧窮的興夫到哥哥的家裡乞討米飯，卻被人在廚房的嫂子用飯勺打了臉頰，飯粒因此沾到興夫的臉上。結果興夫拿下臉上的飯粒，一邊吃一邊向嫂子道謝。如此看來，或許韓國人並不會感謝親切開發出不沾黏飯勺的製造商，畢竟當消費者認為「飯勺就是會黏著飯粒」，也就不會對新發明有多大的興趣。換言之，韓國很難在生產者與消費者之間找到「座」。

3・機器人與柏青哥

為何產業機器人擁有日本名？

除了人際關係，日本人甚至與機器也建立主客一體的「座」。日本現在之所以能夠成為世界最大的機器人王國，可說是因為人類與機器之間沒有出現如卓別林電影《摩登時代》（*Modern Times*）那般的對立。歐美認為機器人的開發和導入會剝奪人類的工作，是勞動者的敵人；但採取「終身雇用制」的日本即便引進機器人，勞動者也不用擔心會因此被趕出職場。

不僅如此，日本工廠採取的是輪調制，與一個人一輩子都從事同樣業務的歐美不同，即使機器人取代自己的工作，勞工也會馬上被安排負責其他業務；所以不會出現新的碾米工廠取代原本的水車小屋，或是因為蒸汽船的出現而導致渡船船夫敗下陣來的反機械主義劇情。

機器人能夠從事有可能夾到手指的板金作業、可能吸進塗料溶劑的塗裝步驟，或是可能因為火花造成眼睛和皮膚不適的焊接等危險工作，反而是人類的好幫手。因此日本沒有任何抵抗，擁有超越全世界機器人總數的一萬五千台新型勞工，在各個工廠比被稱作「工蜂」的日本人更勤奮地工作。

以豐田汽車來說，雇用的人數這五年來沒有變化，但一年生產量卻從二百萬台增加到三百萬台。同樣地，儘管三菱汽車的從業人員只增加了百分之十五，生產量卻擴增七倍之多。

然而從社會整體來看，有人擔心機器人降低了人員的雇用率，反之也有人認為藉此創造出來的財富足以讓擴大的服務部門吸收生產部門減少的雇用人數，所以不成問題。由此可見，如今正迎來機器人走出孩子們的漫畫世界，成為產業界真實英雄的時代。

以上的種種理由可以視為日本成為機器人王國的佐證，但最大的力量來源還是日本在人類與工具之間建立「座」的傳統。據說過去每當舊的茶筅和筆不再使用，日本人會特別建一個塚加以供養；而在人類與機器人之間，也存在著建立起「座」的日本人特有的「縮小意識」。

經濟學家竹內宏先生認為日本人深愛機器人。他分析：「日產汽車的座間工廠，將工業用機器人以『百惠』等各種美女明星的名字命名。從中便能看出日本勞動者對於產業機器人的態度。」換句話說，勞動者對待機器人有如關心人類一般，會隨時注意其工作狀態、認真保養，一旦發現不便之處就會立刻進行改良，悉心照顧。

縮小意識強烈的日本人與外國勞動者占總勞動人口百分之十的西德不同，是唯一一個在急速產業化導致勞動人力不足時，也沒有引進海外勞動力的先進國家。大概是覺得要是外國人進來了，「日本座」便會崩潰吧！就連機器人如果成了「外國人」，也會讓日本人感到十分困擾。因此，無論是商品或機械都喜歡用歐美名字命名的日本人，唯有將一起工作的機器人以「純日本式」的名字稱呼。

不僅是日產汽車的工廠，日本最大的富士通FANUC工廠也將廠內的機器人取名為「太郎」、「小櫻」、「菖蒲」等。在日產和富士通FANUC的工廠與人類一起工作的機器人之所以不像電視漫畫一樣名叫「Atom（原子小金剛）」、「Mazinger Z（無敵鐵金剛）」、「Getter Robo（蓋特機器人）」，想必是因為這樣的名字會破壞與勞動者之間建立的「座」。

在歐美，「物」從根本上來說是機能性的道具。但在日本，茶的「取合文化」是將「物」視為表現思考與情感的詞彙，會把「作為手段的物」變成「作為目的的物」，擁有所謂「物數寄」的縮小意識。就好像當槍砲傳到日本的時候，日本人比起改良功能，卻把腦筋動到了有如刀鍔一般的裝飾面上。這個觀念在產業社會轉變成對機器的愛，促成了用美女歌手的名字為機器人取名的構想。此外除了在工廠工作的藍領階級，所有日本人其實都與機器建立了「座」。從眾所皆知的柏青哥（pachinko）就可以印證這一點。

柏青哥的歷史

柏青哥的人氣也可說是日本不可思議的現象之一。以日本人喜愛的休閒娛樂活動來說，打柏青哥的人口竟然高達二千四百四十九萬人，僅次於居酒屋和撲克牌，位居第三名（根據昭和五十四年〔一九七九〕，休閒開發中心調查）。這表示玩柏青哥的人口甚至超過麻將和將棋，比起人與人之間的遊戲，許多人更喜歡面對機器的遊戲。

日本的熱潮易起易落，但唯有柏青哥例外。據說柏青哥於明治四十三年（一九一〇）從美國底特律發跡，自昭和十年（一九三五）進入日本掀起熱潮之後，儼然成了日本的遊戲。不到一年的時間這股風潮便傳到四國，讓高知市在半年內開了三十五家柏青哥店。《大阪每日新聞》曾報導了當時的盛況。

等不及的客人在上午七點一開店就湧入店內，無論哪一家柏青哥店都是人潮爆滿，甚至有些狂熱者到了關店時間也不見想要離去的跡象，讓店家不得已只好關燈趕人。在鬧區，二十台柏青哥機一天可以賺入百圓，扣除店員和五、六名修繕人員的費用，一天的純利最少三十日圓，有時多達五十日圓，使得柏青哥店來勢洶洶。

柏青哥機要到戰後才改成現在這種以針狀為主的機型，據說最早的柏青哥機是昭和二十一年（一九四六）製造的機台「小物」（從名稱就可以看出縮小了），連發式機台則要等到昭和二十八年（一九五三）才登場。之後直到今日，柏青哥雖然受到其他娛樂活動的挑戰，但熱潮始終不減，如今已發展成為營業額高達二兆日圓、無可撼動的娛樂產業。群馬縣桐生市更因此從紡織重鎮變成柏青哥重鎮，生產將近全國半數的六十萬台柏青哥機。柏青哥機本身也反映了電子時代的來臨，裡頭塞滿了IC電路，與其稱作柏青哥機，不如稱作電子工學機器更為恰當。

小鋼珠與機器的對話

不知情的人若是看到柏青哥店，搞不好還會以為是工廠。伴隨震耳欲聾的機械音，人們坐在整齊並排的機台前，空間狹小到手肘幾乎與鄰座相碰。這個畫面看起來就好像在做精密檢查的研究員或紡織廠的女工，坐在機器面前一動也不動。只不過這些人並不是在工作，而是玩得起勁。

他們秉持著「毅力與耐性」，不斷反覆地享受旋轉把手，靠著傳達到掌心的細微反應彈動鋼珠，讓直徑十一公厘、如豆粒一般的銀珠在鐵釘之間來回穿越並往下掉落的過程。不論是聚集在狹小的空間、用手接觸機器、機台裡的小珠子與細小鐵釘、小鋼珠落下的過程，還是凝神注視以及小鋼珠好像要進洞又沒進的緊張感，這一切都是典型「縮小意識」的結晶。

正如俗世隱居的茶室，產業時代的市民則隱身於柏青哥店的喧囂之中。他們無視身旁並肩而坐的人，對於偶爾大聲響起的軍艦進行曲亦充耳不聞，也絲毫不在意響徹整個柏青哥店的吵雜聲，只顧著獨自面對機器，與小小的珠子對話。然而，如果某個瞬間其他所有人全部離席，軍艦進行曲和種種噪音也一概消失，只剩下孤伶伶的一個人呢？這樣就算不上是柏青哥店了。因此，柏青哥看似是一個人的孤獨遊戲，實際上卻是因為有吵雜混亂的環境，才能夠讓自己沉浸隱遁其中。玩樂的時候與工作時一樣認真拼命且專注，對這些人來說，柏青哥店就好比現代縮小文化的教室。

與堪稱美國柏青哥的吃角子老虎機相比就可以知道，吃角子老虎機只有結果，看不到鋼珠描繪軌跡掉落的過程，使得機器與人之間的「花道」非常薄弱。但柏青哥機卻具有形同砧板一般能夠接觸整個過程的「花道」。

對於在生產線上工作的日本勞動者與自己如此不同，令歐美人感到非常不可思議。英國《新科學人》雜誌曾如此描述位於濱松的山葉（YAMAHA）機車工廠：「員工在工作的時候看起來很開心，即使交談也不會停下手邊的工作，如果比規定的時間更快完成複雜的零件組裝工作，現場就會響起歡聲。只不過即便提早完成也不會休息，而是繼續幫助其他同事。生產的活力就是這樣維持的。」花好幾個小時坐在機台前打柏青哥的人們其實和這樣的光景相去不遠。就算說從人類與機器，或是人與物之間的「座」開出日本產業的花朵，也一點都不為過。

4・「原來如此」與「也許」

太空與茶室的兩種電子工業

索尼的名譽會長井深大先生曾分析美國與日本電子工業的不同，他說：「美國的電子產業是為了國防和太空而發展，日本則完全相反，是為了製作出符合消費者需求而發展電子技術。」同樣是電子工業，美國的基礎在於太空開發或軍需產業等與具體日常生活相異的抽象「擴大空間」，但日本卻扎根於消費者如狹窄茶室一般的日常空間，形成「擴大型電子工業」與「縮小型電子工業」的差異。

於是有人便笑說日本落後於美國的產業正好是「U.S.A」，也就是Underground（地下經濟）、Space（太空產業）、Amusement（娛樂產業）。這些都顯示出日本不擅長「擴大」。

沒錯，探索廣大宇宙的太空產業終究還是屬於美國的強項。雖然可以大聲主張日本的相機是世界第一，但日本發射的人造衛星「向日葵」則是美國製。日本擅長處理狹小收縮的空間，面對廣大的空間卻是難以發揮，這從「向日葵二號」本身有百分之六十五都是美國製便能窺知一二。為了打造直徑十五公尺、世界最大的望遠鏡而特地造訪日本的美國基特峰國家天文台技術部長羅倫斯也說過：「日本的光學相關技術，例如光纖和相機等精密工業雖然非常優秀，但對於巨大的東西卻差了一點。」這種說法不禁讓人點頭認同。

美國就好像哥倫布，即便沒有航海圖照樣航向廣闊的大海，進而發現新大陸。這從認知上來說屬於「也許（maybe）」的文化。相較之下日本則好比在鐵軌上奔馳的世界最快的新幹線，屬於「原來如此」的文化。據說法國作家拉伯雷臨死之前曾對詩人杜．貝萊（Joachim du Bellay）說道：「我現在要去尋找grande peut-être（偉大的也許）。那是否會在鵲巢裡呢？來，落幕吧。喜劇結束了。」「peut-être」等同於英語的「maybe」，都意味著「也許會這樣」，即一種不確定的未知可能性。拉伯雷從未知的死亡世界裡，看到了無限的可能。

從美國小說家威廉．福克納（William Faulkner）的作品當中也可以看到使用「maybe」一詞的相同觀念。福克納在短篇小說〈清晨的追逐〉（*Race at Morning*）藉由在狩獵場上終於追到鹿的瞬間卻刻意放生的阿涅斯特之口說道：「maybe這個字是我們使用的語言中最美的詞彙。正因為maybe如此美麗，人類才沒有將其遺忘，反而非常重視。」

為了「maybe」，遠渡大西洋的先驅們一刻也不得閒，拉著馬車奔向西部的新天地；為了「maybe」，牛仔們亦是追趕牛群，橫跨大陸平原，兩者終將孕育出「擴大意識」的美國文化。由此可見「maybe」擅長的是征服未知的新發明，但不擅於針對消費者的需求，慢慢培育、開發、改良、管理品質等細微的「縮小意識」。

相比之下，推動日本文化的卻是「原來如此」。日本的原來如此（日文寫作「成程（naruhodo）」）並非挑戰未知，而是重新確認既有的事物，表現認同之意。如日文字面上的意義，「原來如此」是「在可能的程度內盡量達到極限」，或是「盡量、盡可能」。古代從朝鮮和中國，近世從荷蘭等歐洲國家，以及戰後從美國，日本文化一直以來都是引進已經結束冒險、在可行的範圍內形成的既有外國文化，再進一步秉持「原來如此」的精神加以開發，將其轉變成日式文化。換句話說，「原來如此」的文化與其說是開創新大陸的文化，更應該說是「收尾的文化（仕上げ文化）」（在極力排除日本色彩的韓國，至今也依然直接使用「仕上げ」一詞）。

兩把步槍變成三十萬把

上述情況其實不僅限於電子工業，無論機車或汽車都是根據這樣的模式發展，取得成功。雖說汽車是美國文化的產物，但製造出低故障率汽車的國家是日本（據說故障率為美國的三分之一），且最終得以超越美國，成為世界生產量最大的汽車王國。

日本的電子產業在昭和五十年（一九七五）之後生產量翻倍，震驚全世界。但如果對於日本的歷史有所了解，就會知道這其實並不值得大驚小怪。

日本在陶瓷器方面相對落後，比起中國和韓國的發展晚了數百年。日本是在進入十七世紀之後才由韓國陶工李參平製造出最初的瓷器。然而做出了第一個之後，轉眼間便投入大量開發與生產，甚至輸出到遙遠的西歐。在當年的佐賀，生產瓷器的利潤甚至遠超過穀物。

同樣情況也出現在西歐傳入日本的槍砲身上。一五四三年，種子島的領主時堯向漂流到當地的葡萄牙人支付高額的銀子買下兩把槍。從他們覺得「原來如此」的瞬間開始不到半年的時間，就生產出超過三十萬把槍，數量甚至超過把槍帶到日本的葡萄牙。況且這還是在發生在日本戰國時代的事情，不是最近才如此。

有人因此批評日本企業為數眾多的民間研究所比起追求科學的基礎研究或原創性，反而對於收集國內外技術開發相關資訊展現近乎貪婪的野心。日本科學技術的輸出和輸入比率為一比五，且會將輸入的技術和收集來的資訊在「原來如此」的研究所經過淬鍊，打造出「青出於藍」的高品質商品，然後回過頭逆向輸出海外。

「maybe文化」雖然開拓了新大陸並在上面鋪好鐵軌，但是在鐵軌上奔馳的既不是European Express，也不是Union Pacific，而是世界上最快速的「原來如此新幹線」。IC（半導體）正是這樣的例子。英特爾的副會長R．諾易斯曾在美國國際貿易委員會的公聽會上感嘆道：「產品開發過程當中最重要的第一步起於美國市場，美國的企業為此付出了龐大的代價；然而在開發結束之後不到一年，競爭對手便開始生產相同的產品，好比日本就製造出16K位元的RAM。」

也難怪他會這麼說。日本製16K位元的RAM的產品在美國市場有高達四成的占有率，而且並非單純跳脫仿冒品的領域，不良率也比美國的產品低了一個位數。相較於日本三家製造商的產品不良率是零，美國三家製造商的不良率則介於百分之〇．一至百分之〇．二之間，且據說製造現場每一千小時出現不良的機率是日本的六倍。

位居第二的哲學

充分發揮日本這種「原來如此」縮小意識的，正是松下電器。松下當年的戰略之一就是只當老二，也就是不以成為新技術的先驅為目標，將重點放在品質和價格。因此松下很少開發新商品，而是以比其他公司更低的成本製造，並加強市場行銷。錄影機和錄音機就是最好的例子；一開始開發出錄影機的飛利浦公司被索尼超越，而索尼又被松下超越。松下藉由開發出更小型、錄影時間更長，且比BETA價格更低廉的VTR系統，一舉提高了市占率。

松下的老二哲學其實也是日本對美國的戰略。比起原創性，松下「分析競爭對手的商品，研究如何超越」的「R&D（Research and Development）」研究開發方式，可說是日本所有企業的象徵。

位居第二的哲學並非松下的專利，三菱綜合研究所副社長牧野昇先生提出的「第一．五名」技術論也是同樣的概念。牧野先生認為適合日本國情的科學技術作風並非站在最前線探究未知的領域；比起這種充滿創造性的全壘打型開發方式，還不如像VTR這般雖然出生於歐美，但在日本茁壯成長的「一．五名」技術。牧野先生表示：「由日本將對方無法培育的東西加以工業化，這才是最符合日本國情的做法。」換句話說比起鋪設鐵軌，日本人更擅長在鋪好的鐵軌上奔馳。

日本有一種名為「本歌取[7]」的傳統創作形式，可見其他國家引以為恥的模仿，在日本反而是理所當然的事。這是因為日本與其說是單純的模仿，反而是當成自己的東西，創造出獨特的世界。

ほととぎす　なくやさ月のあやめぐさ　あやめもしらぬこひもする哉

（五月杜鵑鳴，菖蒲到處生。）

例如松尾芭蕉將《古今和歌集》這首和歌的五月改成五尺，就變成了可以主張著作權的名句：「杜鵑鳴啼叫，五尺菖蒲草（時鳥啼くや五尺のあやめ草）。」

日本的相撲和柔道採取的都是借力使力來打倒對方的策略；扇形彎曲的日本城石牆特色在於並非抵抗土壓，而是以吸收土壓的方式建造。此外，建造庭園時也有反過來利用土壓堆疊石頭、稱為「桶組」的技術。

「原來如此文化」一定要有對手，才能展現技巧。無論是「第一．五名」或者老二哲學，首先都要有人站在前面才能發揮效果。如果站在最前面的是日本，不知道又會如何呢？簡單來說，當從「縮小意識」走向「擴大意識」時，日本人會變成什麼樣子？

正因為是只有十五尺的狹小土俵（舉行相撲的圓形場地），才能瞬間利用對方的力量使出扳倒對方的招式，讓決定一半勝負的撞、推、抓住腰帶等技巧有發揮的空間。假設拿掉土俵這個範圍，相撲會怎麼進行呢？相信回答這個問題，也就等於回答了剛才對於日本的疑問。

小即是美

自明治維新以來，日本人靠著「追趕超越」西洋文明走到今天。在GHQ結束占領，日本成為獨立國家的昭和二十七年（一九五二），當時的國民生產毛額（GNP）甚至低於開發中國家的智利或馬來西亞，但後來不僅追上羅馬後裔的義大利，又在昭和四十二年（一九六七）追過日本維新時的模範英國，以及知識份子的理想國度法國。昭和四十三年（一九六八），日本再度超越因為創造萊茵河經濟奇蹟而震驚全世界的西德，成為GNP排名世界第二的國家。

終於趕上並超越西洋的日本，於八〇年代開創了新的道路。在戰後三十幾年間，日本不斷在汽車和鋼鐵生產量等方面超越曾是日本良師的美國。就好像過去的模範生向老師揮了一拳，結果因此引發了形同校園暴力的貿易摩擦。

歐美文化長久以來的目標，首先就是要變得巨大，即家族變成部族，部族再成為更大的國家，最終形成一個世界的巨大政府；第二則是為了國家繁榮就必須壯大，也就是愈大愈好的理論；第三是產業與公司必須與國家同樣引進近代技術，不斷地將規模放大。然而，德裔英國經濟學者修馬克（E. F. Schumcher）認為巨大主義不過是十九世紀的遺物，並在其著作《小即是美》（*Small is Beautiful*）預言了新的時代。他所提倡的原則適用於各個領域，也就是在後工業社會，小的東西會比巨大的東西更受歡迎。

日本之所以能夠成為後工業社會的未來模型，是因為其傳統文化當中已經擁有屬於縮小文化特色的非意識形態思考和對資訊的敏銳度。看來當今時代的風，正吹向擁有縮小文化的日本。自清少納言寫下「無論何物，凡小小者總是可愛」已經過了千年，太平洋彼岸的文明卻到今日才傳來同樣的話語，這是多麼諷刺的事啊！如此看來，並非是日本終於與歐美文明並駕齊驅，而是歐美總算趕上了日本文化。

1 坂本龍馬（一八三六—一八六七），幕末的尊皇攘夷派志士，出身土佐藩（現今高知縣）。為倒幕運動做出諸多重大貢獻，但後來於京都遭到暗殺。

2 土佐勤王黨為幕末時期成立於土佐藩的政治結社，由武市瑞山發起，以尊皇攘夷（還政天皇，抵禦外夷）為目標。

3 Mechatronics一詞結合了mechanism（機械裝置）與electronics（電子工學），是一門結合了機械、電子與資訊工程等多方技術與知識的跨領域研究科目。

4 西周（一八二九—一八九七），日本幕末明治時期的思想家、啟蒙家，致力於介紹西洋哲學與啟蒙思想的普及。著有《百一新論》、《致知啟蒙》等。

5 森鷗外（一八六二—一九二二），明治至大正年間的小說家。從東京大學醫學部畢業後成為陸軍軍醫，後前往德國留學。歸國後開始文學創作、評論以及翻譯活動，被視為二戰前與夏目漱石齊名的文豪。著有《舞姬》、《山椒大夫》等。

6 拉爾夫．納德（Ralph Nader），美國律師兼社運人士。於一九六五年出書點明美國汽車在設計上的巨大缺陷，並指控通用汽車等大型汽車製造商因成本或其他考量拒絕改進。後來他在與通用汽車的訴訟中獲得勝利，甚至促成美國政府制定與汽車安全相關的法律，可說是消費者保護運動的先驅。

7 本歌取為製作和歌或連歌時所使用的修辭技巧，即擷取著名古歌的部份詞句放入自己的創作當中，以期達到強化意境或加深印象的效果。

第六章

「擴張」文化與當今日本

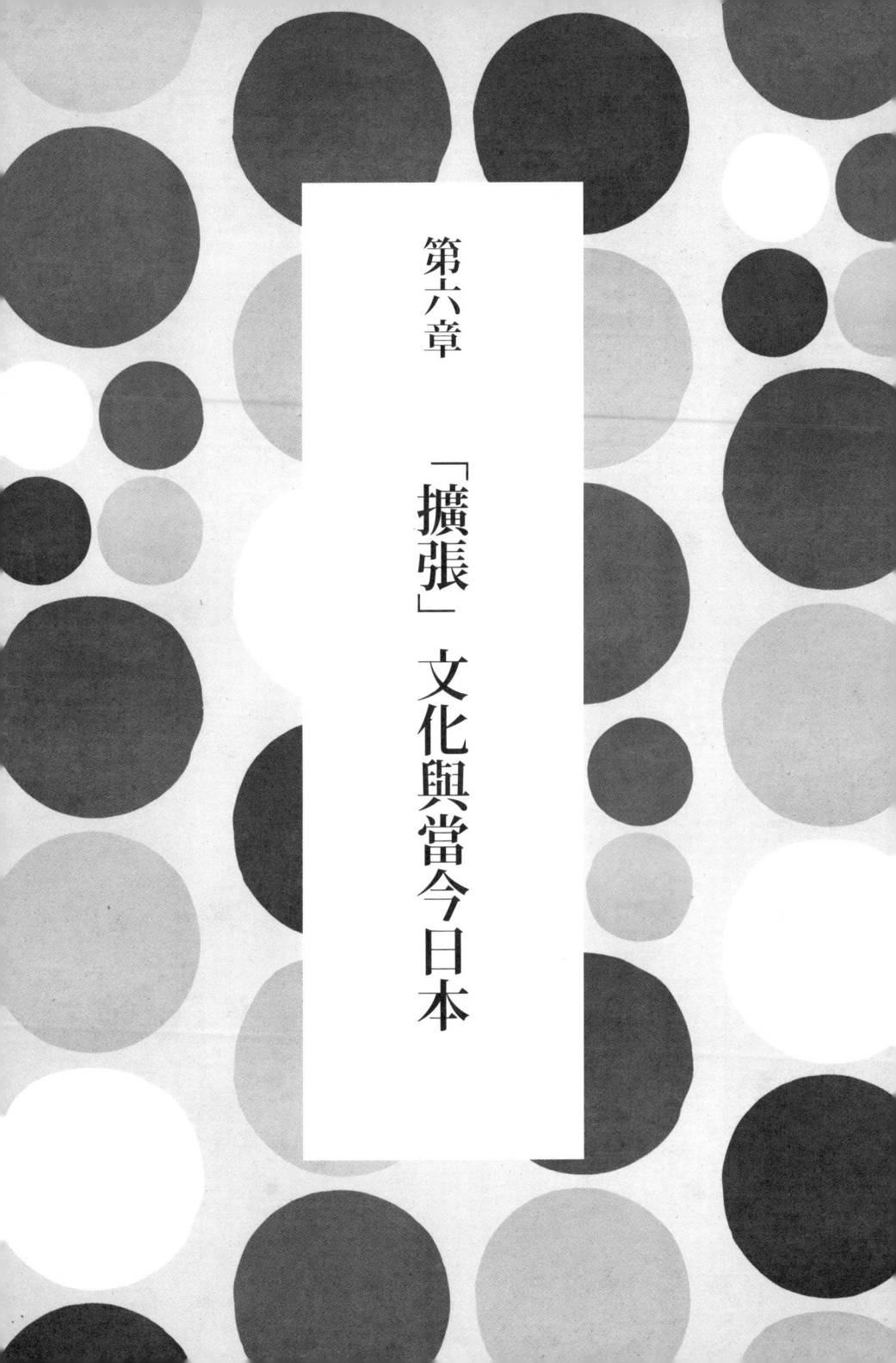

1・「國引」文化

不知道星星的人們

請大家回想一下《出雲國風土記》中記載的「國引神話」。相傳八束水臣津野命覺得自己的國家被建得太小，於是眺望大海對岸的朝鮮半島和北陸地方，高唱「看起來還有多餘的國土」，於是從那些地方割取陸地，用繩子拉過來，並將之與出雲國縫合在一起。正如這個神話，日本文化也屬於「國引文化」的一種，並非從內向外擴張，而是具有把外面的事物往內引進的縮小意識（摺扇型）。日本人就連大自然的山水、月亮、神明都拉進凹間，對於文化也是如此。

如果將文化的擴張視作「教導」，那麼文化的縮小就是「學習」。從歷史來看，日本人很少將其文化傳到國外。日本的文化史可謂是外國文化的「學習史」。先是向朝鮮的王仁[1]和觀勒[2]學習漢字與曆法，而後直接從中國學習諸多文化；到了德川時代，日本向荷蘭與以英國為首的歐洲諸國學習，等到太平洋戰爭結束之後，又引進美國的文化。

沒錯，無論是中國或韓國，都喜歡教導其他國家某些事物。將中國文化傳播至周邊各國的中華思想，屬於「教」勝於「學」的文化。歐美亦是如此，所以歐美文化也可說是傳教士文化，他們為了傳播基督教而越過世界各大洋，前往未知的國度。

很難想像日本的神官會為了傳播神道而遠赴歐洲或非洲。光從語言方面來看，會發現日本人很喜歡使用與「練習」或「學習」相關的詞彙。不僅「勉強になりました（受教了）」成為一種寒暄用語，甚至在店裡講價的時候會問：「勉強できない？（直譯為「可以學習嗎？」意思是希望店家算便宜一點）」店家則回答：「じゃ、勉強しましょう（直譯為「好吧，那就來學習吧」，也就是答應殺價）」

若說到溫暖房子的方式，韓國的溫突（類似於地炕）或暖爐都是用來溫暖整個房間，但日本的暖桌根據的是縮小的思維，因此只溫暖房間的特定一處。人則好比貓咪一樣，蜷縮坐在暖桌裡。

因此日本雖然四面環海，卻沒有成為海洋民族。下面就來看看證據。對於海洋的擴張文化，也就是航海文化而言，最重要的便是星星。所以希臘神話當中出現了許多星星之神，但日本的神話當中就只有一位天津甕星。《萬葉集》雖然歌詠了許多自然的事象，卻鮮少出現以星星為主題的詩歌。相較於新羅在七世紀左右建造了被認為是世界最早的觀星台，日本則要等到江戶中期左右才知道星星會流轉，並發現北極星的存在。

對於身邊便利且觸手可及的事物非常了解，擁有縮小意識的日本人一旦跨出自己國家以外的擴大空間，意識結構和行動模式就會突然改變。也就是說，當喜愛細膩美麗事物、彬彬有禮的日本人走向廣大的海洋，就成了倭寇。然而，倭寇畢竟骨子裡還是日本人，無法忍受外面的世界。因此儘管與明朝官軍搏鬥後占領了杭州灣的舟山列島，但才過了三個月便棄島撤退。

內外兩個世界

從這裡形成了日本特有的「內」、「外」觀念。「內」為縮小的空間，是自己能夠充分瞭解的具體世界，也是親身經歷感受的小世界。相對於此，「外」代表擴大的世界，是一個抽象的廣闊空間。因此日本人無論看到什麼，都傾向將其分成內或外進行思考與行動。無論在哪一個國家其實都會有這樣的區別，只是程度上的問題。

根據「內」、「外」的觀念，同樣的詞彙也會有不同的意義。日本學學者唐納德．基恩曾指出即便同樣是島，日本國內的島必會讀作「shima」，例如鹿兒島（Kagoshima）、對馬（Tsushima）等；但外國的島卻不讀作「shima」，而是「tou」，比方說濟州島（Saishutou）、塞班島（Saipantou）皆是如此。船的名字也相同，如果是日本船，會稱作「某某丸」，外國的船則稱作「某某號」。

這種相對的例子還有很多。從世界的角度來看，日本是「內」。因此比起海外經常受到批評的日本觀光客，在國內旅遊的日本旅客似乎還比較遵守禮儀。愈往「外」，日本人原有的特性就變得愈薄弱。正如俗話說「出門在外，不怕出醜」，「內」與「外」的倫理並不能相提並論。

日本人在建造坪庭這種「內」庭園方面可謂天賦異稟，卻不擅長在寬廣的公共空間打造好比「外」庭園的公園。無論是倫敦海德公園或紐約中央公園，都絕非日本可以比擬。即便個人家中的凹間散發精緻之美，但打造都市的時候，整體既不均衡也無美感。「內」日本和「外」日本就是如此地不同。有首連歌的付句寫道「枯野露水蟲聲殘」（良阿），日本人雖然擁有連細微蟲聲都能辨識鑑賞的敏銳聽覺，到了公共場所卻對擴音器傳出的噪音無動於衷。各位不妨去新宿看看，世界上沒有哪一個都市像日本街頭這般亂無章法地充斥著來自擴音器的商品宣傳或是政治演說。所以美國的日本研究家愛德華．賽登施蒂克（Edward G. Seidensticker）才會感嘆：「為何日本人有如國寶般細心保存人工的庭園，卻對破壞瀨戶內海等自然景觀毫不在乎？」

一匹狼的悲劇

日本人的「內」、「外」意識形成了相對的套盒結構，其實構造上就好比日本的城。自己本身位在丸之內，也就是城池中心的主城；接著向外推依序是二之丸、三等外圍城廓，最後出了城門才是「外」。主城所在的丸之內是最濃密的縮小空間，隨著慢慢以環形向外擴張至二之丸、三之丸，縮小空間的濃度也會愈來愈稀薄。因此，日本人只要進到「內」，就會感到安心。一旦成為夥伴便會作為「自家人」相互扶持，在世界的巨大洪流當中一起生存下去。

透過「村八分」一詞也能有所了解。先是集合幾個家庭建立名為「垣內」的集團，幾個垣內又可建立名為「村」的集團。因此「村」就是一個大型的「內」，村裡的人則宛如家人。這使得現代都市也很常見的町內會、自治會總數高達二十七萬四千七百個（截至一九八〇年十一月，自治省調查），且在日本各地都有組織。

因此，正如江戶時代的法律集《御定書百箇條》所規定，村裡彼此往來的十個項目包括誕生、成人、結婚、死亡、法事、火災、水災、生病、出遠門、土木工程。如果有人做了會損害村莊整體利益的壞事，那麼十個項目之中除了火災與葬禮之外，將完全不與這個人往來，這就是「村八分」一詞的由來。

與家裡斷絕關係或遭到「村八分」，意味著從「內」被趕到了「外」。「內」的同伴（日文寫作「仲間（nakama）」，韓文由於沒有相對應的詞彙，因此會直接使用日文的說法）意識是相對於「外」的激烈排他意識，在這一層意義之下，所有外國人對日本人而言都是「村八分」的對象。

昭和四十年（一九六五），阪急球隊的外國人選手史賓賽與現在是解說員的南海球隊野村選手競爭全壘打王的過程，便很好地反映了這種情況。根據懷汀所著的《菊花與球棒》，當時史賓賽選手遭到日本投手不斷地四壞球保送。史賓賽完全沒有打擊的機會，於是將球棒反拿，以表抗議。然而面對主張「內」的論調，他並沒有任何勝算：「為什麼要把全壘打王的頭銜交給外國的選手呢？如果我們（投手）要把全壘打王的頭銜給某個人的話，沒理由不給野村選手。」野村選手於是在這一年成為戰後日本職業棒球賽第一位三冠王。

在某種程度上，這還算是一個可愛的故事。儘管至今為止有多達三十三部描繪廣島核爆受害者慘狀的電影，但當中沒有一部提到過韓國的受害者，這種現象並不能夠單純地一笑置之。不僅是電影，在廣島長崎的韓國受害者直到今天都還不清楚正確的數量，且據說很多人都被延誤治療。對於這些幾乎都是受到日本徵召、強制在日本勞動的韓國人所受到的二度傷害感到憤怒的盛善吉，於是決定以個人身份為這些韓國受害者拍攝紀錄片。可見就連在向世界控訴人權的核爆證詞當中，也可以看到「內」與「外」分得如此清楚。

即便都是日本人，一旦脫離「內」的框架，就會如「外人」一般遭到排擠。在日本，獨自行動的孤狼會被邊緣化，必須隨時面對餓死的威脅。即便「怪人（変わり者）」在法國是用來稱讚天才的詞彙，但在日本卻是與「內」集團不合的人，也就是遭到「村八分」的人。「外人」對日本人而言是必須打倒的敵人，因此雖說集團是個人的墳墓，但在日本，離開集團成為個人反而才是自掘墳墓。所謂「窗邊族」或「肩叩」[3]正是最好的例子。

所以日本人一旦走向「外」就會喪失自我，若是前往邊境外的遙遠國度，就不再是「作為同伴的他」。例如派駐南美的模範員工射殺撿高爾夫球的原住民少年；在希臘則有日本人因為狗被輾斃，而用石頭打死完全無關的人；另外還有在法國寫碩士論文的知識份子，竟然將女性分屍吃下肚，這些都是與日本國內完全不同的犯罪模式。

日本人的三S和外交舞台

可見即便日本人在「內」表現得很好，但站上「外」的舞台就會變成三S——在國際會議上默不作聲的沉默（Silence）派、有人來攀談的時候只會傻笑的微笑（Smile）派，以及會議中頻頻點頭的打瞌睡（Sleep）派。甚至有外國的評論家推論：「日本人不願對世界打開心胸。他們之所以在國際會議上沉默不語，想必是鎖國時代向外國人洩漏情報會被判死罪所留下的後遺症。」

此外，日本也經常被批評不從國際的觀點看待外交，僅顧及自身的利益。一九七三年石油危機之後當石油的供給變得不穩定，日本成了自由主義國家當中最早捨棄親以色列政策的國家，並發表親阿拉伯聲明，在一夕之間改變了立場。另外，在羅德西亞的種族歧視政策遭到國際譴責的時候，日本一開始在外交上對此漠不關心；然而等到非洲各國展開經濟制裁時，因為危及到國家本身的利益，日本才又調整對羅德西亞的政策。

這類的例子不勝枚舉。比方說當年（一九七七年）發生日本赤軍[4]劫持日航班機事件的時候，日本政府的處理方式沒有考量到國際的立場，只顧及自己國家眼前的安全。越戰時期的日本雖然是唯一沒有任何犧牲便獲得龐大經濟利益的國家，對越南難民的冷漠態度卻為人所詬病。儘管日本在國內是建立「座」的天才，但在寬廣的國際舞台，卻無法順利與其他民族建立「座」。

因此，日本的外交與其稱之為外交，更像是以內交為基礎。當年外交官松岡洋右主張脫離國際聯盟的言論如果站在國際的立場，實在是相當拙劣輕率的舉動，但在日本國內卻受到拍手喝采。日本之所以做出據說連松岡洋右本人後來都承認「自己的舉動超乎想像」的事情，是因為「外」的輿論距離「內」太過遙遠。

鈴木善幸首相在渥太華高峰會披露「和」的哲學，這也是直接將「內」的理論帶到「外」的例子。「和」如果翻譯成外文是「harmony」，但實在很難想像鈴木首相在高峰會這等國際會議上真心地期待雷根和柴契爾夫人可以理解聖德太子「以和為貴」的日式內涵。或者更應該說，如果他們了解，或許只會徒增困擾。畢竟日本的「和」是相對於「外」的「封閉性」觀念，因此對他們來說反而意味著「不和」，更別提「和」的概念其實是鈴木首相針對國內政治的原則。當日本試圖將對「內」的理論強押給「外」面的世界，終將導致外交孤立的摩擦。

不要被「世界八分」

據說日文當中來自歐美的外來語約有三千至四千字，而歐美把日文詞彙當作外來語使用的頂多只有代表財團的「大軍（taikun）」或「切腹（harakiri）」等。儘管每年都出現貿易赤字，但歐洲諸國為了將自己的文化推廣到世界所花費的預算，遠遠超過經濟大國日本。放眼世界上任何一個市場都可以看到日本製的相機、電子錶，以及各式電器產品，然而想要在大學的研究室裡找到日本學的學者卻並不容易。在日本國內，英文和法文的學院隨處可見，但到了外國，教授日文的學院卻是屈指可數。據說兩者的比率大約是二十三萬對九千。

因此有人批評「日本的確是國際社會的一員，但卻僅限於貿易層面，在國際資訊社會裡其實依舊處於鎖國狀態。」就算經濟層面可以實現「超英趕美」的夢想，但內村鑑三[5]對於「日本到底有什麼值得向世界誇耀？」的文化質疑至今依然無解。正如他當時發出的感慨，日本尚未脫離所謂「世界的鄉下」狀態。日本人雖然害怕遭到村八分，卻對是否會遭到「世界八分」毫無警覺。

這並不僅是因為日本受到文化鎖國主義的強烈影響所致。日本在向世界傳遞自身文化的時候，擅長利用的是不是「外」舞台，而是「內」舞台。由於文化也是在主場才能發揮到極致，因此日本人在東京和札幌奧運對日本文化的宣傳，確實得到了絢爛奪目的評價。

既然如此，為何只有商品可以在擴大意識的國際貿易場上取得勝利呢？這一點非常諷刺，但也是「縮小文化」最後的秘密。便當或摺扇都是根據該時代的縮小意識所創造出來的「物」，然而一旦被製造出來之後，會因為簡便且利於攜帶而立刻與「擴大意識」連結。扇子經由摺疊變小的過程雖然本身是一種縮小，卻由於機能的擴大才讓扇子商人得以把摺扇賣到全世界。因此，當「縮小文化」強化了「物」的機能，必然會受到擴大文化的歡迎。

只可惜心的縮小（封閉）並沒有那麼容易就能敞開。所以從日本的歷史當中也可以發現不少「因為縮小而擴大」的悖論所引發的各種問題。正如做出細緻美麗摺扇的日本人一旦成為帶著摺扇跨海販賣的商人，就變成惡名昭彰的「倭寇」，類似的事情總是不斷上演。

2・武士商人

畸形的一寸法師

日本人根據縮小意識製造出電晶體和半導體，之後又帶著這些產品進入世界的市場，與擴大文化接觸。從如此矛盾所產生的就是嚴重的貿易摩擦問題。所以日本雖然在貿易方面比任何國家都國際化，但日本人卻比任何民族都還要不國際人，展現在根深蒂固的「內」、「外」意識下形成的屏障內生活的封閉性。這種文化就好像是只有手腳發展成大人但身軀依然是孩子，有可能誕生出畸形的一寸法師。

究竟日本人除了作為日本這個「村」的村民之外，是否擁有身為國際社會一份子的責任意識呢？日本的文化是否超越本國的利益，創造出對人類有貢獻的文化？又是否向世人們傳達了獨創的訊息？這些問題無論是歐美或亞洲，都對日本投以懷疑的眼光，於是便出現了「經濟動物」和「日本株式會社」等流行語。僅憑「內」的意識及其理論已經無法立足；縮小意識的文化雖幫助日本成為經濟大國，卻也因此面臨嚴峻的挑戰。

日本是先進國家當中，唯一軍事費占GNP不到百分之一的國家。有些外國的評論家會把GHQ統治下的日本看作與江戶的鎖國時代同樣屬於「縮小文化」的時期，其實不無道理。江戶時代的鎖國主義為維新的近代化建立基礎，而GHQ時代的日本亦是趁著世界各國處於冷戰之際，獨自躲在美國的身後奠定現今經濟大國的基礎。然而，隨著日本變身經濟大國，世界看日本的眼光也改變了。在GHQ傘下成長的「縮小文化」，現正迎來前所未有的新挑戰。

換句話說，日本的縮小意識在「內」是「和」，但若是站上世界舞台則顯得封閉。勤勉成了「工蜂」、一心專注成了「征服世界市場的野心」，而主客一體的「一座建立」則看起來像是排他主義。

駕駛豐田汽車的武士

歐美的報紙上曾有一則漫畫描繪了身穿中世紀鎧甲並配戴日本刀的武士騎著豐田的機車飛馳而來，或是在全黑的報紙版面上刊登寫有「因為日本人才變成這樣」的汽車降價宣傳廣告。《時代》雜誌將日本的海外業務稱為十四世紀的武裝商人(倭寇)，批評他們

「唯一的差別是現代的倭寇沒有身穿東條英機時代的軍服或佩槍帶劍，而是以算盤為武器」。但這畢竟是一九七〇年的古老報導，如果換成談論現在汽車和半導體等新產業的貿易摩擦，就不是把算盤換成計算機這麼簡單了。

把鏡頭轉到在古色盎然的下議院討論關稅法的英國，可以看到老議員拿著大禮帽和蝙蝠傘演講：「各位！現在大英帝國剩下的只有象徵榮耀的大禮帽和蝙蝠傘，然而各位！請仔細看看，翻過來會發現上面寫著Made in Japan」。

美國也發生了同樣的事情。日本的皇太子在訪美的時候收到牛仔帽和手槍模型等禮物，但這些象徵美國的東西也都是「Made in Japan」。話雖如此，日本人沒有任何罪過，畢竟他們不過是在自由貿易下的國際競爭中勝出罷了。

沒必要討論過去的例子，不如就以我寫文章的這個瞬間所發生的事情為例。一九八一年五月，西德的世界級相機製造商祿萊公司（Rollei）向法院申請公司清算，當地媒體報導：「我們辛苦培育的名門企業被日本擊倒。」英國也與西德連成一氣，評論道：「祿萊事件是歐洲企業敗給日本的戲劇性事例。」

話雖如此，但錯還是不在日本。因為他們是從國際競爭中脫穎而出的贏家！

隔年六月，製造Omega手錶的瑞士名門企業SSIH公司出現巨額赤字，公司董事全部辭職。原本到一九七五年為止一年生產六千九百萬支手錶的世界王者，竟在日本電子手錶風暴的襲擊之下走向沒落，瑞士的象徵就此消失。就連製造出萬延元年（一八六〇）日本赴美使節團造訪美國時收到的懷錶，以及作為日本第一個鐵道時鐘獲得日本國鐵採用的知名品牌華爾頓（Waltham），也成了日本崛起的犧牲者。如今，他們唯一不用擔心會被日本人搶走寶座的，只剩下比富士山高的阿爾卑斯山。

媒體不斷地報導類似的新聞，例如美國唯一的機車製造商哈雷・大衛森（Harley-Davidson）輸給來自日本的挑戰，脫離AUF公司獨立；作為裁縫機代名詞的勝家（Singer）裁縫公司也受到日本電子縫紉機的打壓，含淚關閉蘇格蘭的工廠，並停止擁有百年歷史的伊莉莎白工廠的部份組裝工作。他們紛紛譴責日本瞄準歐美步入衰退期的產業，進行洪水式輸出的貿易政策。「如果沒有蘇聯和日本，生活該多麼美好」的說法傳遍美國、英國、西德等地，相較於帶來軍事威脅的蘇聯，日本則被當成擾亂經濟的始作俑者。

當然，在自由貿易的開放競爭中獲勝的日本，只有驕傲，沒有罪過。

日本人經常以「歐美人不工作，把自己衰退的責任轉嫁給日本」還以顏色，認為貿易摩擦是對日本繁榮的嫉妒。然而，葛瑞里・克拉克教授曾針對日澳貿易之間日本的牛肉進口方式發出感嘆。一九七四年日本發生牛肉供應不足的騷動時，緊急派出通商使節前往澳洲，希望增加牛肉的進口量。雖然澳洲當局起初以此舉會導致國內的牛肉價格上升並打亂反通膨政策為由拒絕，但最終還是簽訂了新的協議。澳洲因此擴大了牛肉的生產規模，然而後來日本的牛肉供給量從不足轉為過剩，再加上農民團體反對牛肉進口，日本於是不顧先前的協議，單方面減少了牛肉的進口量。澳洲的牛肉就這樣受到日本的牽制，同樣地美國的漁民則是因為鯡魚卵落得欲哭無淚的下場。

日韓貿易之間也有相同的情況。如今日本對韓國的貿易順差一年高達三十億美元，相較之下相信日本而不斷製作海苔的韓國漁民，荷包卻愈來愈薄。我們彷彿都可以聽到「日本啊！這樣公平嗎？」的嘆息。

……第二次世界大戰之後，美國對於來自日本的商人採取極為開放的態度，讓他們參觀企業，提供各種技術上的協助。然而，日本的企業對於外人卻多少有些封閉，這帶給我們些許不公平的印象。美國人在汽車問題上的情緒化反應，想必與此有關。

為了在國際社會當中生存，我們相信公平是一件非常重要的事。這一點將是日本今後的一大課題。（《日本的管理藝術》）

話雖如此，既然是自由貿易，那麼不論公平與否，也沒有任何罪過。畢竟所謂的競爭，就是勝者為王。

當美國提到橘子，日本就會以農民為擋箭牌說不，然而輪到他們賣汽車的時候，卻絲毫不顧及美國的勞工，說是為美國節省能源做出貢獻。這種理論並不僅表現在口頭上；儘管號稱「市場開放」，但日本卻築起眼睛看不見的高牆，牢牢地封閉其市場，也因此受到世界各國的批評。美國香菸在日本市場的占有率僅百分之一．四，與在歐洲占二至三成相比實在少得可憐而引發爭議。雖然日本解釋說因為沒有宣傳所以賣得不好，但從著名的黑田分店事件來看，這其實是因為日本向各香菸販賣店以公文下令「美國的香菸賣太好會造成困擾，因此不得放進自動販賣機裡販賣。即便是在店裡販賣，也要放在不起眼的地方」。以高爾夫球比賽來說，相較於其他國家普遍都使用威爾森（Wilson）的球桿，就只有日本球員愛用登祿普（Dunlop）；日本市場銷量百萬支的金屬球棒，也僅有二千五百支是美國製，只因進口的金屬球棒要經過安全檢查，並在上面貼上S的標籤。這種種類似的案例甚至是由日本人自己（加藤寬教授）提出的，可見市場開放不過是場面話，貿易保護才是真正的意圖。

對此，日本的回答卻是：「雖然想要增加進口量，但沒有想從世界買入的東西，那也沒辦法。」換句話說就是日本擁有絕對的競爭力，因此無可奈何。

其他先進國家於是質疑，既然日本的競爭力夠強，又為何要牽制ＮＩＣｓ（新興工業化國家）的發展呢？日本的外交部長曾公開明言不可向韓國的重化工業提供技術支援，而日本的產業經濟界也創造出「迴力鏢效應」這個新的學術用語來論證此事。也就是說如果以技術支援新興工業化國家，用這個技術製造的商品將會回過頭來輸入日本，進而對日本製品造成打擊。

我不確定在日本還是開發中國家的時候，歐美是否就已經有「迴力鏢效應」這種術語。但無論如何，這確實不能怪罪日本。畢竟技術是日本的，要怎麼做當然是日本的自由。

這是條曾經走過的路

沒錯，日本沒有罪過。這是他們勤奮得來的成果，但我總覺得這是條似曾相識的道路。一九三〇年代，日本的商品如雪崩般入侵歐美，把韓國踩在腳下，擊敗大國俄羅斯和中國。日本因此產生了大國意識，從「縮小」轉向「擴大」的巨大主義，並逐漸成為名符其實的軍事大國——大日本帝國。當時，歐美為了抵制日本的「擴大」政策開始杯葛日本商品，關稅壁壘變得愈來愈高。日本最終「忍無可忍」，因此點燃了太平洋戰爭的導火線。

沒錯，我現在討論的並非日本的貿易問題，而是當日本從「縮小文化」轉變為「擴大文化」，同時受到大國主義影響而企圖變得更加巨大的時候，對於歐美和日本自身究竟會造成什麼樣的文化現象。

3・對寬廣空間的恐懼

移到大地的盆栽

不擅長「擴大」的日本人從「內」走向「外」的時候，會陷入什麼樣的狀態呢？經常被日本人論所引用的三島夫人自傳《我的狹島祖國》（*My Narrow Isle*）正是最好的例子。三島夫人描述自己進入美國衛斯理大學後，老師和同學都待她非常親切，但她在心裡卻感到十分痛苦。「與所有日本人一樣，我自認舉止普遍完美，但這份驕傲卻被無情地傷害。我對於完全不知道在這個國家應該如何表現的自己，以及彷彿在嘲笑我過往所受教養的環境感到憤怒。除了這種模糊卻又深刻的氣憤之外，我沒有其他任何感覺。」

日本人從內走向外，也就是從「縮小」走向「擴大」的空間，就會變得如三島夫人所說「與所有日本人一樣」，大家「都不知道該如何表現」，陷入不知所措、覺得周遭環境彷佛就像在嘲笑自己的心理狀態。然而同樣是東方人，中國的女孩們「大部份擁有日本女孩所沒有的沉穩與社交性。這些來自上流社會的中國女孩們，每個人都有如王者一般優雅，看上去就形同世界真正的統治者，讓我覺得她們是世界上最有修養的人……她們無所畏懼、沉著冷靜的模樣，與我們日本女孩的怯懦以及過度敏感形成鮮明對比」。這段與中國人的比較，清楚顯示出日本人不擅長擴大的特性。不僅是中國，三島夫人表示泰國人也是如此。

針對三島夫人的文章，潘乃德評論道：「像其他許多日本人一樣，她覺得自己就好像是一個網球高手卻登記參加了槌球比賽。」並分析這是日本人道德上進退兩難的困境（《菊與刀》）。然而，這與道德沒有關係。中國人的道德與日本人其實沒有太大的不同。正如三島夫人自己所作的比喻，種於「小型植木鉢」的松樹盆栽放在庭園裡的時候是增進美觀的藝術品，但移植到大地之後就會喪失其美感和特色——這才是問題的核心。

豐臣秀吉為何失敗？

豐臣秀吉在文祿慶長之役的慘敗，亦是日本文化不擅長向外擴大的表現。正如文藝評論家小林秀雄先生的分析，豐臣秀吉乃是「氣宇壯大的英雄，但絕非不切實際的空想家」；「從拿草鞋的侍僕成為奪取天下的關白，這樣的人不可能是空想家」。他必定有征服明朝的信心，認為占領北京是既定的事實，並訂立縝密周到的計畫。據說他準備任命豐田秀次為中國的關白，甚至與後陽成天皇約定行幸[6]北京，皇室也下令調查各種相關儀式（小林秀雄《新事變》全集第七卷）。

既然如此，豐臣秀吉為什麼會失敗呢？善用戰術、豐富的實戰經驗和卓越的外交手段成功統一天下的豐臣秀吉，為何未能觸及北京，甚至連釜山都無法登陸？小林秀雄先生認為是因為豐臣秀吉誤判情勢，並指出當時遠渡朝鮮的日本軍隊看到朝鮮遼闊的大地立刻嚇破了膽。秀吉手下的大將毛利輝元在從星州的陣營寫給國內人士的信中描述道：

「此國之遼闊，甚是廣於日本。」

朝鮮當然不可能比日本大。然而從「內」走到「外」，置身於未知空間的日本軍隊馬上就認為朝鮮非常遼闊，此時便已註定失敗。

「廣闊」會讓日本人陷入如三島夫人所說的「不知道該如何表現」、「不知所措」的狀態，導致行動模式和方向感大亂。原本以為一年之內可以解決的戰爭，就這樣持續了七年。小林先生指出，豐臣秀吉不僅在戰略上失算，與明朝的外交也相當失敗。豐臣秀吉儘管在國內面對德川家康的時候是個交際能手，但與明朝打外交戰的時候，卻不過得到「特封爾為日本國王」這個毫無意義的冊封。

從拿草鞋的侍僕到關白，豐臣秀吉用的是「縮小」的方法。當時這個方法非常有效，但自從統一天下後，他開始擁有巨大意識，在把手伸向「擴大」的那一刻起就失去了判斷力，犯下就連想法本身都非常荒唐無稽的朝鮮戰爭。之後他殺了利休，以豪華的金銀器具取代侘茶。秀吉雖然是一位「縮小」的天才和英雄，卻是「擴大」的愚者。

無論是豐臣秀吉或日本軍隊，一旦以「擴大」為志，就會招來如此悲慘的結果。文祿慶長之役不僅是朝鮮，對日本和秀吉本身也沒有任何好處，只留下深深的歷史傷痕。

綜觀日本的歷史，以「縮小」為志向的時候都很繁榮。一旦成功或過了頭，就會像豐臣秀吉一般憧憬巨大主義，改以「擴大」為志向。此時的日本人與過去宛若天差地別，原本的細膩遭到破壞且判斷力盡失，美的感受性一下子變得殘虐。

太平洋戰爭的敗因

近代史中，太平洋戰爭可說是重蹈了豐臣秀吉的覆轍。在日俄戰爭和滿州事變（九一八事變）中取得勝利的日本，任由豐臣秀吉般的自信和擴大意識持續發展。一直都是日本擴大意識下首位犧牲者的韓國，此時也遭到日本的殖民侵略而喪失主權。

當由少數集團推動的明治維新獲得了成功，自此以後日本便不斷地採取擴張策略，到了一九三〇年代，軍閥已經成為龐大的組織。同樣由於誤判導致文祿慶長之役邁向巨大空間的失敗歷史重演，太平洋戰爭最終隨著原子彈爆炸的餘燼劃下句點。讓日本列島陷入危機的不是「地震」，而是過剩的「自信」[7]。

不曉得朝鮮冬天嚴寒的豐臣軍有高達上萬的年輕士兵因為穿著草鞋造成腳趾凍傷潰爛，但即便如此日本軍隊還是繼續穿著草鞋作戰。同樣地，太平洋戰爭初期日軍以包圍戰術在戰場上連戰皆捷，然而當戰術被識破遭到同盟軍的新戰略反擊，日軍卻依舊反覆使用相同的包圍戰術，也難怪會連續吃下敗仗。由此可見一旦進入擴大的世界，那些柔軟、靈敏的「架勢」天才，也成了黔驢技窮的愚者；甚至就連密碼已經被同盟軍破解，日本還是繼續使用相同的密碼。

可以親身感受的事情就會做得很好，例如偷襲珍珠港或神風特攻隊等用肉身拚搏的戰法就獲得了成效。然而若以相撲來說，這屬於一瞬間將對手「推出場外」的技術，但西洋的摔角是無論跌倒幾次，只要雙肩不碰地即可。在這樣的比賽中，相撲的技巧也毫無用武之地。一旦事物變得模糊抽象，日本人就束手無策了。太平洋戰爭失敗的原因雖然有千百個，但簡單來說就是日本的民族特性不擅長「擴大」。

偷襲珍珠港的靈感，是出自瞄準對方一瞬間的鬆懈而取勝的日本劍術和相撲。只不過太平洋戰爭的戰場實在太過廣大，就好比把盆栽裡姿態曼妙的樹木種在一望無際的廣闊原野上，日本往往會犯下大錯。

4・軌道礦車與木筏

芥川龍之介的軌道礦車

我在探討日本文化時，腦海中總是浮現一個作品，那就是也可算是一種縮小文化的芥川龍之介的小品《軌道礦車》（トロッコ）。如此簡短的作品能廣受眾人閱讀與喜愛想必也是很少見的例子，那到底為什麼會受歡迎呢？我從這篇作品當中，看到了日本人無法掩飾的縮小意識。

八歲的少年良平，有一天跑到村外的工地去看搬運土石的軌道礦車。他覺得非常有趣，心想說不定有機會坐上礦車。午後佇立在工地現場的良平看到兩名年輕工人正在推礦車，便說道：「叔叔，我來幫你們推吧。」良平用盡全身的力量推車，兩名工人稱讚他很有力氣。良平努力推著礦車爬上橘子田，乘著車下坡的時候風把外套吹得鼓鼓的，空氣中飄著橘子甘甜的氣味，令他感到心情舒暢。

竹藪、雜木林、帶有涼意的大海在眼前展開。看到這番景色，良平突然發現自己走得太遠了。

礦車停了下來，兩名工人留下良平，自己進到茶店。良平一個人踢著不會動的車輪，又試著用力推車，不知不覺當中天色逐漸昏暗。兩位工人輕描淡寫地說他們暫時還不回去，要良平自己回家。不知所措的良平急忙走上回家的路，還丟掉了懷裡礙事的零食，眼中泛淚，一邊感受左側大海吹來的寒風，一邊爬上陡坡。他拼命趕路，就連外套也脫了丟在路邊。好不容易回到村裡，良平見到路邊兩側點著燈的人家，還有在井邊取水的婦女和從田裡回來的男人們。

良平衝進家裡，終於忍不住嚎啕大哭。想起剛才從遠地趕路回來的膽戰心驚，好像哭再多也無法平息；無論家人怎麼安撫，良平仍止不住哭泣。

以上是《軌道礦車》的大致內容。

乘著軌道礦車與不認識的人前往村外，代表了良平的「擴大意識」。礦車沿路經過各種景色，最後出現大海。面對一開始在礦車上和陌生人看到的風景，良平就好像是被風吹得鼓鼓的外套一般，滿心雀躍；與之後被工人拋下而落單，好不容易在傍晚返家的良平截然不同。一下子襲來的不安和膽怯情緒讓他拼了命地趕回家，宣告著「擴大」的失敗。從「外」回到「內」，也就是回歸「縮小意識」本來的樣子。

芥川龍之介果然是典型的日本人。

頑童歷險記

在探討美國人精神時，人們經常引用馬克・吐溫（Mark Twain）的小說《頑童歷險記》（*Adventures of Huckleberry Finn*）。與《軌道礦車》相比，包括小說的份量在內都可以看到許多對照的象徵。書中主角哈克搭乘的不是軌道礦車，也沒有與大人同行，而是與逃亡的奴隸吉姆一起乘著木筏，沿著密西西比河順流而下。哈克受不了被束縛的生活，於是才從村裡逃走。

在此不妨來比較一下良平與哈克。良平即使擁有擴大意識，但去的地方也不過是當天就能來回的村外。礦車本身就是個圍起來的箱子，在既定的軌道上行走，但哈克的木筏則不像便當盒有明確的範圍，是個廣闊的開放空間。此外木筏沒有軌道，而是跟著大河洶湧的波浪冒險。即便遇到木筏壞了、被人追趕又被抓起來的種種危機，哈克卻從沒想過要回家。比起一回到家就嚎啕大哭的良平，哈克不僅沒有哭泣，反而只想著如何再次脫身繼續冒險。

良平是「縮小文化」下的孩子，哈克是「擴大文化」下的孩子。同時，在軌道礦車的世界裡，我們看到了日本「擴大意識」的極限。良平彷彿象徵了日本自開化時期至今日為止的歷史。

試著將兩名工人想成是歐洲與美國。一邊推著礦車，一邊從村裡走到村外的良平，一開始曾被兩名工人稱讚「真是有力氣」，正如當初日本在打倒俄羅斯、擊敗中國的時候，歐美人就是這樣稱讚日本的。然而被兩名男性拋下，一個人對著紋風不動的礦車又推又踢，這時的良平看起來既神經質又孤獨，像極了日本在一九三〇年代的樣貌。雖然應該不至於如此，但這同時也與日本將來可能因為與歐美之間的貿易摩擦而在國際上陷入孤立的姿態有所重疊。

良平是小孩子，所以可以丟掉零食，脫掉外套，只要放聲大哭就可以平撫漫漫歸途上感受到的恐懼。但現實的歷史可就沒有那麼簡單了。

細石成巨岩的夢想

讓我們一起看看現實歷史當中，良平(日本)走過的軌跡。

如前所述，與其他任何一個國家相同，日本文化也同時擁有「縮小意識」和「擴大意識」兩面。無論是個人或民族整體，這兩種極端的意識各自擁有不同的節奏。正如良平離家一般，日本人也會有想要創造巨大事物的欲望，並以此為行動依據的「擴大意識」。這是「縮小意識」的反作用，也就是日本國歌〈君之代〉當中所唱「細石成巨岩」的夢想。

自維新以來，日本隨著近代化以及與西歐文明的接觸，開始建立意識形態。江戶時代的學者本多利明認為日本與中國不同屬於海國，所以應以同為島國的英國為典範，主張「東洋有大日本島，西洋有英吉利島，在全世界，兩者並列為大富大強之國」。他的夢想到了一九三〇年代，逐漸變成大艦巨砲主義。「少年啊！要胸懷大志（Boys, be ambitious）」這句平凡的訓勉之所以受到歡迎，「在萬里長城小便，戈壁沙漠會出現彩虹」這首歌謠之所以流行，都可說是軍國主義時代從「縮小」急速朝向「擴大」所孕育出的「君之代文化」產物。

他們忘了江戶時代三百年來根深柢固的「縮小文化」優點，開始把小東西看作是不起眼之物。德川家將面積不大的國家分成三百個區塊，實施日本獨特的幕藩體制，這個「縮小」的統治方式如今被巨大的中央集權式統治、軍國主義，以及殖民地主義統治所取代。比起具體的接觸與感受，這種統治方式更需要的是意識形態。

「縮小意識」如果加入意識形態會變成什麼樣子呢？從俳句就可以一目了然。俳句一旦具備意識形態，就會成為諺語或標語。即使同樣是十七個音節，卻會變成「此丘不許攀登　警視廳（この丘登るべからず警視庁）」或「狹小的日本　這麼急著去哪裡（狭い日本　そんなに急いでどこへ行く）」。當中已經沒有俳句存在的空間。

「細石成巨岩」真能代表擴大主義的成功嗎？姑且不論鄰近國家，日本人自己真的幸福嗎？

在這樣的情勢下，也有知識份子看出軍國主義的「大日本主義」不符合日本的「縮小文化」。提倡「小日本主義」的石橋湛山[8]正是其中一例。石橋湛山在〈大日本主義的幻想〉一文當中批評道，日本如果在海外擁有領土就會種下戰爭的種子，反而對日本不利；與其付出巨額費用與人力在合併臺灣和朝鮮，不如用在日本國內，如此一來工商業必會有顯著的發展。

然而，日本的歷史仍舊走向擴大主義，最終於太平洋戰爭吞敗，「擴大意識」應聲解體。之後又在GHQ之下逐漸縮小，回到原本勤勉工作的「縮小意識」。此舉反而如同石橋湛山的主張對日本有利，化做灰燼的土地因此得以開出繁榮的花朵。

但這或許只是外部壓力造成的結果。當〈君之代〉被重新譜曲，軍人變成企業家，刀變成了算盤，日本人又將逐漸忘記縮小意識「想要擴大就要先縮小」或「如田地一般漸漸擴張」的教訓。

沒錯，如果良平真的想要回家，就必須從看清腳下（亞洲）開始。

5・「名譽白人」的嘆息

成為白人的夢想

渡部昇一先生在《修辭的時代》（レトリックの時代）一書當中如此寫道：

即使手拿登喜路的打火機，腳穿古馳的鞋子，日本人也不會變成白人（或黑人）。日本人終究還是黃種人。

姑且不論渡部先生的修辭觀點，根據美國文學評論家肯尼斯・伯克（Kenneth Burke）的理論，所有的主張大多包含相反的事實。如英國詩人濟慈（John Keats）的詩句「美是真，真是美」，其實也顯示出「美不是真，真不是美」的一般性陳述。畢竟如果是不由分說的事實，就不會有人提出這樣的主張，好比如今不太可能有人大聲疾呼「太陽從東方升起」。在韓國，任何一位知識份子都不會對著韓國人提出「我們不是白人，而是黃種人」

這種理所當然的論調。渡部先生寫下「日本人不會變成白人」，同時也證明了「至今為止，日本人相信自己可以成為白人」。值得注意的是就連發覺這不過是一場妄想的也並非日本人自己，而是多虧了白人的意見。

早在一八一五年萊佛士[9]於巴達維亞科學與藝術協會發表的演說當中就可以看出，西歐人想將日本人從亞洲圈排除，提供作為歐洲圈一員的待遇。根據萊佛士的說法，日本人是充滿活力的國民，其肉體和精神力量無法與一般的亞洲人相提並論，一直以來都被認為比較像歐洲人。日本人與中國人唯一相似的特徵就只有宛如韃靼人一般細長的眼睛，除此之外，日本人的容貌比較男性化，看起來非常歐洲人。

若真如他所說，那美國人在太平洋戰爭的時候就根本不必為了分辨敵方日本人和我方中國人而花費許多不必要的力氣。然而萊佛士認為日本女性的面孔具有與歐洲貴婦一樣白皙的膚色，這種說法似乎至今也不僅止於單純的印象而已。

在種族歧視十分嚴重的南非共和國，日本人被分類為「名譽白人」。他們雖然是黃種人，卻坐在白人的旁邊，享受與白人相同的特殊待遇。因此日本人也經常忘了自己是黃種人的事實。只不過即便歐美人把日本人當作名譽白人看待，但當日本人過於深入他們的社會，成為潛在的競爭者，萊佛士所說的白皮膚也將變得愈來愈黃。

於是萊佛士所謂與白人長相相同的日本人，到了高聲主張驅逐日本製品的艾菲莫夫（G. V. Efimov，著有《阻止日本人》一書）時代卻突然變成比奴隸還不如的「鳳眼窮酸相」。西歐諸國在亞洲和非洲大肆掠奪，盜掘神聖的石棺，把人當作奴隸，但唯有日本列島的黃種人毫髮未傷；艾菲莫夫認為箇中的理由除了沒有值得掠奪的資源之外，日本人的容貌就算當奴隸也沒有人要。

蝙蝠的榮耀與悲劇

當歐美人不再給予「名譽白人」的待遇，日本人這時才突然發現自己不是真正的白人，終究只是日本人，迎來領悟「日本人不會變成白人」的瞬間。日本人於是為了找回自己而努力，使得脫亞主義轉變為「回歸東亞」的興亞主義。然而，正如同日本人無法成為純粹的白人一般，他們也無法成為純粹的黃種人。換句話說，不論從哪一邊都很難找到相同之處。

雖然渡部先生說「日本人不會變成白人」，但對日本人而言真正重要的，其實是認識到「日本人也無法成為黃種人」的事實。

這與童話故事當中既不是「鳥」，也不是「獸」的蝙蝠相似。即使一開始享盡勝者的榮耀，但最終還是得嘗到無法歸屬於任何一方的孤立感。這就是「蝙蝠文化」的榮耀與悲劇。

日本人如果天真地以為只要學習英文、手拿登喜路的打火機、腳穿古馳的鞋子就可以成為白人，那麼他們想藉由論述日本與日本人、在茶室眺望露地重新找回失去的自我，或者靠首相巡訪亞洲重返黃種人世界的想法也同樣太過天真。正如奧德賽的苦難不僅是出征特洛伊，就連凱旋回鄉也是一個難題。

日本的文化一旦過於順遂，就會迎來破滅的危機。當大國意識萌芽，試圖從「縮小」轉變為「擴大」的過程以失敗告終，不僅日本自身，也會殃及鄰國。豐臣秀吉的朝鮮戰爭、韓國與滿州的殖民地化、太平洋戰爭等，皆是最具代表性的例子。軍國主義時代人們最愛高唱的〈君之代〉所提到的「細石成巨岩」，當中就埋藏著巨大主義、膨脹主義的幼苗。

由於現代小學生的平均身高愈來愈高，日本文部省（教育行政機關）於是加大了標準書桌的尺寸。如果只是書桌確實沒有什麼好擔心的，真正需要思考的是隨著時代巨大化的日本人，以及如書桌般擴大的意識。

日本現在經常使用「經濟大國」一詞。當在國的前面加一個「大」字的時候，通常都沒好事。然而，現在日本國內外卻經常出現「日本是世界第一」、「超大國日本」等說法，或是以《日本時代的來臨——從經濟大國邁向政治大國》為題的書籍。究竟為什麼要成為大國？為什麼要成為世界第一？為什麼急急忙忙地想要打造巨大的國家呢？以至今為止的「縮小文化」追趕，再以「擴大文化」超越，這難道是日本的策略嗎？

根據日本「國際交通安全學會」發表的「社會速度指標」（一九七九年），日本人走在路上的速度是全世界最快的，其中又以步行秒速一．六〇公尺的大阪人位居第一，秒速一．五六公尺的東京人排名第二。相對於此，巴黎人則好比秒速一．四六公尺的烏龜。即便是日本當中走最慢的鹿兒島人（一．三三公尺），也比馬尼拉人走得還快。但問題不在於走路的快慢，而是走得如此匆忙，究竟目的地在哪裡？八〇年代實現「追趕超越」的日本，如今正面臨巨大的挑戰。

如同尋找青鳥幸福的答案就在屋簷下，「縮小」和「擴大」文化的答案亦不在未來，而是已經逝去的過往。如同《古事記》當中有關枯野之船的美麗神話，我認為這正是解開日本文化縮小意識各種問題的關鍵。

最後就讓我們一起來看看這則由武田祐吉先生翻譯成現代語版的神話故事。

6・莫為鬼魅，成為一寸法師

枯野之船

這個世上位於兔寸河的西方，有一棵高大的樹。每當晨曦照耀，樹的影子可伸長至淡路島；若為夕陽投射，樹的影子將越過河內的高安山。砍下此樹造成的船，行走十分快速，其名為枯野。朝夕乘著此船前往淡路島汲取清水獻給聖上，待船毀壞後，其殘骸被用於燒鹽，又取燒剩的木材製琴一只，琴聲響遍七鄉。

砍下高大的樹造船，有將巨大的樹木縮小的意思。巨樹反而因此變成可動的物體，能夠行走於更廣闊的大海。船後來經過燃燒後變成更小的琴，其琴聲甚至傳遍比船行走的大海更遼闊的七鄉。

巨大的樹變成船，又再變成琴，隨著逐漸縮小反而影響了更為浩瀚的世界，在這之上還能有什麼呢？

日本的縮小文化，必須達到從燒剩的木頭製作琴才算完成。

日本文化原本就好比兔寸的巨樹，屬於巨大的文化。無論是從古墳出土的素陶器、東大寺的大佛，或是社殿高達三十六丈的出雲大社和仁德陵，都非常巨大；直到隨著時代經過削減與縮小，才創造出與大陸文化不同、屬於日本自己的獨特文化。因此，現在的日本文化可以說是縮小巨樹拿來造船的第一階段縮小文化。

誰縮小的？為何縮小？

根據「縮小文化」的主體和客體，即使同為「縮小意識」，其產物卻完全不同。區分至今為止讓日本的縮小文化開花結果的主體，大致可以分為城內的武士和城下的商人（町人），以及橫跨雙方的世阿彌和觀阿彌等「阿彌」們。枯野之船是以武士和商人為代表的縮小文化，仍在以船汲取清水獻給天皇的階段；無論是多麼遙遠廣闊的大海，船終將會回到狹小的起點。一寸法師和桃太郎征服鬼島、帶回寶物，換句話說，也是汲取清水而歸的枯野之船。

到了現代，武士的縮小文化因為大日本帝國主義的擴大主義宣告失敗，商人的縮小文化雖然在戰後為日本帶來經濟大國的繁榮，但如今卻由於商業的擴大主義帶來貿易摩擦和技術摩擦等各種試煉。過去的枯野之船彷彿武士乘坐的大和戰艦，現在則是裝滿電晶體、計算機、攝影機等商品的出口貿易船，而獻給聖上的清水則變成了美元。

幕末時期的武士河井繼之助曾經對年輕人說：「你們今後不要成為武士，要當商人。」也許是他的忠告起了作用，現在的日本人似乎個個都逐漸成為商人，從文化人、政治家到科學家，無不如此。過去的「日出之國」，如今成了「日圓之國」。

然而，請大家回想德蕾莎修女曾經說過，地球上有兩個飢餓的地帶。其一是非洲，另外則是日本。前者是物質層面的飢餓，後者則是精神層面的飢餓。

日本雖然將各種商品送往世界市場，但在精神層面卻沒有為世界演奏優美的琴聲，這也是為何《日本沉沒》會成為風靡日本的暢銷小說。書中描繪的不是人類的終結，而是日本人自身的危機，就好像在用方言描述特定地區的作品。繁榮的是日本人自己，沉沒也是由日本人獨自承受——日本人似乎還沒有真正擁有與人類共榮共生的國際觀。

若想要將這種「內」意識擴展至七大洋，深入每個人心中，僅靠商品是不夠的。這麼做不過是將過去「軍事大國」的刀換成現在「經濟大國」的商品罷了。真正需要的既不是刀也不是算盤，而是像琴一般的樂器，即能夠引起萬人共鳴的生命樂章。這才是文化真正的力量。

用刀贏得的勝利，背後必定會有失敗者，也無法避免流血；即便是用「算盤」贏得的勝利，背後也勢必存在因受到剝削或損失而流淚的人。然而，用琴贏得的勝利，其榮耀屬於萬人，沒有人會因此流血或流淚。不僅如此，無論是彈琴的人或是聽琴的人，都能夠共同分享喜悅，這種共鳴才會產生巨大的力量。

因此，燒船製鹽，用剩下的木頭製琴，在這個縮小文化的最終階段，文化的主體將是過去創造石庭和插花，演出能劇的阿彌們。

如果不燒船，則無法到達更遠的地方。正因為燒了枯野之船，才能用不斷流動的大海製鹽，也才能彈奏出美妙的琴聲。鹽就好比結晶化的大海，這裡沒有大風也沒有大浪，能夠防止腐敗，成為生命之血。而琴聲也不會從人的身上奪走任何東西。

血與淚，鹽與琴……這些東西究竟會是什麼，我們並不清楚。因為這是我們這個世代不曾經歷過，屬於未來孩子們的東西。但可以確定的是，它將是我們現在乘坐的這艘文明之船經過破壞與解體，再從灰燼當中重生之物。這裡的灰燼並非原子彈揚起的死亡之煙，而是像童話故事《開花爺爺》[10]的情節一般，能夠讓枯木開花的餘燼，也是波濤洶湧的大海結晶成生命之鹽而發光之物。它亦是從文明的灰燼當中造出的小琴，琴聲打動人心，傳遍七鄉、甚至於七大洋的每個角落。應該是如此美妙的事物才對。

創造獲得世界所有人深刻共鳴的美麗石庭，孕育出茶室清幽文化的日本人，即使有武士社會的殺戮血洗歷史，卻也有阿彌們的「縮小文化」孕育出足以彌補的美麗文化之花。在現代發揮縮小文化，才能真正完成武士和商人的文化，變得更加豐富。如果想要成為真正的大國，就必須縮得更小。

莫為鬼魅，成為一寸法師！燒船製琴！讓枯野的琴聲迴盪於比大海更深更廣的生命空間吧！

1 王仁，生卒年不詳。相傳是在日本應神天皇時代從百濟前往日本，傳入漢字與儒學的人物。

2 觀勒，生卒年不詳。七世紀初的百濟僧侶。曾於西元六〇二年前往日本，傳授曆法與天文地理等。

3 「窗邊族（窓際族）」指的是在職場內不受重用的職員，源自這類員工在日本多半會被安排在靠窗邊的位置而得名。「肩叩（肩叩き）」原指輕拍對方肩膀，以表委託或勸誡之意，後來引申為勸人辭職。

4 日本赤軍為日本的極左派武裝恐怖組織，主張推翻日本皇室和日本政府，推動世界革命。

5 內村鑑三（一八六一－一九三〇），日本明治至大正時期的思想家、宗教家。提倡不受特定教派或神學束縛、純粹以《聖經》為本的「無教會主義」。著有《我如何成為基督》、《代表的日本人》等。

6 行幸意指日本天皇親自外出視察某地。

7 日文中「地震」與「自信」的發音皆為「ji-shin」。

8 石橋湛山（一八八四－一九七三），日本政治家，第五十五屆日本內閣總理大臣。大學畢業後擔任記者，在《東洋經濟新報》主張反對干涉中國內政，明確提出了「小日本主義」。

9 托馬斯．史丹福．萊佛士（Thomas Stamford Raffles，一七八一－一八二六），是英國殖民時期重要的政治家，英國遠東殖民帝國的奠基人之一。他的主要貢獻包括將新加坡打造成位於歐亞之間的國際港口。

10 《開花爺爺》（花咲か爺）的故事當中有一段描述了善良的老夫妻將小狗的灰燼撒在枯萎的櫻花樹下，結果櫻花因此盛開。

學術文庫版後記

打破「不能回頭看」禁忌的人會變成石像或怪物，這樣的神話故事舉世皆知。雖然不是受到神話故事的影響，但我通常不會回頭看以前的作品。

唯一的例外就是我在二十年前寫的《日本人的「縮小」意識》。這本書原本是以日文寫成，因此必須用韓文重寫一遍。此外，這本書被翻譯成英文、法文、中文時，會收到譯者的提問，我也因此重讀了好幾遍。

不僅如此，日本的大學入學考試的國語問題，幾乎每年都會從這本書出題。每次我都感覺我自己像是應考的學生，閱讀自己過去所寫但記憶逐漸模糊的舊文章。

這本拙作這次在講談社的美意之下，歷經講談社文庫和講談社英語對譯新書，被收錄成為講談社學術文庫當中的一冊，我也因此再度重新閱讀了一遍。

像我這種既是大學教授，又靠寫作維生的人，以思想家石田梅岩的話來說，就只是個文字藝人罷了。然而，《日本人的「縮小」意識》有幸被收錄於由歷代名著組成的講談社學術文庫當中，終於讓人有一種從文字藝人晉升為文字學者的感覺。同時，我也能夠不再回頭，大步向前邁進。

本書雖然是二十年前的著作，但不僅限於對過去日本文化的分析。二十世紀後半，日本經濟為何陷入「消失的十年」，而日本人又為何可以生產優秀的汽車，卻無法孕育出如Google這樣的企業，從本書當中也可以找到解開這些問題的線索，希望大家不要錯過。

本學術文庫版的發行，受到原著出版社學生社前社長鶴岡阤巳氏（現任顧問）、總編輯三木敦雄氏（現三木國際情報企劃社長）、講談社學術文庫部長林邊光慶氏的大力協助。

最後，很高興我的摯友高階秀爾先生為本學術文庫版撰寫解說，在此深表謝意。

二〇〇七年新春於首爾

李御寧

解說

包括露絲・潘乃德的名著《菊與刀》在內，由外國人和日本人所寫的「日本人論」多不勝數。我雖然沒有實際數過，但據說光是戰後發表的日本人論就超過千本。如果追溯到戰前，還有喬治・桑塞姆（George Bailey Sansom）的《日本文化小史》（*Japan: A Short Cultural History*，一九三一年）、和辻哲郎的《風土》（一九三五年）等等。但若要從為數眾多的日本人論或日本文化論當中選出最優秀的作品，我會毫不猶豫地選擇《日本人的「縮小」意識》。

日本人把世界各地都有的扇子摺疊成輕便且表情豐富的摺扇，其他無論是庭園、建築物、植物、料理等，也全部「縮小」，孕育出箱庭、茶室、盆栽、便當盒等特殊文化。作者觀察到這一點，認為「縮小意識」是理解日本文化的重要關鍵，並將縮小意識分成六種類型，以「寄合」、「座」、「取合」等象徵日本社會的各種現象為例，生動地加以說明。作者活用其淵博的知識，舉出適當的例子，讓讀者在不知不覺當中進入書中所引導的世界裡。作者舉出的都是近在身邊的例子，並依巧妙的理論為其賦予新的含意。

我們平常總覺得大的東西就是好東西。至少在西歐世界裡，「大」確實被視為一種具有價值的美學。然而日本人卻相反，正如清少納言提到「無論何物，凡小小者總是可愛」，一直以來都保持對小東西的喜愛。這種傾向不僅限於美的意識或感性的領域，也與生活模式和行動規範緊緊相連，甚至成為現代尖端科技的基礎。作者的這番主張非常具有說服力，值得一讀。

明確的主題加上卓越的發想，以嶄新巧妙的方式展開理論，這正是本書最大的優點。「東海小島海岸邊，我淚濕白砂，與蟹嬉戲。」作者以石川啄木這首廣為人知的歌為例，分析廣大的「東海」如何逐漸縮小成「小島」、「海岸」、「白砂」，最後收斂成一隻小螃蟹和一滴淚，給人一種用伸縮鏡頭進逼螃蟹的強烈印象。此外，作者對於詩歌的解讀也非常精闢。

李御寧先生更以「縮小文化」的代表——俳句為題材，撰寫了《青蛙為何要跳進古池》（一九九三年）、《韓國人的心——增補 恨的文化論》（一九八二年）、《從「風呂敷」看日韓文化》（二〇〇四年，以上由學生社出版），以及最近出版的《猜拳文明論》（二〇〇五年，新潮社），皆是非常傑出的日本論。

（根據《每日新聞》一九九一年三月二十五日所刊載之文章加筆）

大原美術館館長　高階秀爾

國家圖書館出版品預行編目 (CIP) 資料

日本人的「縮小」意識 / 李御寧作 ; 陳心慧譯 . -- 初
版 . -- 新北市 : 遠足文化 , 2019.09 -- (浮世繪 ; 60)
譯自 : 「縮み」志向の日本人
ISBN 978-986-508-029-7(平裝)
1. 文化 2. 日本

731.3 108013687

浮世繪 60

日本人的「縮小」意識

「縮み」志向の日本人

作者——— 李御寧
譯者——— 陳心慧
執行長—— 陳蕙慧
通路總監— 李逸文
行銷企劃
經理——— 尹子麟
資深行銷
企劃主任— 張元慧
編輯——— 徐昉驊、陳柔君
封面設計— 霧室
排版——— 簡單瑛設

社長——— 郭重興
發行人兼
出版總監— 曾大福
出版者—— 遠足文化事業股份有限公司
地址——— 231 新北市新店區民權路 108-2 號 9 樓
電話——— (02)2218-1417
傳真——— (02)2218-0727
電郵——— service@bookrep.com.tw
郵撥帳號— 19504465
客服專線— 0800-221-029
網址——— http://www.bookrep.com.tw
Facebook https://www.facebook.com/saikounippon/
法律顧問— 華洋法律事務所 蘇文生律師
印製——— 呈靖彩藝有限公司

初版一刷 西元 2019 年 9 月
初版二刷 西元 2022 年 4 月
Printed in Taiwan